雄山閣出版案内

先史文化研究の新視点Ⅳ
ハマ貝塚と縄文社会
―国史跡中里貝塚の実像を探る―

阿部芳郎 編

A5判　269頁
本体3,000円

巨大な規模を誇る中里貝塚。
その特異な性格と形成の背景に、縄文時代の地域と社会の関係が浮かび上がる。

■ 主 な 内 容 ■

第Ⅰ章　都内貝塚の研究の歴史
　1　ムラとハマの貝塚論―大森貝塚と中里貝塚―（阿部芳郎）
　2　中里貝塚の発見（安武由利子）
　3　北区の貝塚（牛山英昭）
第Ⅱ章　中里貝塚の発掘
　1　浜辺の巨大貝塚を掘る（中島広顕）
　2　中里遺跡の発掘（新幹線部分）（古泉弘）
　3　中里貝塚の古植生と植物資源利用からみた古環境（佐々木由香）
　4　中里貝塚の保存の経緯（中島広顕）
第Ⅲ章　西ヶ原貝塚の発掘
　1　昌林寺地点―國學院大學調査分―（坂上直嗣）
　2　東京都北区教育委員会調査分（坂上直嗣）
　3　西ヶ原貝塚第Ⅲ地点―東京都教育委員会調査分―（須賀博子）
　4　堀之内式期集落の様相―平成19～20年度発掘調査の成果を中心として―（西澤明）
第Ⅳ章　中里貝塚形成と貝塚の多様性
　1　低地における貝塚形成の多様性からみた中里貝塚（植月学）
　2　武蔵野台地の地域社会―集落の分布と消長から―（奈良忠寿）
　3　中里貝塚の形成過程と石器組成からみた武蔵野台地の生業構造（渡邊笑子）
　4　中里貝塚の形成をめぐる生業活動と地域性―複合的生業構造と遺跡群の形成―（阿部芳郎）
第Ⅴ章　座談会　中里貝塚から縄文社会を考える

附編1　西ヶ原二丁目貝塚緊急発掘調査概報（再録）（明治大学考古学研究室／解説：阿部芳郎）
附編2　貝塚関連文献目録（安武由利子）

別冊・季刊考古学20
近世大名墓の世界

坂詰秀一・松原典明 編

B5判　175頁
本体2,600円

近世の墓については、最近では考古学的な視点からの発掘や
調査研究が進み、多くの新たな知見が得られている。
大名墓の在り方に当時の社会や思想が浮かび上がる。

■ 主 な 内 容 ■

「近世大名墓の世界」への誘い……坂詰秀一
第一章　近世大名家墓所を考える
　大名家墓所の考古学……谷川章雄
　権力の象徴としての大名墓……関根達人
　近世大名墓の形成―各地の事例から―……中井均
　公家の墓所と大名の墓所……藤井直正
　近世葬制における神・儒・仏それぞれの墓……松原典明
　近世大名墓の制作
　　―徳川将軍家墓標と伊豆石丁場を中心に―……金子浩之

第二章　東日本の大名墓
　北海道……佐藤雄生
　東　北……小島克則
　関　東……髙山優
　中　部……溝口彰啓

　東　海……駒田利治

第三章　西日本の大名墓
　近　畿……狹川真一
　北　陸……栗山雅夫
　中　国……大野哲二
　四　国……三宅良明
　九　州……豊田徹士

　対　談　近世大名家墓所を語る……坂詰秀一・松原典明

第四章　近世大名墓研究の現在
　近世大名墓研究の展望……松井一明
　近世大名墓調査の一視点……松原典明
　徳川将軍家の墓所構造―階層間の比較―……今野春樹

季刊考古学・別冊21
縄文の資源利用と社会　目次

資源利用からみる縄文社会 .... 阿部芳郎　7

第Ⅰ章　道具製作にみる技術と地域性
多様な石器を生み出す石材・頁岩の多目的利用
　―東北前期と中期末〜後期前葉の事例を中心に― .... 吉川耕太郎　14
縄文時代における黒曜石の利用と特質 .... 阿部芳郎　25
異なる生産過程をもつ道具・磨製石斧の製作と利用
　―北陸地方における磨製石斧生産の様相― .... 渡邊裕之　33
土器の胎土分析からみた資源利用 .... 河西　学　42
縄文漆工芸にみる技術と多様性 .... 宮腰哲雄　50

第Ⅱ章　道具と技術からみた資源利用
製塩活動の展開と技術 .... 高橋　満　58
居住形態と食料資源の選択と構成 .... 須賀博子　66
関東地方縄文時代後・晩期の集落と木組遺構
　.. 宮内慶介　74

第Ⅲ章　装身の技術と社会
貴石利用からみた縄文社会
　―ヒスイ・コハク製大珠が製作された意味― .... 栗島義明　82
土製耳飾りのサイズと着装 .... 吉岡卓真　91
貝輪の生産と流通
　―着装習俗の変革と社会構造― .... 阿部芳郎　99

第Ⅳ章　植物資源の獲得技術史

植生と植物資源利用の地域性 …………………… 佐々木由香　107

栽培植物利用の多様性と展開 …………………… 中沢道彦　115

縄文時代におけるクリ材の利用—富山県桜町遺跡・新潟県
　青田遺跡・奈良県観音寺本馬遺跡の出土材の分析から— … 大野淳也　124

第Ⅴ章　動物資源の獲得技術史

海洋資源の利用と縄文文化—縄文後期東京湾岸・印旛沼周辺
　貝塚の魚貝類利用にみる資源認識の多様性— ………… 樋泉岳二　133

骨塚の形成からみた大型獣狩猟と縄文文化
　……………………………………………………… 植月　学　141

化石貝と微小貝からみた資源利用 ……………… 黒住耐二　149

第Ⅵ章　生業活動と食性・人体形成

土器付着物・土器のおこげからみた内容物と資源利用
　……………………………………………………… 吉田邦夫　154

炭素・窒素同位体でみた縄文時代の食資源利用
　—京葉地区における中期から後期への変遷— ………… 米田　穣　162

骨病変から見る縄文社会の多様性 ……………… 谷畑美帆　170

■表紙写真■神奈川県夏島貝塚出土釣針・土器（明治大学博物館所蔵）

雄山閣出版案内

日本列島人類史の起源
―「旧石器の狩人」たちの挑戦と葛藤―

A5判 224頁
本体2,800円

松藤和人 著

日本列島人類史の始原を追い求めた研究者「旧石器の狩人」たちの足跡を追い、「前期旧石器遺跡発掘捏造事件」に至る経緯と、その後の前期旧石器研究の到達点を俯瞰するなかから、今後の課題と展望を示す。

■ 主 な 内 容 ■

プロローグ
一 旧石器の狩人
二 相沢忠洋と岩宿の発見
三 青森県金木の偽石器問題
四 前期旧石器の探索
五 野尻湖底立が鼻遺跡の再検討
六 前期旧石器遺跡発掘捏造事件
七 竹佐中原遺跡と入口遺跡
八 岩手県金取遺跡の年代研究
九 砂原遺跡の発掘調査
十 砂原遺跡の旧石器
十一 砂原遺跡の年代決定
十二 砂原発掘成果の公表
十三 出雲市板津発見の前期旧石器
十四 今後の研究展望

シリーズ縄文集落の多様性Ⅳ
信仰・祭祀

A5判 354頁
本体5,500円

鈴木克彦 編

北海道から沖縄まで、環状列石、配石、敷石住居などの遺構、石棒・石皿などの遺物を取り上げ、集落内の信仰・祭祀施設について、地域ごとの特色を示す。

■ 主 な 内 容 ■

総論 信仰・祭祀施設に関する諸問題
　　　―日本における信仰の発生形態と死霊観―
　　　　　　　　　　　　　　〈鈴木克彦〉
Ⅰ 北海道北部の縄文集落の信仰・祭祀
　　　　　　　　　　　　　　〈鈴木克彦〉
Ⅱ 北海道南部の縄文集落の信仰・祭祀
　　　　　　　　　　　　　　〈遠藤香澄〉
Ⅲ 東北地方北部の縄文集落の信仰・祭祀
　　　　〈熊谷常正・児玉大成・武藤祐浩〉
Ⅳ 東北地方南部の縄文集落の信仰・祭祀
　　　　　　　　　　　　　　〈小林圭一〉
Ⅴ 関東地方の縄文集落の信仰・祭祀
　　　　　　　　　　　〈石坂 茂・林 克彦〉
Ⅵ 北陸地方の縄文集落の信仰・祭祀
　　　　　　　　　　　　　　〈渡邊裕之〉
Ⅶ 中部地方の縄文集落の信仰・祭祀
　　　　　　　　　　　　　　〈新津 健〉
Ⅷ 東海地方の縄文集落の信仰・祭祀
　　　　　　　　　　　　　　〈川添和暁〉
Ⅸ 近畿地方の縄文集落の信仰・祭祀
　　　　　　　　　　　　　　〈松田真一〉
Ⅹ 中国・四国地方の縄文集落の信仰・祭祀
　　　　　　　　　　　　　　〈中村 豊〉
Ⅺ 九州地方の縄文集落の信仰・祭祀
　　　　　　　　　　　　　　〈堂込秀人〉

ハマ貝塚の資源利用
―東京都北区中里貝塚―

明治時代よりナゾの巨大貝塚と呼ばれた中里貝塚は、近年の発掘調査によって当時の海岸線に残された巨大な加工場であることがわかってきた。縄文時代の貝塚の多様性を示す事例であるが、生産物は至近の武蔵野台地上の中期集落へと流通したものと考えられる。

構成／阿部芳郎
写真提供／北区飛鳥山博物館

厚さ 4.5m の貝層断面
大型のハマグリとカキのみが堆積する貝層で、ほかの貝類や魚類はほとんど含まれない。貝層最上面からは後期初頭の土器が少量発見されている。

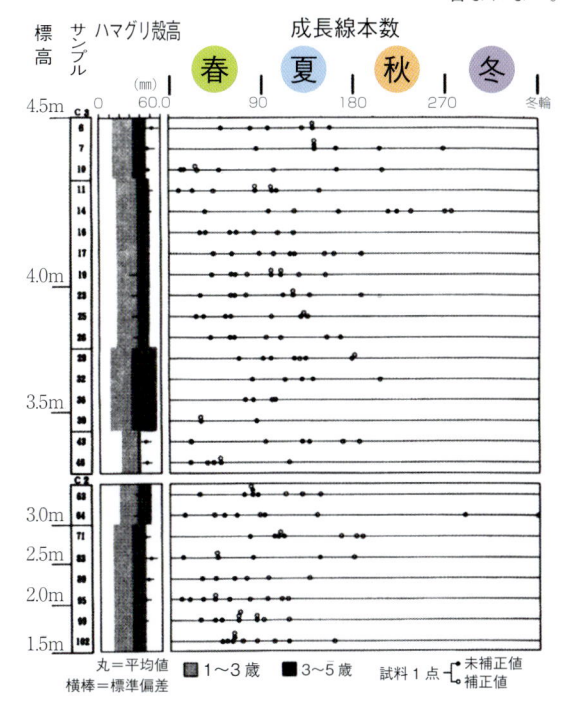

ハマグリの採集季節の推定
出土したハマグリの成長線分析の結果、厚さ4.5mを超える貝層はハマグリとカキの互層から構成され、ハマグリの採取季節は春〜夏に集中していることがわかった。予測にとどまるがカキは晩秋から冬期の可能性が高く、ハマグリとカキが季節を違えて採集・加工されていたことがわかる。これらの貝加工を担った集団は至近の台地上にムラを構えた人々であった。原産地での集約的な貝加工は、彼らの1年の生業スケジュールの中に埋め込まれていたに違いない。

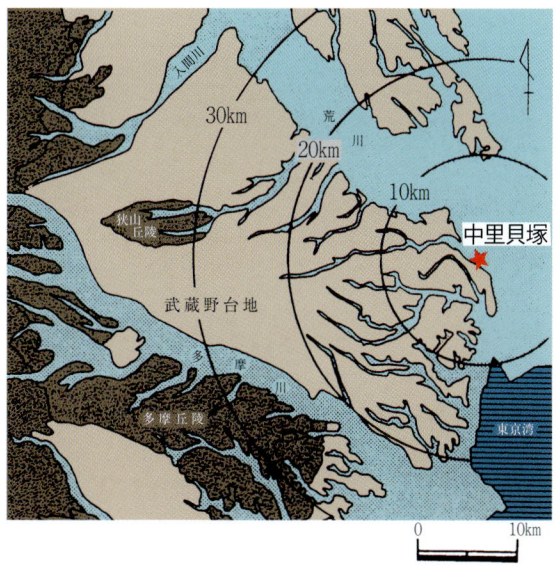

中里貝塚の位置と干貝の流通範囲
中里貝塚は武蔵野台地の東端部に位置し、台地上に群集する中期の集落へと干貝を流通させる役割を担ったが、後期の集落の激減とともに終焉を迎える。

「木枠付土坑」の検出状況
貝層に隣接した砂地の上には「木枠付土坑」と呼ばれる貝を蒸しあげる施設が多数発見されており、海辺で大量の貝類の処理がおこなわれたことがわかる。中里貝塚が貝の加工場であることが実証された遺構である。

縄文時代の土器製塩とその技術

縄文時代晩期になると霞ヶ浦沿岸では土器製塩が開始されるが，土器を用いてどのように塩を作るのか，という問題については課題とし残されたままであった。しかし，近年になり複数の製塩遺跡から海草の利用を示す証拠が見つかり，「藻塩」との関連性が指摘できるようになった。

構成／阿部芳郎

―茨城県広畑貝塚―

広畑貝塚は当時の霞ヶ浦の湖面に直面した微高地上の貝塚で大量の製塩土器が出土している。ここから採集された白色結核体（炭酸カルシウム）の内部から藻場や海草に付着する微小生物の遺存体が大量に検出され，製塩技術の手がかりとされた。

広畑貝塚の遠景

広畑貝塚採集の白色結核体

検出された微小生物の遺存体

―茨城県法堂遺跡―

法堂遺跡は広畑貝塚に近接した製塩遺跡で，製塩址とよばれた炉跡とその周囲から膨大な量の製塩土器が出土している。そして，製塩址の灰から出土した製塩土器の内面に灰とともに被熱したウズマキゴカイの棲管が発見された。さらに灰からは藻場指標種群のケイソウが大量発見され，炉では灰にした藻を利用して土器製塩がおこなわれたことがはじめて実証された。

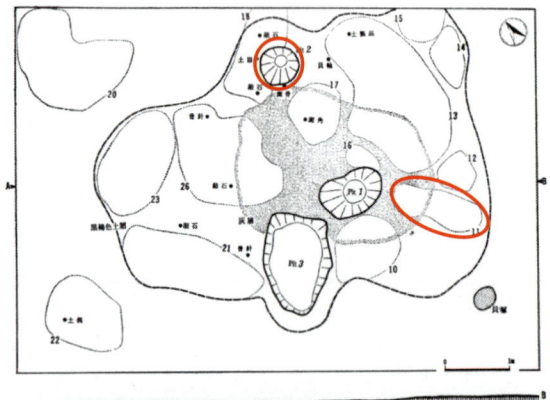

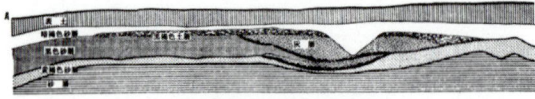

法堂遺跡の製塩遺構

製塩土器の内面に付着したウズマキゴカイ

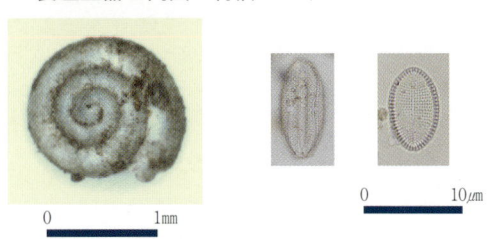

土壌中より検出された微小巻貝と珪藻

灰層中から出土した土器片の内面や土壌中より，焼けたウズマキゴカイと海水藻場指標種群が検出された。反面で陸産微小貝は比熱していない。

水資源の利用―縄文時代の木組遺構―

縄文時代遺跡の低地部調査にともない，木組遺構と呼ばれる遺構発見が相次いでいる。遺構周辺からはトチやクルミ，クリなど多くの堅果類も発見されており，木組遺構はアク抜き施設と評価されることが多い。民俗例に見られるアク抜き施設（トチ棚）と木組遺構は一見類似しているような印象を与えるが，両者はその構造や形態などにおいてまったく異質なものと考えられる。

木組遺構とは小河川や湧水部に構築された遺構であり，木枠などで囲まれた**貯水部**と低湿地であるために作業時の足場確保の目的で設置された**木敷部**とから構成されている。木組遺構の構造を詳細に検討してゆくと，縄文時代の水資源の利用についての工夫を知ることが可能となる。

構成／栗島義明

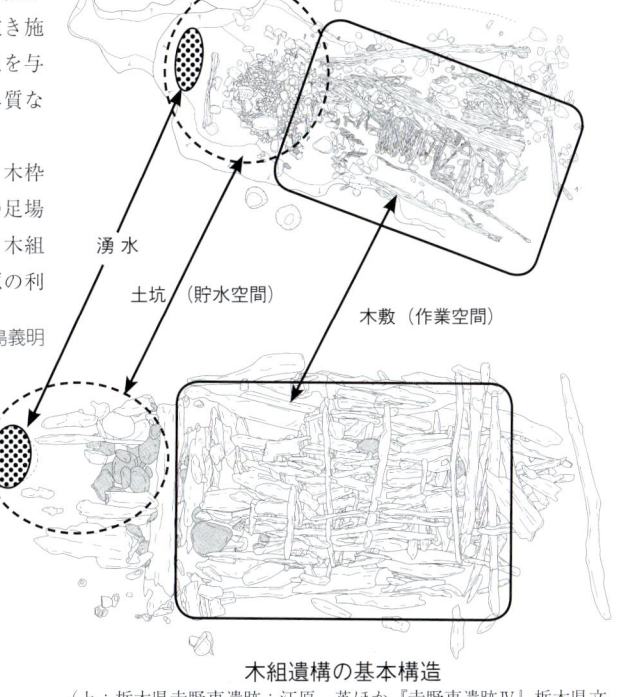

木組遺構の基本構造
（上：栃木県寺野東遺跡：江原　英ほか『寺野東遺跡Ⅳ』栃木県文化財振興事業団埋蔵文化財センター，1998より
下：山形県高瀬山遺跡：小林圭一『高瀬山遺跡発掘調査報告書』山形県埋蔵文化財センター，2005より）

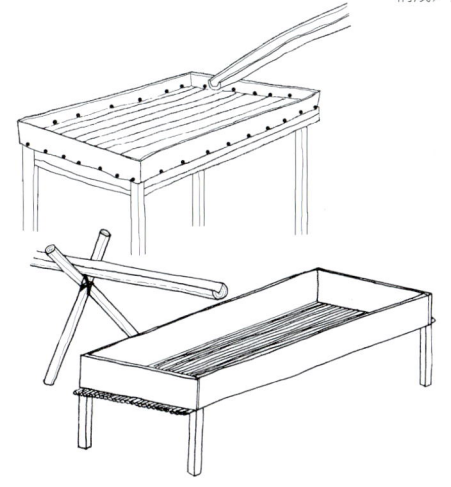

民俗例に見るトチのアク抜き施設「トチ棚」
（上：渡辺　誠「トチのコザワシ」『物質文化』1981より
下：橘　礼吉「白山山麓の焼畑地域における堅果類の植物利用」『紀要』2，石川県立歴史博物館，1989より）

（村田章人ほか『後谷遺跡　第4次発掘調査』桶川市教育委員会，2007より）

木組遺構（左：埼玉県赤山遺跡　上：埼玉県後谷遺跡）
木組遺構に見られる杭列並びに縦横の木材が「トチ棚」を連想させたらしい。こうした大規模な杭列は木敷構造を担うものであって，棚構造を担っていたとは考え難い。後谷遺跡では円形の土坑があり，木杭列はこの利用とも係わっていた可能性が高い。

（川口市遺跡調査会報告第11集『赤山　写真図版編』1987より）

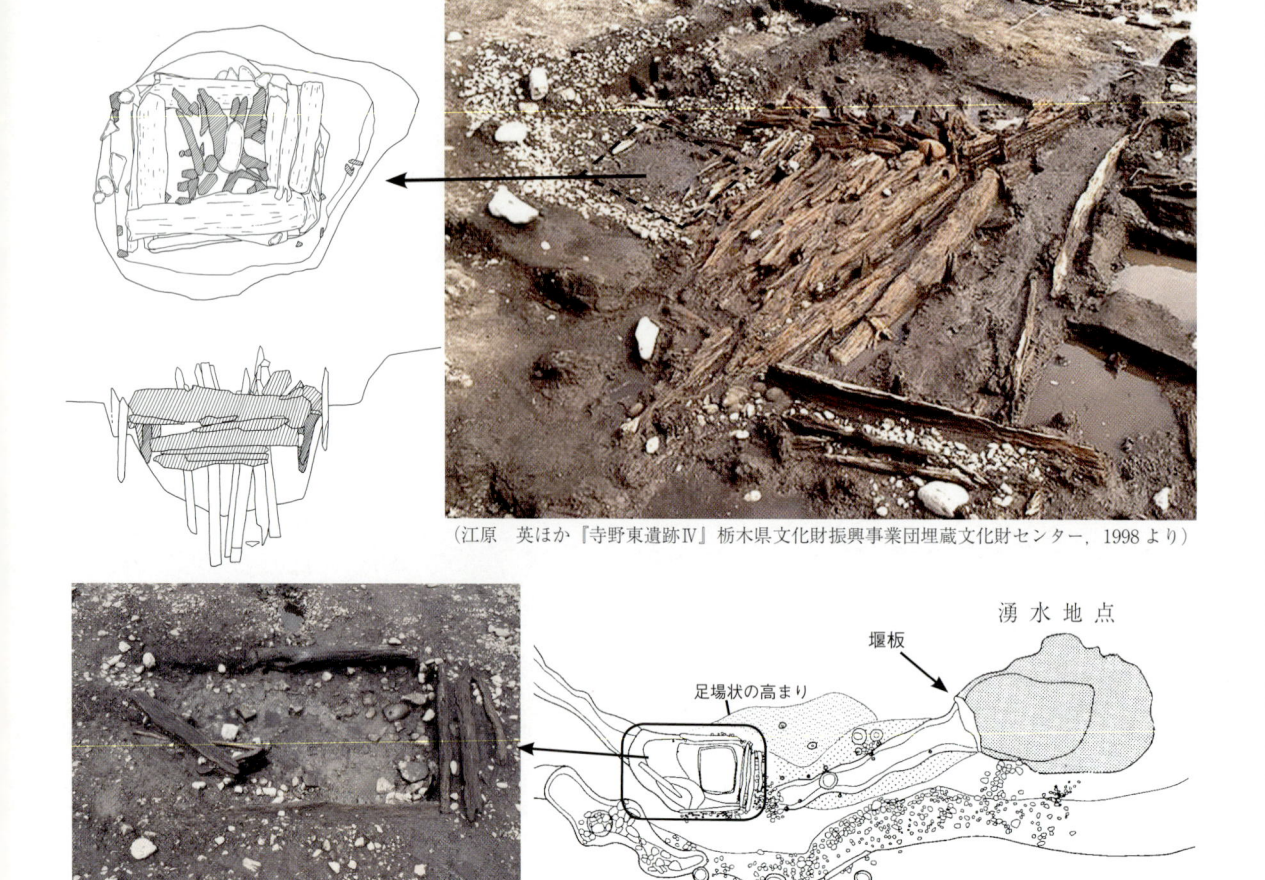

(江原 英ほか『寺野東遺跡Ⅳ』栃木県文化財振興事業団埋蔵文化財センター，1998 より)

(鹿沼市教育委員会『明神谷遺跡』2002 より)

木組遺構とその周辺（縄文時代後期，上：栃木県寺野東遺跡　下：栃木県明神前遺跡）

寺野東遺跡では湧水箇所を掘り下げた後に，板材で枡状に仕切って貯水空間を作り出しており，それは古代の井戸と同じ構造を持つ。斜面側には礫を敷き詰め，反対の谷側には木材を敷き詰める。いずれも足場や作業空間の確保を意図したものであろう。明神前遺跡でも沢筋に併行して足場や礫敷の遺構が確認されている。湧水部には堰板(矢印)を設置して貯水空間を確保し，その後に流路を掘り下げ三方を木材で仕切った貯水空間を作っている。多様にも見える木組遺構の構造には規格性がある。

平安時代の木組遺構と現代の水枡（左：茨城県栗島遺跡　右：埼玉県秩父市大滝）

栗島遺跡例は縄文時代の木組遺構と同一構造を持つ。写真右側が湧水地点で四角形状に板材で囲った場所が貯水空間となる。左側の堰板には凹状の切れ込みがあり，溢れた水が流出していた。ここでも両側に木材や礫で足場が確保されている状況が明瞭に認められている。堅果類の出土は報告されておらず，時代から推察してもとうていアク抜き施設とは考えられない。右側写真の水枡は村の共同水場で湧水箇所の水枡は飲料水，その下は野菜などの洗い場として利用されている。農具などの汚れものは左下の貯水部で洗ったという。木組遺構も現代の水枡も基本構造は同じで，水利用に係わる多様な機能が集約されていたと考えられるべき遺構で，アク抜きに特化したとの評価は再考すべきである。

縄文の資源利用と社会

資源利用からみる縄文社会

阿部芳郎

1 自然物の資源化から人類史を考える

　ここでは，ヒトが自然物をフィルタリングし目的に見合う素材として加工する一連の行為を，「自然物の資源化」と概念化しよう（図1）。そして，その実態を時間と空間に位置づけることにより縄文文化のもつ多様な側面を素描してみよう。

　ヒトと資源の問題を考える際に，資源化という行為が結果としてさまざまな現象を生み出しているが，考古学の場合は偶発的で一回性の現象を読み取ることは難しい。なぜならば，同様な現象が複数の事例として確認されることが考古学的な事象の解釈の前提となっているからだ。

　そして，こうした前提を置くことで反復的で効果的な行為が独自の形態として道具化することや，粉食の普及が虫歯の増加につながったりすることなどが合理的に説明づけられる。たとえば，製塩は製塩土器が出現する以前から製塩をすでに行なっていた事例が明らかにされつつあるが，この事実は，製塩土器という塩作り専用の土器の出現背景も特定行為に特化した道具化という側面からの説明が可能になる。

　資源利用とは，それぞれの時代や地域に生きた人々が形成した社会特有のフィルターを通して自然物を有用化することであり，縄文時代では岩石や粘土，木材や樹液，繊維，魚介類など，実にさまざまな自然物が利用されたことからも，こうした視点は縄文社会の複雑性を考える場合に有効であるに違いない。

2 道具の製作技術と資源利用

　自然物の資源化の具体的な実態を知るためには，加工技術の復元が欠かせない。これは，自然物の産状や性質と利用目的が不可分の関係をもつからである。しかし，現在の道具製作技術の研究には，自然物の資源化の概念が十分に配慮されていない場面があることも事実である。

　たとえば，石器を例にとってみよう。関東地方の早期前半には，礫斧と呼ばれる石器が多量に伴うが，この石器は自然礫の一端に粗く加工を施しただけの石器と説明される場合が多い。

　礫器は素材の加工度が低いものの，石器の長幅比を観察すると，明確なサイズのまとまりを確認することができる。この事実は，石器の素材として使われた礫に明確な規格が存在することを意味している。これまでの石器製作技術の研究は，素

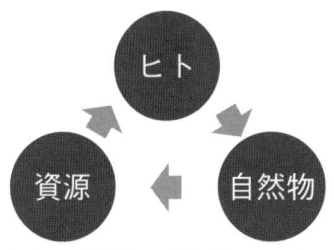

図1　自然物の資源化のモデル

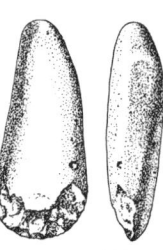

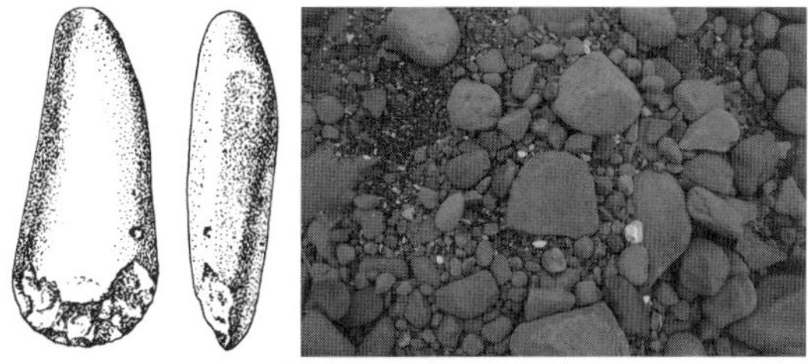

図2　早期の礫器と礫の産状

材の加工度と加工方法についての議論に重心が置かれ、素材獲得の場面が無意識的に除外されていた点は反省しなければならない。自然物の資源化という枠組みから「礫斧」を考えるならば、彼らは河原などでの石材採集の場面で、目的とする道具の形状に見合う自然礫の選別に技術的な重心が置かれたと考えるべきだ（図2）。

これらの事例を見てもわかるように、道具の製作技術研究は素材選択の場面を、製作工程の一部として対象化しておかなくてはならないことがわかる。

また土器製作の素材は、自然物の複合化という観点からその特性が説明できる。土器製作に利用する粘土（胎土または素地土とも呼ぶ）は微粒で焼結する特性を有するが、可塑性をもたせるために水を加えると膨張する。また乾燥時の収縮率を低下させたり、道具として用いる際の耐熱性を向上させたりするために、砂や繊維などを混入している。

土器製作の胎土は複数の自然物を混和して資源化を図ったのである。一部の土器製作実験の報告の中には、自然に砂と粘土が混合された自然堆積土を用いればうまく焼成できたという事実のみをもって、縄文土器製作の特徴を説明する意見があるが、それでは縄文時代の時期と地域の中で、繊維土器や滑石粉末や黒鉛などを混ぜる伝統が説明できない。

また、こうした見解は経験的な体験が結論に置き換えられただけのものであり、実験考古学の意義を正しく理解しているとはいえない。

自然物の混合によって新素材を作り出す技術は、たとえば土器や漆など、縄文時代になって顕著な発達を遂げている。

3　資源利用と時間管理

温帯の海洋と森林環境の中で狩猟採集社会を営んだ縄文人は、四季の移り変わりとともに様相を変化させる生態系に自分たちの活動を適応させた。縄文時代における資源利用の多様化の背景として掲げられるのは、自然物の資源化における時間管理の発達である。

温帯森林が広く列島を覆った縄文時代の場合、資源として見込まれる動植物は、周年を通じて同じ場所にいつでも同じ状態で存在するものばかりではない。こうした性質をもつ資源の利用には、時間的な制約が発生する。

こうした資源利用の初動的現象の1つに、水産資源の利用がある。貝塚を構成する魚介類の中には、個体の年齢や採取季節をある程度正確に判定できるものがあるが、東京都中里貝塚では、大型のハマグリを春～夏に採り、カキを冬季に採取するという季節的な採貝活動が4mにおよぶ整然とした貝層を堆積させている（図3）。

こうした季節的資源利用は、とくに食料資源において今日でいうところの「旬」として意識化されていたものと思われる。同様に堅果類などの森林資源も結実する季節が一時期に固定されているため、必然的に利用する季節が限定される。

しかし定住的な活動を計画した縄文人は、この時間的な制約を彼らの資源利用技術によって解消しようとした。それが貯蔵である。とくに温帯森林を構成するドングリ類は秋に大量に入手できるので、これらの資源を貯蔵することによって周年の食資源の主要な部分を賄っていたことは、人骨の古食性分析の結果からも証明されている。

図3　中里貝塚の貝層断面

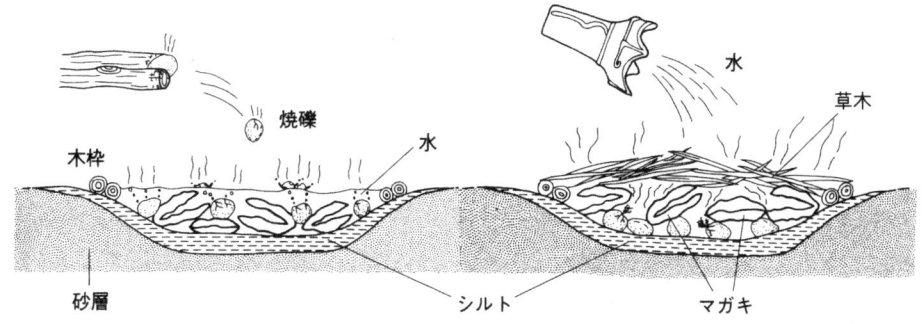

図4 中里貝塚の「木枠付土坑」と使用想定図

　主食ともいえる堅果類が安定的に利用でき定住的な社会が各地に成立するようになると，食は次のステップへと発達を遂げる。それが食資源の嗜好品化である。この現象はいわば，生理学的には必要のない資源を生活習慣などの社会的な要因から渇望する文化的行為ともいえる。

　中里貝塚から発見された膨大な貝類は大型の個体に限定されており，また生態系では共生するはずのほかの魚介類をほとんど含まない。利用資源は限定され，管理されていた。そして特定の資源を管理し，旬を待って大量生産を行なったのだ。こうした資源管理は陸上の「畑」に似ている。こうした人工的な海浜生態系を筆者は「ハマ」と呼び，そこに残された貝塚を「ハマ貝塚」と呼んだ。中里貝塚では貝層に近接して「木枠付土坑」と呼ばれた貝蒸し施設が発見されているので，干貝などの加工品が作られたことがわかる（図4）。

　中里貝塚の貝類はその特殊性から，一時期，遠隔地との資源の交換財に利用されたという推測がなされたが，より現実味のある結論としては，同じ時期に至近の武蔵野台地上に高い密度で分布する集落へと流通したと考えられる。

　いずれにしても，これらの食資源は安定化した食料事情を前提としなくては成り立たない。これらは嗜好品化した資源として考えることができる。同様にして晩期では愛知県大西貝塚などにも同様の性格がうかがえ，方向性を同じくしながらも地域間で時間差を生じているのは，貝食文化の地域性を反映したものであろう。

　では生貝ではどうか。千葉県八木原貝塚は後期中葉から晩期初頭にかけての貝塚であるが，当時の海岸線から10km以上も内陸で分水嶺を超えた場所に規模の大きな鹹水種を主体とした貝塚が形成されており，その貝種は東京湾側の貝塚と類似している。遺跡周辺の生態系とはまったく異なる貝塚が，狩猟採集社会に形成されたことは実に興味深い。

　またこの貝塚は，鹹水種の魚類を伴う点でも中里貝塚とは異なる利用形態があったことを示している。貝も生では保存が効かないため，その消費期間はきわめて短時期であったに違いない。生の魚介類には干物とは異なる独自の風味があり，その味を渇望した結果なのであろう。こうした資源利用が，八木原貝塚では300年あまりも続いたことを貝層の時期は物語っている。

　また土器製塩も，海浜部における資源利用の1形態として位置づけることができる。現時点における製塩土器の出現は晩期初頭と考えられるが，製塩自体の開始期はさらに遡ることが近年明らかにされつつある。

　縄文時代の土器製塩は霞ヶ浦西岸に遺跡が集中することから，この地域で製塩が発生し，その目的には魚類などの塩蔵が想定されてきたが，実際の土器製塩実験による塩の生産量からみた場合，現実的な解釈ではない。おそらく塩味という独特の味覚が結晶物として登場したことを意味するの

であろう。これらの資源利用の開始も定住的な社会が複雑化した中期以降に起こる現象として理解することができる。

4 再資源化と道具作り

食料資源としての残滓を再利用して道具化することも盛んである。こうした行為は骨角貝器などにおいて一般化されており、海浜部や内水面に立地する集団が骨角製漁労具を生産する場面においてとくに顕著である。

千葉県銚子市余山貝塚では、過去の採集品のなかに膨大な量のヤスや銛頭、釣針が存在する。その材質やヤスは鹿の中手・中足骨、銛頭や釣針は鹿角といったように、素材利用は例外なく、ほぼ統一されている。

素材を検討すると、ヤスは1本の中手・中足骨を4分割して素材として用いるため、1頭から16本の生産が見込まれ、銛は鹿角の幹部を縦に割いて表裏で4本程度、大型の釣針は角の股部を利用するため、1本の鹿角から4本程度といったように生産数が見込まれていた。

角器が大量に生産・使用される時期と、その中でも大量出土遺跡は限られており、こうした集団においては、鹿は食料資源としてだけではなく、骨角器の素材として鹿角などの特定部位は余すこ

となく計画的に資源化されたに違いない（図5）。このような遺跡では、当然のことながら生産が集約化され、そこには加工技術の中枢を担う集団が存在したに違いない。

5 不動産の資源化

ところで、資源化という概念は動産だけではなく、土地という不動産についても適用することができる。遺跡立地や景観として説明される場合が多いが、土地は地形や動植物資源の生息など動産物の分布を規定する要因にもなる。

遺跡個別に考えるならば、溺れ谷によって台地上が部分的に浸食された窪地を取り巻くようにその高まりに居住空間を設けるのは、いわゆる環状集落や谷奥型環状遺丘集落（かつて環状盛土遺構と呼ばれていた）に特徴的にみられる立地であり、中期の環状貝塚とも共通している（図6）。この台地の下には湧水がある場合が多く、川口市石神遺跡などでは台地下に下る土器片敷遺構（道）と集落付随型の木組遺構が発見されている。

つまり、ここでは谷奥における居住空間の空間配置と湧水の利用、さらには後背森林が一体化した土地の資源化が計画されたことがわかる。しかもこれらの集落遺跡はその継続期間が長期間に及ぶ例も多く、資源活用の理にかなった条件をそなえた特定の占地形態を読み取ることができる。

さらに個々の遺跡を超えて遺跡間の関係としてみた場合、東京都北区中里貝塚の中期のハマ貝塚や埼玉県川口市赤山陣屋跡遺跡の晩期の水場遺構などは、特定の資源を管理・加工する空間として集落遺跡から独立した環境に立地している。中里貝塚の場合は台地上に貝の加工と流通に携わった集団が集落を形成して、加工場を管理し生産物を武蔵野台地上の集落に流通させていた（図7左）。

また、赤山陣屋跡遺跡の場合は500mから1km程度離れた場所に複数の集落が取り巻くように立地しており、これらの集団による共同管理が行な

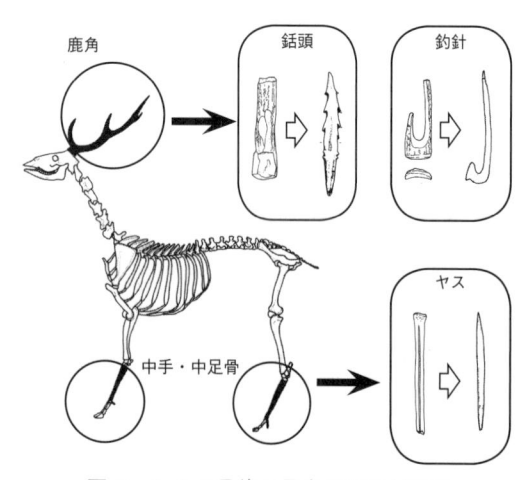

図5 シカの骨格と骨角器の素材部位

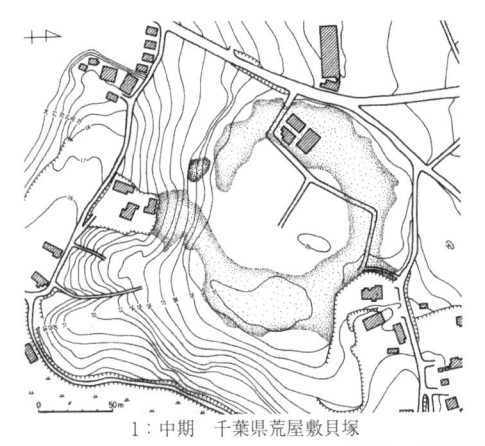

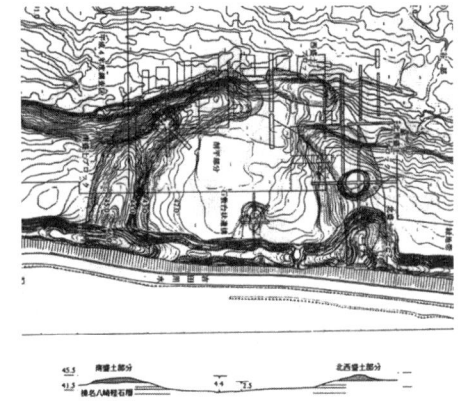

1：中期　千葉県荒屋敷貝塚　　　　　　　　　　　　2：後晩期　栃木県寺野東遺跡
図6　環状構造をもつムラの占地

われ，生産物は各集落へと分配された（図7右）。

中里貝塚の形成されたハマや，赤山陣屋跡遺跡の水場とトチ林は，土地の資源化という彼らのフィルタリングによって見いだされ，特有の資源化が促進されたのである（図7）。

定住化が促進された中期以降にはこのように，資源産出地の関係から遺跡が計画的に選地する場合が増加する。こうした現象は彼らの生業戦略を反映したものであろうが，たとえば東京湾東岸の中期では，沿岸部の集団の自給的な採貝活動の結果として巨大な貝塚が形成されているが武蔵野台地の水産資源の利用形態は下総台地とは大きく異なり，巨大なハマ貝塚である中里貝塚がハマグリとカキの加工と流通を一手に担う。しかし，主要な食料と目される打製石斧を用いる根茎類の利用などは，それぞれの集落から大量の石斧が出土することからみても自給的な集落単位での管理が行なわれたと考えるべきであろう。

これらの生業戦略をとる集団は，多摩丘陵から武蔵野台地において比較的均質的な集落分布を示す。

こうした状況が変化するのは後期中葉以降である。その顕著な例は後晩期に顕在化し，埼玉県関場遺跡の石棒製作や銚子市余山貝塚の貝輪や骨角器などのように，特定資源の原料の入手と流通を意図した立地をもつ集落の形成が認められる。

筆者はこれを原産地型生産集落と概念化したが，この概念の意味と意義は，遺構配置などの伝

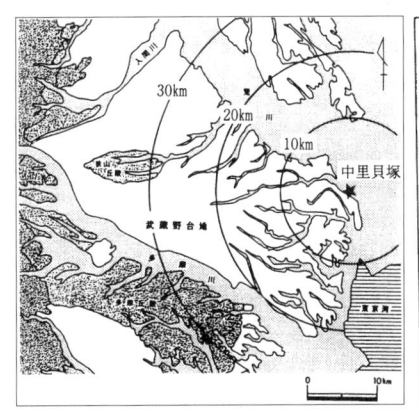

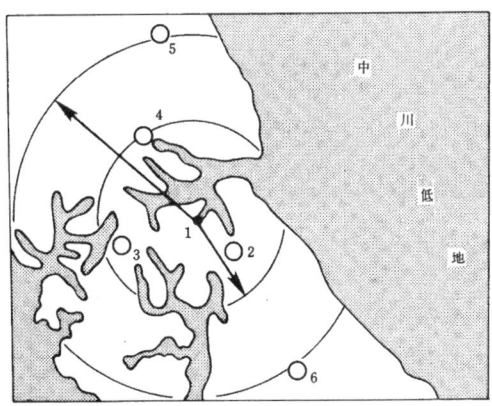

図7　資源の集約的な加工と流通範囲
中里貝塚は武蔵野台地上の集落群へと干貝を流通させた。赤山陣屋跡遺跡はトチなどの堅果類を低地で加工して，集落へと分配した共同加工場と考えられている。

1 赤山陣屋跡遺跡
2 新郷貝塚
3 石神貝塚
4 宮合貝塚
5 精神場貝塚
6 前野宿貝塚

小円は半径1km
大円は半径2km

資源利用からみる縄文社会　11

統的な集落研究とは異なり，集落を生産と消費の関係から考えた場合，資源産出地に形成された集落遺跡の意義を考察することにある。こうしてみると，生産と消費の単位が一致しない場合があることが多いことが見えてくる。縄文時代は自給自足的な経済とは異なる側面を有している。

集落とは，複数の世帯から構成された集団で人口支持基盤の最小単位である点から考えて，原産地型生産集落の構成員の中には世代を超えて加工技術を継承するような社会的な制度や，加工場を備えた家屋などが存在したに違いない。

このような集落は単独の生存単位としてではなく，地域社会全体の資源利用の需要と供給の関係のなかで，社会的に機能したと理解すべきである。

ただし，縄文人の資源利用の計画性を考える場合，こうした枠組みがそれだけでなく，やや複雑化している事実についても認識しておかなくてはならない。具体例として，石棒や貝輪や硬玉，軟玉製品，黒曜石製の石器などは資源産出地から離れた消費地においても素材原料か，または粗割の半完成品を持ち込んだ自給的な生産が行なわれているという事実である。こうした事実からわかることは，彼らは必要とする物品のすべてを第三者に委ねるということではなく，消費地の人々の内部にそれらの製作技術を保有する集団が埋め込まれており，一定量を自給的に作り出すことが可能であったということである。こうした生産の二重構造とも呼び得る現象は，とくに後晩期に増加する威信財などにおいて多くの事例を掲げることができる。また，これらの集団は原産地型生産遺跡の集団との緊密な関係を維持した人々であった可能性が高い。ここにおいて，「集落」として視認できる1つの集団内部の複雑な構造が映し出されることになる。

狩猟採集社会に生きた人々は，必ずしもみなが同じ道具や資源を利用したわけではなく，内部には複雑化した集団組織が存在していたのである。

6 食資源と人体形成の問題

このようにして縄文時代における資源化とは，選択的な自然物の利用形態として説明できるが，それが間接的にしても直接的にしても，最終的には人体の形成にかかわっていることは自明である。

複雑で多様な特徴をもつ縄文文化は，縄文時代の人体形成においてどのように反映しているのだろうか。食料と人体形成のかかわりから注目されるのが古病理研究と食性分析である。前者は骨病変や虫歯などであるが，とくに虫歯は歯垢のたまりやすい粉食や食料形状との関係が指摘されている。しかも，虫歯の発症率は縄文時代の中でも中期以降の東日本に高い比率で見つかっている。これはちょうど定住社会が定着し各地の地域社会の複雑化が顕在化する時期にほぼ一致する。

縄文時代では集団の墓域が形成される場合があるので，これらの分析単位の中で，性別や年齢と発症率の相関関係が認められるかが重要であろう。

また死亡前の約10年間ほどの食性が推定できる安定同位体による食性分析は，個体単位でのデータの集積から大枠において，本州縄文人が森林の堅果類やそれを食料とした草食動物を主

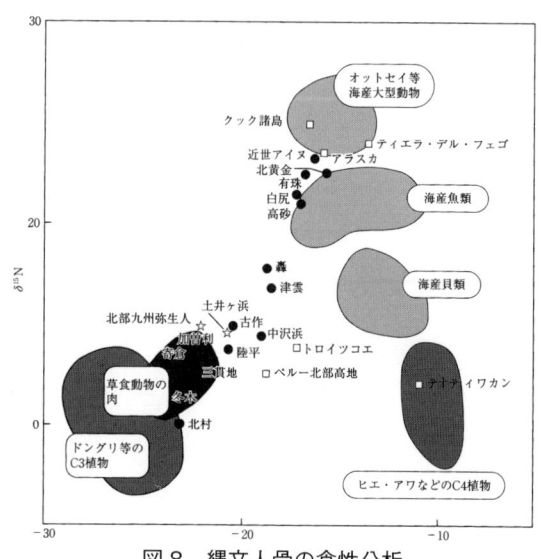

図8 縄文人骨の食性分析

体に海産物などをバランス良く摂取していたことを明らかにした（図8）。このレベルから見えてきたことは，巨大な貝塚から出土した人骨であっても，水産資源のみに依存していた縄文人はいなかったこと，すなわち縄文人もヒト特有の雑食を基本とした食生活を送っていたことが判明したことである。

その反面で，共通性を維持しながらも至近の遺跡間，または同一の墓域の集団間で食性に相違が認められる場合も確認されている。これらのデータの読み取りに関しては歴史的な背景の読み取りの解像度を変えることにより，さまざまな実態が複雑に累積している可能性が見えてくる。この問題は，考古学においても議論を深めるべきである。なぜならば，これまでの考古学的理解では，出土物から直接的に判断できないため，伝統的に縄文社会が原始共同体的な上下の差のない社会構造として説明される一方で，集団内における摂食の文化的特性を主題とした議論をしてこなかったからだ。

体内に蓄積される同位体と食資源との関係を考えるためには，比較資料を時間差の少ない個体同士で比較することや，食物の形状や加工技術との関係を条件整備しておくことが重要である。異なる食性をもつ個人が他地域から婚入や移入してきた可能性も十分にあり得るだろう。

しかし，よくよく考えてみると，この結論には，縄文時代の一地域の人々はみな同じ食物を同量で摂取していた，という理論的な推測の上に成り立っている想像にすぎない。

将来的に，この問題を集団内における社会的な立場の違いとして捉えることができるならば，摂食の社会的・制度的な慣習として問題を深化させることができる。なぜならば，人骨の副葬品や葬制などの研究からは，一集落の集団内において性差や年齢差，さらには社会的な威信の獲得などを示す装飾品の発達が顕著であることなどが示すように，集団内における位階的な枠組みの発達が，こと中期以降の社会には多く認めることができるからである。このことは，生活用具としての遺物研究にも関連する点が多い。

たとえば，漆器や特殊な装飾と形態をもつ土器の優品の一部などが利用される場面は，これまで漠然とした儀礼的な性格（ハレの場面）が推測されてきたが，これらがほかと区別された人物の日常的な生活用具として使用された場合も1つの可能性として考えられよう。

生活用具の多様化として説明される多様な精製土器群や漆器類などは食物の内容を象徴する器としての意味を内包し，そうした器物を利用した人物が存在したことを示唆する。人骨に成長障害や飢餓の痕跡が認められる早期などで資源量が少なく，限定的な環境で食料が枯渇した状況で生じる偏食と，安定的な食料確保の技術が確立した後晩期にみられる食性の多様性はまったく異なる意味をもつはずである。

定住的な社会が確立した前期以降の時期にはたして，各地・各時期の固有の食文化が一体どのような実態をもつのか，さらにはその背景にある社会とのかかわりは何かということは，生業研究だけでなく，縄文社会全体の理解に重要な意味をもつであろう。このようにヒトと自然物をめぐる問題は複雑で多岐にわたる関係性を形成しており，個々の遺物研究を横断して議論することによって，縄文社会の実像を多視点的に映し出すことを可能とするに違いない。

本誌は，日本先史文化研究所に所属する研究推進員と研究協力者がこれまで進めてきた個別の研究について，資源利用というキーワードから個々の研究成果をまとめたものである。今後は各研究の成果について横断的な議論を進めることによって，縄文社会の実像に迫りたい。

なお紙数の関係で触れるべき多くの文献を割愛させていただいた。ご寛恕願いたい。

第Ⅰ章　道具製作にみる技術と地域性

多様な石器を生み出す
石材・頁岩の多目的利用
── 東北前期と中期末〜後期前葉の事例を中心に ──

吉川耕太郎

1　はじめに

　東北地方の主要な石器原料として珪質頁岩がある。堆積岩であるため理化学的な産地推定分析は不可能であるが，秦昭繁により悉皆的な調査や斉藤岳，田村隆らにより珪質頁岩の分布状況の確認がなされてきた[1]。その結果，石器原料に適した良質な珪質頁岩は青森県津軽半島や秋田県米代川流域，山形県最上川流域など，比較的限定的であることがわかってきた。

　珪質頁岩は一般的に河川敷に広く分布するか，もしくは段丘礫層中に包含されるかの大きく2パターンの産状が知られる。従来，縄文時代の人びとが珪質頁岩原石を採集する場合は，それらが豊富に分布する河川敷であり，黒曜石に見られるような採掘活動はないと考えられてきた。しかし，近年，秋田県で珪質頁岩の採掘遺跡が発掘調査され[2]，そうした考えに見直しを図らねばならなくなった。

　東北地方における珪質頁岩の役割は非常に大きく，ほとんどすべての剥片石器の石材として用いられており，石鏃への利用が中心となる黒曜石とちがってその汎用性の高さが注目される。そして，後述するように石材をやや詳細に観察すれば，珪質頁岩の中での質的差違にもとづく選択性が働いていたようである。小稿では，こうした観点を中心に，東北地方の縄文時代を対象として，原石の獲得にはじまる一連の過程を具体的な事例を示しながら概観したい。縄文時代は一万年以上の長きにわたるため，珪質頁岩に対する振る舞いも一様ではなかったと推察されるが，本稿では旧石器時代の珪質頁岩利用や，関東・中部地方を含めた縄文時代の黒曜石利用との対比を念頭に置きながら，時代を通じて共通する珪質頁岩の利用傾向を検討する。その中でとくに特徴的な事象については個別に取り上げる。

2　珪質頁岩の分布と分類，石器製作適性

　珪質頁岩は新第三紀中新世後期に形成された女川層に，ノジュールとして含まれる微晶質石英や珪酸鉱物・粘土鉱物からなる堆積岩で，日本海形成と深く関連する。その分布範囲は北海道南部から新潟県域まで南北に広い（図1）[3]。

図1　東北地方の珪質頁岩分布
（秦　昭繁「山形県の珪曜頁岩石材環境」『日本考古学協会2009年度山形大会研究発表資料集』2009を改変）

一概に珪質頁岩といっても，石器製作と使用の観点から見れば質が均一とは言い難い。とくに珪化作用やオパール化の度合いの差は，製作・使用の面では大きな影響を与える。秦は石英タイプにより4タイプに分類しており[4]，筆者は珪質頁岩の質について肉眼により3つに分類した[5]。すなわち，A類）オパール化が進み非常に硬質で光沢のある玉髄質な頁岩，B類）珪化作用の進んだ良質なもので油脂光沢があり，石器の製作・使用に最も適している頁岩，C類）硬質だが油脂光沢がない頁岩，もしくは珪化作用がさほど進んでおらずやや軟質な頁岩，である。これまでのところ，A・B類頁岩は特定の地域で産出し，C類頁岩はより広域に分布することがわかってきている。

　青森県・秋田県域では日本海沿岸部にA～B類頁岩が地点的に偏って分布する傾向にあり，山形県域では内陸部にA類頁岩のスポット的な分布とB類頁岩の大規模な産地が存在する。後期旧石器時代にはB類頁岩の利用頻度が高いが，縄文時代にいたってC類頁岩の利用が一般化する[6]。

3　原石の獲得

　さて，縄文時代にはどのような大きさや状態の頁岩原石が利用されていたのだろうか。旧石器時代遺跡からは豊富な接合資料が得られており，どのような原料の状態から遺跡内で消費されていったのかが明らかになっている。しかし，縄文時代の集落跡では原石の状態まで復元できる例が非常に少ない。限られた時間の中で膨大な石器資料を接合することが困難であることもその理由に一つに数えられるだろうが，実際に遺跡内から出土する石核や剥片を観察しても，原礫面を残すものの割合が意外と少ない。

　おそらくは原石の獲得地で，おおよその石核整形まで施してしまうのが一般的であったのだろう。これは原石の状態で動く黒曜石と対照的なあり方である。おそらく，大きさや重量が頁岩と黒曜石では著しく異なり，さらに黒曜石は打ち欠いてしまうと鋭利な縁辺が作出されてしまい，そうした石材の性質差が運搬方法の違いとなって現われると考えられる。頁岩は重量があり，中には石器に適さない風化皮膜に厚く覆われている原石もあるため，原石のまま運搬するには労力コストが非常に高い。そのため不要な部分は獲得地で除去するのが一般的だったのだろう。よって，頁岩の場合，どのような原石を得ていたのかは産地に残された遺跡を検討する必要がある。

①河川敷・海岸での原石採集

　原石の獲得は一般的に河川敷と考えられるが，そのことを直接物語る遺跡は少ない。

　縄文時代草創～早期には河川敷での石器製作遺跡がたびたび知られ，東北地方ではたとえば秋田県横手市岩瀬遺跡がある[7]。岩瀬遺跡は，雄物川支流の標高103mの横手川左岸に位置する。竪穴状遺構2基，炉跡8基，石器集中部50ヵ所，石器石材集積遺構5ヵ所などが検出され，遺物は石槍や石匙，爪形文土器などが出土する縄文時代草創～早期が中心となる遺跡である。河川敷で採集される直径10～30cmほどのC類頁岩円礫を用いて，大型の石槍や石斧を製作している（図2）。

　また，縄文時代前期の集落跡である秋田県湯沢市臼館跡[8]では，遺跡の立地する段丘直下の河川からC類頁岩円礫を搬入して遺跡内でまとめて消費していることが，接合資料（図3）により明らかにされている。

　頁岩が採集されるのは河川ばかりではない。日本海に突き出た秋田県男鹿半島の鵜ノ崎海岸は珪質頁岩の「女川層」の標式地であるが，現在でも数多くの頁岩円礫が海岸に分布している。そこに隣接するのが，縄文中期（大木8a～9式期）の集落跡である男鹿市大畑台遺跡[9]である。遺跡内には80点以上の原石が持ち込まれ，竪穴住居内に

図2　岩瀬遺跡出土品

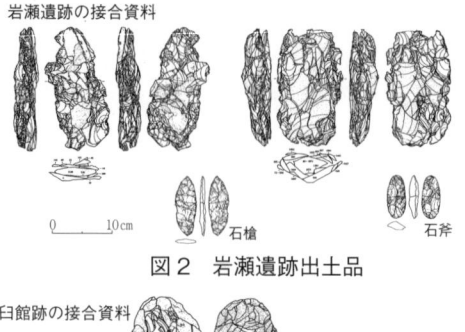

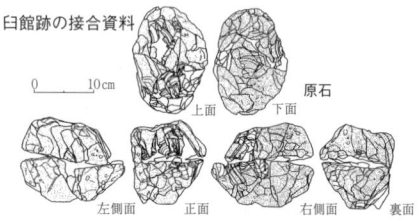

図3　臼館跡出土品

は原石や剥片の集積部が複数確認されている。石核・剥片 2,275 点のうち，原礫面の残っているものは 1,611 点（41.2%）であった。当該地で採集される頁岩原石は風化皮膜が 1〜5cm 以上と厚いのが特徴であるが，遺跡内出土の石核や剥片などを観察しても同様であり，遺跡直下の海岸で採集した原石を遺跡内に持ち込んで石器製作を行なっていることが明らかである。先に，原石の集落内搬入はあまり見られないと述べたが，原産地型集落ではその限りでないことがわかる。

②段丘上での原石採掘

秋田県三種町上岩川遺跡群で，縄文時代前〜中期に帰属すると推定される合計9基の珪質頁岩採掘跡が検出，報告された（図4)[10]。本地域は良好なA・B類頁岩の産地であり，それらの獲得を目的とした採掘行為のあったことがわかる。

上岩川遺跡群は，三種川支流の小又川により形成された標高 40m 前後の河岸段丘上に立地し，北から鹿渡渉Ⅱ遺跡，樋向Ⅰ遺跡，樋向Ⅱ遺跡，樋向Ⅲ遺跡，大沢Ⅰ遺跡，大沢Ⅱ遺跡の6遺跡で構成される。これらの遺跡は検出遺構により，採掘型と石器製作型に分類することが可能である。

採掘坑は，いずれも地表下約1mにある段丘礫

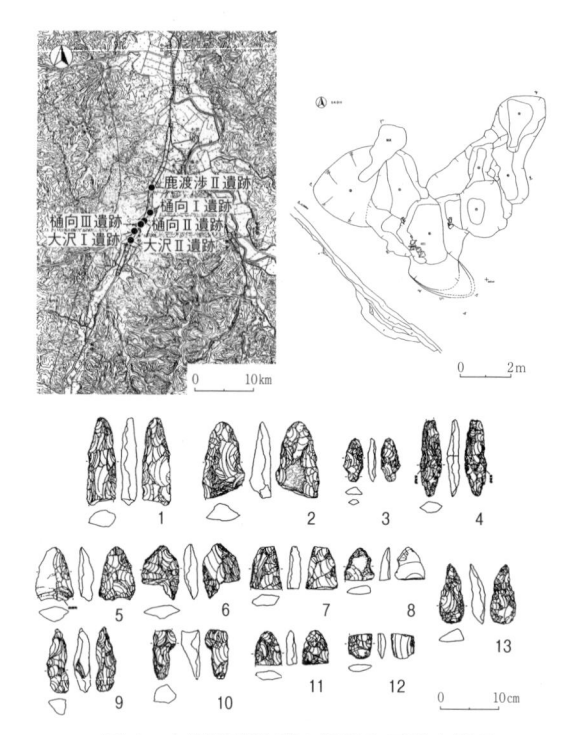

図4　上岩川遺跡群の採掘と石槍未製品

層中に包含される A〜B 類頁岩の獲得を目的としている。採掘坑の底面や開口部脇などには，採掘された原石の集積部がいくつか検出されていた。集積された原石の大きさは直径 20〜40cm の亜円礫であり，礫層中には直径 50cm ほどの大型A類頁岩も確認される。

石器群の内容を概観すると，総点数 133,999 点のうち製品は 144 点，その他は残核・剥片・砕片などの残滓類で，製品は全体の 0.01% にすぎない。本遺跡群が使用の場ではなかったことを物語る。製品は石鏃の一部とスクレイパー類を除いて，すべて製作過程での欠損品である。製品の内訳は表1の通りで，接合資料などから中〜大型石槍と石箆が製作の中心であることがわかる。石槍は大型板状原石もしくは大型剥片を素材とし，ほとんどがA・B類頁岩を用いられている。このことから，本遺跡群ではA・B類頁岩による石槍製作が一つの重要な役割だったと推察される。なかでも石器製作に適さないほど硬質であるが，美し

表1 上岩川遺跡群の石器組成

上岩川遺跡群	総点数	原石	石刃核	石核	石刃	剥片	石槍	石篦	石鏃	石匙	スクレイパー	石錐	両面加工	二次加工	トランシェ	石斧	敲石	他
鹿渡渉Ⅱ	37,436	223	0	458	0	36,749	0	1	2	0	2	0	0	1				
樋向Ⅰ	50,571	475	3	1,507	1	48,530	3	0	4	1	20	0	2	24		1		
樋向Ⅱ	7,268	28	4	127	1	7,102	1	0	0	0	2	1	0	1			1	
樋向Ⅲ	34,957	105	8	647	1	34,129	14	5	4	5	21	1	5	11				1
大沢Ⅰ	2,840	0	0	8	0	2,829	0	0	3	0	0	0	0	0				
大沢Ⅱ	927	2	0	45	0	871	2	0	1	0	3	0	1	1	1			
総計	133,999	833	15	2,792	3	130,210	20	6	14	6	48	2	8	38	1	1	1	1

い光沢を放つA類は当該地のブランド品としての価値があったのだろう。

今後も産地を中心に頁岩採掘遺跡は検出される可能性が高い。労力を要する採掘の利点は，河川敷に比べて良質かつ大型の原石が量的にまとまって得られるところである。前期に流通するA・B類の大型石槍の原料獲得上，必要な資源開発法であった。

4 石器の製作

縄文時代を通じて，集落跡から出土する石器群をみると，製品以外に残核や剥片・砕片がまとまって出土し，前述のようにまとまった接合例が見られる事例は比較的多くあり，集落内で石器製作が日常的に行なわれていたのは明らかである。

東北地方において，珪質頁岩は，石鏃，石槍，石匙，石篦，スクレイパーなどの利器類や，異形石器，三脚石器など，剥片石器のほぼすべての原料となっているばかりか，礫石器の中でも石槍や敲石のほか，縄文時代後晩期に特徴的となる一部の打製石斧，筆者が「虫内型有肩打製石斧」と呼称したもの[11]にまで及ぶ。頁岩はまさに万能に近い石器原料であった（図5）。

ここでは縄文時代の頁岩製石器製作に関して，特徴的な点を取り上げて見ていく。石器製作が集落で行なわれる場合，一般的には石核からの矩形剥片剥離作業と石鏃・石匙・石錐・スクレイパーなど，各種剥片石器の製作が中心である。その一方で，東北頁岩地帯では縄文時代の全時期をほぼ

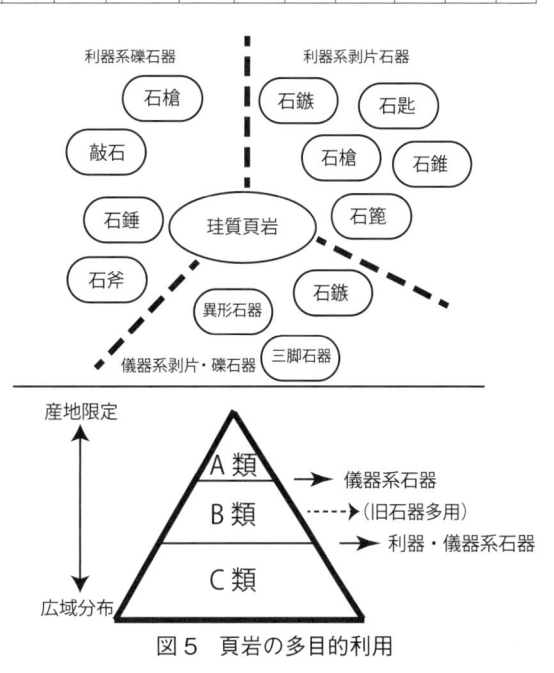

図5 頁岩の多目的利用

通して石刃生産が行なわれており，とくに中期末〜後期前葉に顕在化する。近年は大場正善の実験製作による工程復元がなされている（図6）[12]。これらの石刃は，そのままかもしくは縦型石匙やスクレイパーに仕上げられて，後述するように他地域（頁岩欠乏地帯）へ搬出されるようである。後期前葉には特徴的な石刃製横型石匙（図7）も見られ，石器製作上の必要性から素材として石刃が要請されたのではなく，石刃そのものに価値があったかのような感を覚える。

また，頁岩が稀少な地域では両極打法による原料消費が特徴的に認められる。とくに青森県を中心とした太平洋沿岸部側の中期末〜後期初頭の遺跡での事例が指摘されている[13]。

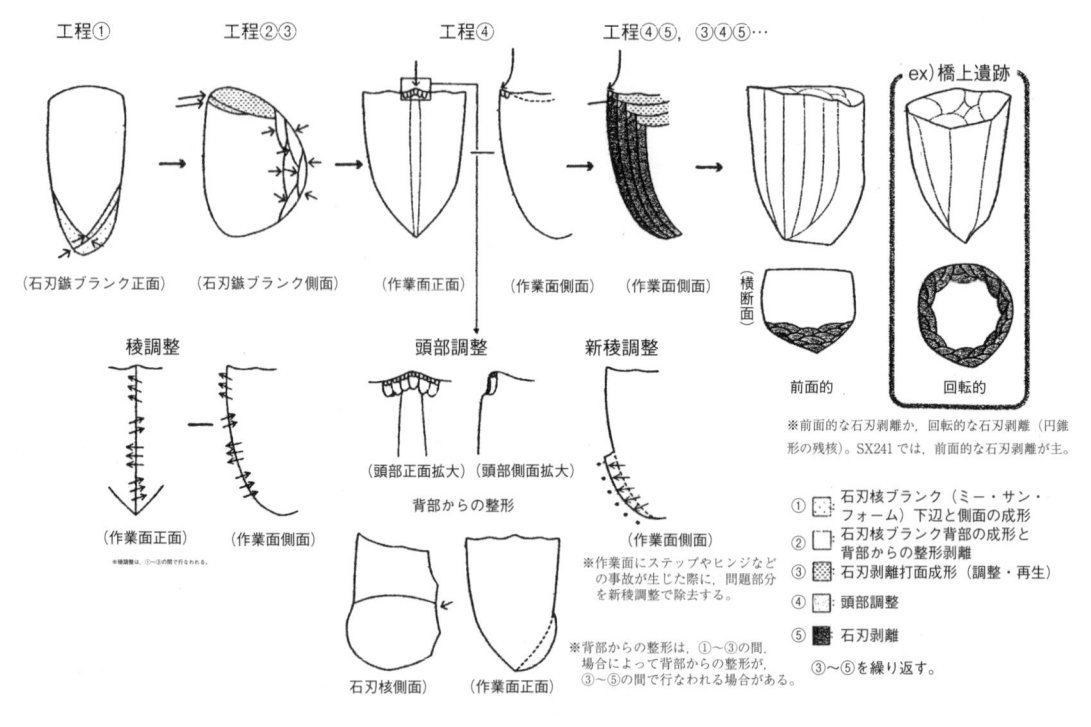

図6 石刃技法概念図（註12）

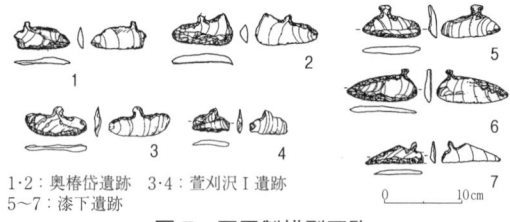

図7 石刃製横型石匕

1・2：奥椿岱遺跡
3・4：萱刈沢Ⅰ遺跡
5〜7：漆下遺跡

　これらの石器の多くは自給自足的に賄われているようであるが，必ずしもそうとばかりは限らない事例が散見される。次項で扱うように，原石の入手と石器の製作・使用が遺跡間・地域間をまたがって連鎖している様子が，とくに石器の社会的価値が高まる縄文時代前期および石刃の利用が高まる中期末〜後期前葉に顕著となる。

　一方で，石器製作に特化した遺跡も知られる。たとえば縄文時代前期初頭の山形県米沢市一ノ坂遺跡である[14]。ここでは長軸43.5mのロングハウスが検出され，床面には石器製作残滓が4層にわたって敷き詰められていた。報告者は石器製作技術の隠匿行為と推測している。頁岩は在地産で質はB〜C類に近いが，投下された技術力により優美な両尖匕首や石鏃，石匕が中心的に製作されている（図8）。

　前期中葉の集落跡と推定される山形県高畠町押出遺跡では，特徴的な「押出型ポイント」が良質な頁岩を原料としてまとまって製作されている。ここでも原石の搬入は認められず，付近の原産地での原石獲得が想定されている（図9）[15]。

　上岩川遺跡群の北500mにある前期の集落跡である三種町柏木岱Ⅱ遺跡[16]では，部分的な発掘調査であったが，A・B類頁岩の石槍や石篦の完成品，調整剥片が数多く出土している。上岩川遺跡群で採掘され半製品状態にされた石器を最終的に加工した場所と考えられる[17]。

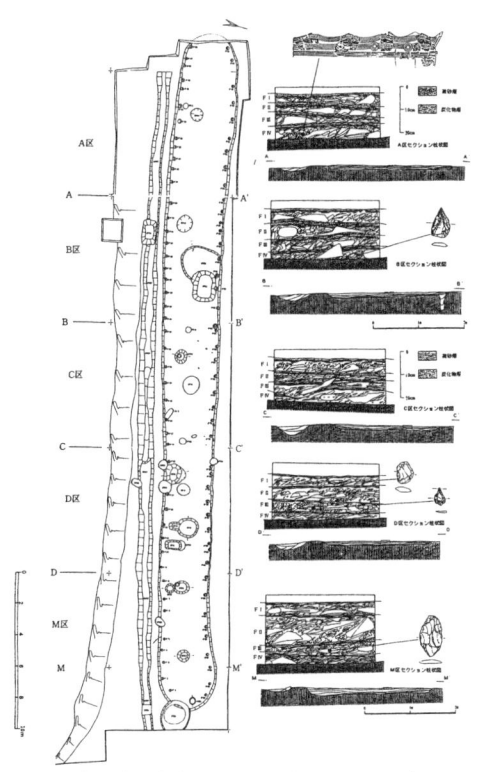

一ノ坂遺跡第Ⅰ次調査大型竪穴住居跡 HB1 平面図（石器工房跡）
（米沢市埋蔵文化財報告書第53集「一ノ坂遺跡」
本文・挿図編7・8頁より引用）

一ノ坂技法による石器製作工程図

図8　一ノ坂遺跡の石器製作

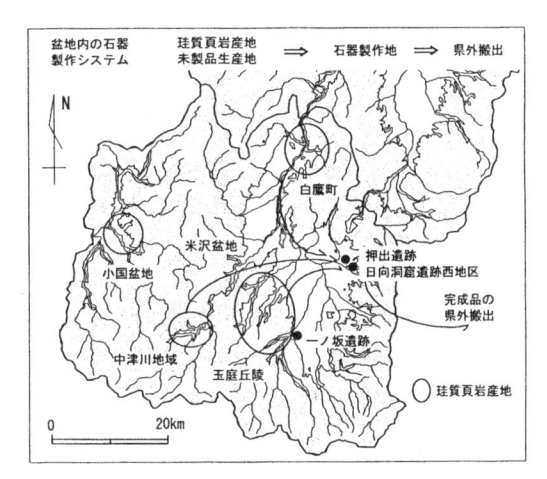

図9　米沢盆地の石器製作システム（註15 秦 2013）

5　流通

　産地分析が未開発である頁岩製石器の流通については，A〜C類といった石質の肉眼分類と石器の形態的・型式的検討により論を進めるほかないが，本項と次項ではこれまでに研究の俎上に載り，頁岩製石器に関わる事象に顕著な特徴が現われる前期と中期後葉〜後期初頭の石器を中心に見てみる。

　前期では，秋田県域において前述の上岩川遺跡群（採掘・一次的製作）→柏木岱Ⅱ遺跡（最終的製作・中継）→ A・B類頁岩稀少地域（消費）への搬出ルートが想定される。山形県域でも，押出遺跡での秦の指摘や後述する会田容弘の分析を考え合わせると[18]，流通の起点となった頁岩産地の遺跡を想定することができる。それらは一つの大河川流域を中心としたモノの動きであるが，より大きな地域間をまたぐ頁岩製石器の流通も見られる。

　大河川を一単位として捉えることができる事例としては，たとえば，縄文時代前期後半の円筒下層ｃ・ｄ式期の集落跡で，秋田県の内陸部の米代川上流域に位置する大館市池内遺跡[19]では大量の石器製作残滓が出土しているが，そのほとんどが在地で採集されるＣ類頁岩である。しかし，44基検出された土坑墓のなかには，副葬品として石槍，石鏃が出土するものがあり[20]，それらはほとんど，当地域では産出が確認されていない質の良いＢ類頁岩で，非常に優美な作りである（図10）。それらの石器は他地域から搬入された可能性が高い[21]。すなわち，良質な頁岩を産出し採

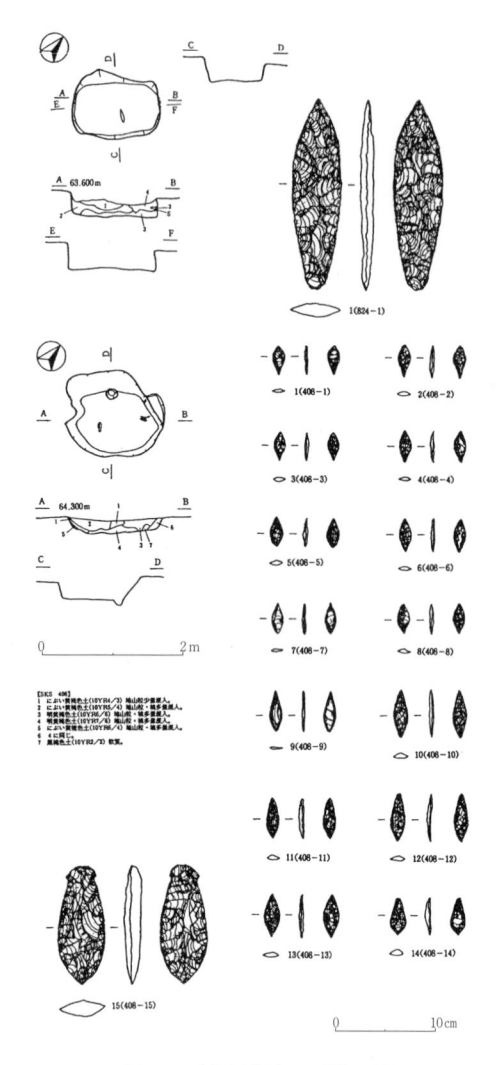

図10 池内遺跡の副葬石器

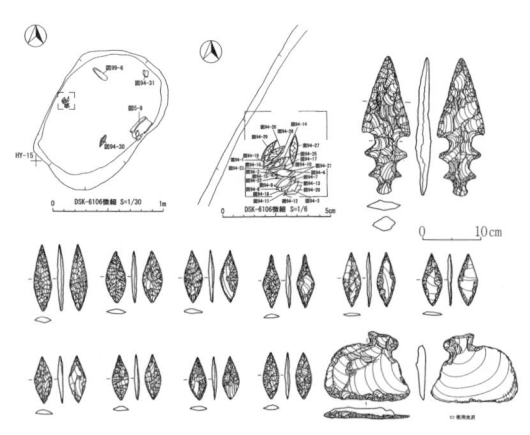

図11 石江遺跡の副葬石器

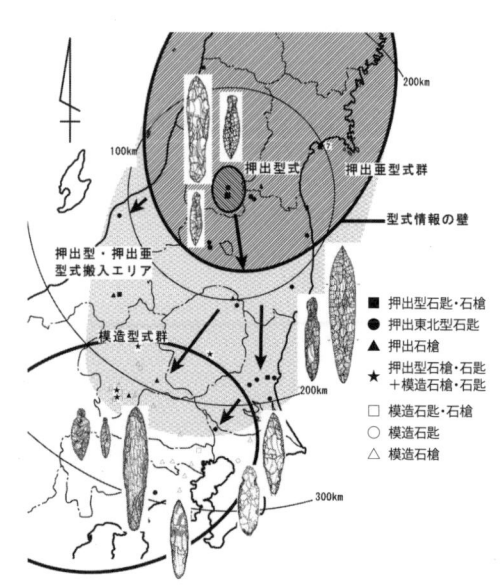

図12 押出型式と周辺型式群との関係（註24 大工原2008）

掘遺跡が確認された米代川下流域の日本海沿岸部に，その搬出元を求めることができると考えられる。池内遺跡からは海棲生物の骨や男鹿半島産黒曜石もまとまって出土していることから，海浜部との物流の様子をうかがうことができる。そのなかに頁岩製石器も含まれていたのではないだろうか。こうした事例は，池内遺跡と同時期の青森県青森市石江遺跡[22]などでも想定される（図11）。

大工原豊は，縄文時代前期を石器が「威信財」となった時期として評価し，関東・中部地方の黒曜石製石器と東北地方の頁岩製石器について検討しており[23]，前期初頭の一ノ坂遺跡で製作された「抉入尖頭器（両尖匕首）」や前期中葉の押出遺跡での「押出型ポイント」など，良質な珪質頁岩産地帯で製作された優美な石器が世襲も含めて重宝され，広く関東地方まで流通したあり方を描き出している（図12）。そこには模造品の存在なども指摘されている。前期はほかにも，頁岩製石器ではないものの，秋田県東成瀬村上掵遺跡の大型磨製石斧[24]や同県大館市上ノ山遺跡の鋒形石器[25]など，集落の「共有財」として石器が広く儀器的に使用された時期であったといえるが[26]，磨製石

斧の場合，原料である緑色凝灰岩が北海道地域に産出するということも指摘され[27]，広域な流通網が描き出されつつある[28]。

また，中期末〜後期初頭の東北地方では縄文時代の石刃生産が特徴的に見られる。縄文時代の石刃は阿部朝衛が指摘し[29]，その後，東北各地で報告されている[30]。最上川中流域では会田容弘により縄文時代中期の石刃生産が検討され，縦形石匙やスクレイパー，またはその素材として脊梁山脈を越えて，良質な頁岩資源の乏しい宮城県域へと流通した姿が描き出されている[31]。石刃はどこでも生産されたのではなく，頁岩産地で生産される傾向にあったようである[32]。

以上のような事例から，黒曜石に比べ面的分布傾向を示す珪質頁岩であっても特定の産地を開発し，そこを拠点とした原石獲得と石器製作，そして他地域への流通のあったことがわかる。上岩川遺跡群に見るように石器製作に適していないが見た目の美しい玉髄質のA類頁岩や，最上川中・上流域のように石器製作に適したB類頁岩を求める場合以外にも，一ノ坂遺跡のように質よりも技術力で価値を付加するといった，多様な資源価値のあり方を見せている[33]。

6 頁岩の多目的利用と限定的利用の構造

珪質頁岩は黒曜石に比べて，硬質で耐性と重量があり，原石サイズ・質も多様である。剥片石器と礫石器のどちらの原料としても採用できる性質を持っており，剥片石器各種に利用可能であったことがわかる。

さて，ここで石器の価値が最も多様化し，特定原石産地を中心としたネットワークが構築される前期を定点として縄文時代の頁岩製石器群を見てみよう。小林達雄は縄文時代の「道具」を実用的な「第一の道具」，祭祀的な「第二の道具」に区分した[34]。一般的に頁岩製石器は，異形石器[35]を除いて，「第一の道具」の場合が多いが，前期には大工原が儀器と捉えた「第二の道具」的な石器が存在する。それら一見すると「第一の道具」と見られる石器は，形態的・製作技術的な検討のほか，出土状態や使用痕跡の有無などから総合的に判断される。たとえば，池内遺跡や石江遺跡のように前期の副葬品に供される石鏃があげられる。これらは筆者の実見の結果，使用痕跡を確認することはできず，高橋哲も同様の指摘をしている[36]。そうした前期の石器は，A・B類頁岩との結びつきが強いことがこれまでに確認された。すなわち，当該期においては，頁岩の多目的利用のなかでも，A〜C類といった石質差によって使い分けが認められ，儀礼的な石器はA・B類頁岩に限定される傾向にあるといえる。

これら一見，「第一の道具」であるが「第二の道具」のように非利器的扱いが確認される石器を「儀器系石器」，「第一の道具」としての石器を「利器系石器」と便宜的に仮称する。儀器系石器は原石の入手段階から利器系石器とは異なり，特定石質の産地との結びつきがうかがえそうである（図5）。そして，特定産地が生活領域内に存在しない場合，他集団との交換という手段を採用せざるを得ない。一見，一様に見える頁岩資源利用も東北前期社会においてはそうではなかったのである。

以上のように東北地方の縄文時代において，石器原料としての頁岩資源は多様な器種へ適応・利用されている。そうしたなかでも，より美しい光沢を持ったA類や石器製作・使用に最も適したB類の需要が高まった時期には，特定の産地が開発され，獲得された資源が流通するといった姿が描出される。そこには良質な頁岩資源環境を領域内に取り込んで，原石の段階から高度な技術により石器製作に従事する地域集団の姿が想定される。

7 珪質頁岩と黒曜石

最後に，珪質頁岩と黒曜石の資源利用に関して若干の対比を行なうことによって頁岩の特徴を浮

表2　珪質頁岩と黒曜石

	珪質頁岩		黒曜石
適用器種	剥片石器全般・一部の礫石器	⇔	石鏃中心
産地	A・B類は限定，C類は広域・面的に分布	⇔	産地限定，点的に分布
採掘	時期を限定してありか	⇔	通時的にあり
産地の時期的変動性	前～中期に特定産地の開発活発化	⇔	産地と交易システムが変動的
石材の必要性	必要不可欠	⇔	必要不可欠ではない
産地からの運搬形態	石核・素材剥片・製品	⇔	原石

き彫りにしてまとめとする（表2）。

・両石材では適用される器種範囲に大きな違いがある。珪質頁岩は各種剥片石器と一部の礫石器に広く用いられるのに対して，黒曜石はほぼ石鏃に限定的である[37]。

・珪質頁岩産地はC類まで含めればある程度広域に分布が認められるが，黒曜石は限定的である。

・産地での原石入手方法は，河川での採集のほか，採掘活動を両石材で確認されている。

・産地からの原料搬出の際は，珪質頁岩の場合はある程度加工するのに対して，黒曜石は原石のまま搬出することが多い[38]。

・東北地方において，生活を営むにあたって，石器原料としての石材の必要性については，珪質頁岩は必要不可欠であるのに対して，黒曜石は必需品とは言い難い。

以上のように，黒曜石はあらゆる面から見て限定性の高い石材であるのに対して，珪質頁岩は汎用性が高い必需品であった。そして，儀器系石器が重要な意味を有した前期においては珪質頁岩でも特定石質の限定的な利用がみられた。

雑駁な検討であったが，東北地方における縄文時代の石器群は，近年，継続的な研究が着実な形で進展しつつある。今後も詳細に地域毎・時期毎の事例分析を積み重ねていく必要がある。

謝辞

本項を執筆するにあたって，五十嵐祐介・大場正善・川口潤・神田和彦・小林克・大工原豊・秦昭繁の各氏には多くのご助言・ご協力を賜りました。記して感謝申し上げます。

註

1) 秦　昭繁「考古学における珪質頁岩の石材環境と産地推定」『山形応用地質』21，2001，pp.1-18
　秦　昭繁「東北地方の珪質頁岩石村環境」『考古学ジャーナル』499，ニューサイエンス社，2003，pp.8-11
　齋藤　岳「青森県における石器石材の研究について」『青森県考古学会30周年記念論集』青森県考古学会，2002，pp.63-81
　田村　隆・国武貞克・吉野真如「下野―北総回廊外縁部の石器石材（第1報）」『千葉県史研究』11，千葉県史料研究財団，2003，pp.143-53
　など

2) 秋田県教育委員会『鹿渡渡Ⅱ遺跡・樋向Ⅰ遺跡・樋向Ⅱ遺跡・樋向Ⅲ遺跡・大沢Ⅰ遺跡・大沢Ⅱ遺跡』2008
　吉川耕太郎「秋田県域における縄文時代前期後半から後期初頭の石材資源開発」『公開シンポジウム予稿集　東北地方における中期／後期変動期4.3kaイベントに関する考古学現象①』東北芸術工科大学，2012，pp.31-41

3) 秦　昭繁「珪質頁岩の供給」『縄文時代考古学6　ものづくり』同成社，2007，pp.196-203

4) 前掲註1秦2001に同じ

5) 吉川耕太郎「東北地方における縄文石刃の製作と流通」『考古学ジャーナル』637，ニューサイエンス社，2013，pp.16-20

6) 旧石器時代には石刃技法の行使にB類頁岩が適していたと考えられるが，台形石器やナイフ形石器，彫刻刀形石器など鋭利な刃部が得られるのもB類頁岩であり，製作と使用の双方にとってバラ

ンスの良い石質であったことが容易に推察される。一方，縄文時代の石器は，一次剝離により得られる鋭い縁辺を前時代より必要としないこともB類頁岩に固執しない理由に数えられよう。使用石材をC類頁岩まで拡大した背景には，縄文時代における定住化の促進と居住域の拡大に伴う原石獲得の在地化があるのだろう。

7) 秋田県教育委員会『岩瀬遺跡』1996
8) 秋田県教育委員会『臼舘跡』2012
9) 磯村朝次郎・小玉　準・金子浩昌『大畑台遺跡発掘調査報告書』日本鉱業株式会社船川製油所，1979
10) 前掲注2秋田県教育委員会2008に同じ
11) 吉川耕太郎「縄文時代の有肩打製石斧―東北地方北部を中心に―」『季刊考古学』119, 2012, 雄山閣, pp.28-34
12) 大場正善「高瀬山遺跡縄文中期末葉の石器資料集積遺構出土資料の技術学分析―縄文石刃技術と短形剝片剝離技術の動作連鎖，そして"コドモ"の発見―」『山形県埋蔵文化財センター研究紀要』6, 2014, pp.1-26
13) 齋藤　岳「両極打法とピエス・エスキーユ（楔形石器）についての研究史」『青森県埋蔵文化財調査センター研究紀要』16, 2011, pp.13-22
14) 米沢市教育委員会『一ノ坂遺跡』1996
15) 秦　昭繁「押出遺跡の『両刃石匙』からみる石器消費形態」『山形考古』40, 2010, pp.58-77
　　秦　昭繁「石器製作実験による発生剝片の法則性と応用」『山形考古』43, 2013, pp.23-34頁
16) 秋田県教育委員会『柏木岱Ⅱ遺跡』2008
17) 吉川耕太郎『シリーズ遺跡を学ぶ83　北の縄文鉱山　上岩川遺跡群』新泉社, 2011
18) 前掲註15秦2010に同じ
　　会田容弘「縄文時代の頁岩製石刃製作と流通―東北地方南部のありかた―」『山形考古』6―4, 2000, 山形考古学会
19) 秋田県教育委員会『池内遺跡集』1997
20) 小林　克「縄紋社会における『祭祀』の一構造」『季刊考古学』64, 1998
　　小林　克「森吉山麓縄紋社会の狩猟儀礼―マタギ文化の源流―」『季刊東北学』15, 東北芸術工科大学東北文化研究センター, 2008, pp.94-110
21) 吉川耕太郎「縄文時代の珪質頁岩採掘址群―三種町上岩川遺跡群の構成と採掘・石器製作・搬出―」『秋田県埋蔵文化財センター研究紀要』24, 2010, pp.38-58
22) 青森県教育委員会『石江遺跡・三内沢部（3）遺跡Ⅲ』2008
23) 大工原豊「南関東における縄文時代前期後半の黒曜石石器群の流通」『國學院大學考古学資料館紀要』18, 2002a, pp.69-104
　　大工原豊「黒曜石流通をめぐる社会―前期の北関東・中部地域―」『縄文社会論（上）』同成社, 2002b, pp.67-131
　　大工原豊『縄文石器研究序論』六一書房, 2008
　　大工原豊「儀器化された石匙・石槍」『考古学ジャーナル』578, ニューサイエンス社, 2008
24) 庄内昭男「秋田県東成瀬村上掵遺跡出土の大型磨製石斧」『考古学雑誌』73―1, 1987
25) 秋田県教育委員会『上ノ山Ⅰ遺跡・舘野遺跡・上ノ山Ⅱ遺跡』1988
26) 小林　克「大規模集落と生活の安定」『ここまでわかった日本の先史時代』角川書店, 1997, pp.244-261
　　前掲註2吉川2012に同じ
27) 齋藤　岳ほか「縄文～続縄文時代における北海道中央部から東北地方への緑色・青色片岩製磨製石斧の流通」『日本考古学協会第72回総会研究発表要旨』2006, pp.53-56
28) 阿部朝衛は北陸の磨製石斧が，東北の良質な半透明の頁岩などと交換された可能性を述べている（阿部朝衛「石材の獲得と磨製石斧の生産」『北越考古学』8, 1997, pp.83-90）。頁岩地帯と非頁岩地帯をあわせもつ青森県ではそうした検討が積極的に行なわれている（齋藤　岳「本州北東端の磨製石斧製作」『青森県埋蔵文化財調査センター研究紀要』17, 2012, pp.19-30）。
29) 阿部朝衛「縄文時代の縦長剝片生産技術」『法政考古学』11, 法政考古学会, 1986
30) 佐藤広史ほか「石器の考察」『大梁川・小梁川遺跡』宮城県教育委員会, 1988, pp.480-494
　　前掲18会田2000に同じ
　　吉川耕太郎「上岩川遺跡群からみた縄文時代の石刃生産とその運用に関する予察」『秋田考古学』53, 2009, 秋田考古学協会, pp1-14
　　前掲註12に同じ
31) 前掲18会田に2000同じ
32) 晩期の「虫内型有肩打製石斧」は日本海側内陸

部でC類頁岩を原料に量産されているが，これは奥羽山脈西麓の頁岩産地と当該石器の利用地域，すなわち山間部での生業とが結びついた事例と考えられる（前掲註11に同じ）。

33) また，東北各地では中期末～後期前葉を中心に石刃や剥片が住居内外でまとめ置かれたかのような状態で出土する事例が多く報告されている。

植村泰徳「縄文時代の剥片・砕片集中遺構，集中地点について―福島県内の事例―」『福島考古』38，1997，pp.1-11

阿部勝則「岩手県における縄文時代中期の剥片集中遺構について」『紀要』XXⅡ，財団法人岩手県文化振興事業団埋蔵文化財センター，2003

斉藤慶吏「石器について」『新田遺跡Ⅱ』2006

秋田県三種町小林遺跡の大木9式並行期の竪穴住居跡内からは複式炉脇の浅いピットからB類頁岩製の接合例を含む寸詰まり石刃やスクレイパー，剥片類がまとまって出土している。

秋田県教育委員会『小林遺跡』2002

それらが原石ではなく素材剥片に偏るということからは，製作を見越した素材の貯蔵が考えられるだろう。しかし，たとえば秋田県横手市上谷地遺跡の剥片集積遺構の資料を実見すると，ほとんどすべての剥片縁辺に使用をうかがわせる連続的な微細剥離痕が観察された。素材剥片でもありながら臨機的なナイフの役割も果たしたのであろうか。こうした事例について大場正善は冬期に原石入手が困難なためなどの理由による貯蔵を想定している（前掲註12に同じ）。一方，福島県の事例を集成した植村泰徳は，儀礼的な行為と推測している（植村前掲）。今後の検討課題である。また，石質は，たとえば岩手県長谷堂貝塚のように良質なものばかりとは限らない事例が多くある。前期と違ってA・B類頁岩への固執は解消されている様子がうかがえる。筆者は石器が前期の共有財から，中期にイエ毎への分有財に変質した可能性を考えているが（前掲註2吉川2012に同じ），なお検討を要する。

34) 小林達雄『日本陶磁全集　土偶・埴輪』1977，中央公論社

35) 三脚石器も「第二の道具」である可能性がある。榎本剛治「三脚石器」『季刊考古学』119，雄山閣，2012，pp.25-27

36) 東北地方の後晩期の墓域では，黒曜石製楔形石器関連資料がまとまって出土している。これは葬送儀礼に関連する祭祀行為であると予測されるが，その検討は別稿に譲りたい。

髙橋　哲「円筒下層式期の土坑出土石器の研究」『北海道考古学』48，2012，pp.17-32

37) 青森県八戸市潟野遺跡にみるように使用痕跡を伴う石鏃の副葬例もある（青森県教育委員会『潟野遺跡』2007）。なかでも潟野遺跡の土坑墓である第70号土坑では，石鏃37点中18点に折れや「彫器状剥離」が確認され，報告書では「使用の過程を経た石鏃が副葬品に選択された経緯も想定されるが，折損率の特異なあり方からは葬送および副葬の目的で意図的に使用に供した石鏃を副葬した可能性」が指摘されている。

38) 安蒜政雄「黒耀石と石器時代―鷹山遺跡群が映し出す石器時代史―」『黒耀石文化研究』創刊号，明治大学黒耀石研究センター，2002，pp.111-118

前掲註23大工原2002b

池谷信之『シリーズ遺跡を学ぶ04　黒潮を渡った黒曜石　見高段間遺跡』新泉社，2005

縄文時代における黒曜石の利用と特質

阿部芳郎

1 はじめに

　黒曜石とは火山岩であり，火山列島とも呼ばれる日本では各地の火山周辺に原産地が存在し，旧石器時代から人々に好んで用いられた石材の1つである。

　旧石器時代以来，長期にわたる黒曜石利用の伝統は縄文時代においてどのような特質をもつのだろうか。近年では原産地遺跡の研究が進み，流通や交易に関する議論が盛んである。原産地が単なる産出地という側面ではなく，採掘址や加工場などの発見も加わり，ここ20年の原産地遺跡研究は活況を呈してきた。ただし，その反面で消費地との関係を扱う議論については低調であったことは否めない。本論では消費地側からの視点に立ち，縄文時代における黒曜石の利用形態と社会背景について考えてみよう。

　黒曜石という岩石が，各地の縄文社会の中で，どのように資源化されたかということを考えることは，黒曜石から縄文社会を考える道筋を用意してくれる，ともいえるからである。

2 黒曜石の道具化

　資源の利用形態を考える場合，先史社会のもつ経済的な側面を意識する必要があるが，その前提としてそれぞれの現象について需要と供給という

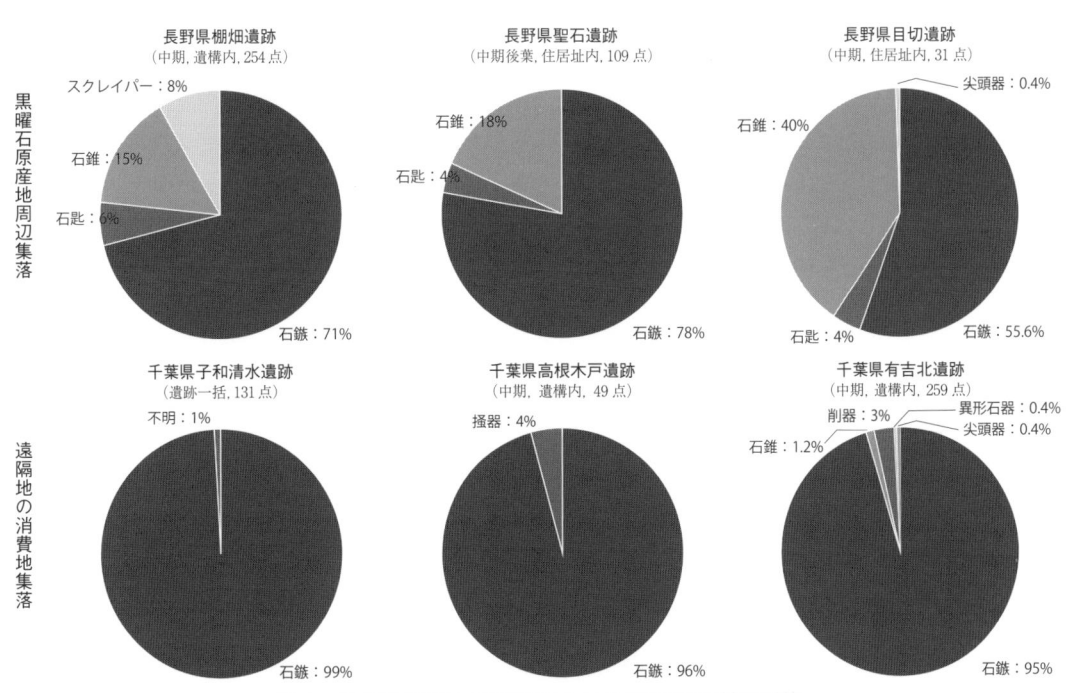

図1　原産地周辺と消費地における黒曜石の利用形態

2つの概念をバランス良く配慮して考察することが重要であろう。

つまり，自然物はどのような需要のなかで資源化しているのか，という観点である。こうした考え方は，時に発見によって活気づけられる考古学の研究に，古くて新しい論点を提供することにもつながるであろう。

では，縄文人は黒曜石にどのような資源価値を見出していたのだろうか。この問題を整理するために，まず遺跡における黒曜石の利用形態を見てみよう。

中部高地では草創期の曽根遺跡以来，黒曜石製の石鏃製作が顕著に認められるが，早期の栃原岩陰遺跡や，押型文期の岡谷市樋沢遺跡や塩尻市向陽台遺跡でも同様の傾向が認められる。さらに早期の黒曜石製石鏃の中には，「鍬形鏃」や「局部磨製石鏃」という特有の形態と技術の石鏃が出現する。

一方，長野県棚畑遺跡は中期の集落遺跡である。同地域には黒曜石採掘遺跡として著名な鷹山遺跡や和田峠や冷山などの黒曜石原産地が位置し，原産地近圏の遺跡の1つと考えて良い。中期中葉では141軒の住居址が検出されており，そこから出土した黒曜石製の定型石器は254点で石鏃が181点を占める（図1）。

さらに聖石遺跡や目切遺跡も中期の環状集落であり，集落内に黒曜石の原石の貯蔵例もあり，入手に積極的にかかわった集団であることがわかる。

これらの具体例として紹介した遺跡では，黒曜石製石器のおよそ50〜80％が石鏃である。黒曜石の一大原産地を擁する八ヶ岳西南麓地域では，遠隔地に比べ潤沢な量が搬入されていたため，一部では掻器や石錐として利用される事例もあるが，それらが器種組成の主体となる遺跡はない（図1）。

遠隔地の消費地の動向を理解するために千葉県の中期後葉の集落を取り上げる（図2）。中期の千葉県高根木戸遺跡，子和清水貝塚，有吉北貝塚はいずれも環状集落を形成する典型的な定住型集落である。

子和清水遺跡では268軒の住居址が発見され，黒曜石製の石器は1点の不明器種を除いてはすべてが石鏃である。高根木戸遺跡は，75軒の住居から構成される集落で96％が石鏃である。

さらに東京湾の臨海地域で規模の大きな貝層を残す有吉北貝塚は134軒の住居が発見されているが，遺構外も含めた黒曜石製の石器の95％が石鏃で占められている。

これが原産地から遠く離れた消費地における黒曜石の利用状況である。産地がどこかという議論は別にして，縄文時代における黒曜石の利用状況を良く示している。

3　生業活動の中の黒曜石

これらの事例より遺跡から出土する黒曜石はその大半が石鏃製作に用いられた石材であると考えて良い。この当たり前ともいえるほど広く認識されている普遍的な現象にも，その意義と背景を考える視点が必要であろう。

黒曜石を石鏃の素材と考える前提に立つと見えてくるのは，狩猟活動である。実際に複数の貝塚からはシカやイノシシの骨に射込まれた石鏃の先端部が見つかっているから，弓矢が陸上動物を対象とした狩猟に大きな威力を発揮したことがわかる。

定住的な生活が普及した縄文時代では彼らの周辺にある生態系に適応した多角的な生業活動が組織されたことは，次の2つの事実から明らかである。

1つは環状集落などの定住的な色彩を強く反映した遺跡からは，石鏃以外にも植物質食料の加工具である磨石や敲石や石皿，海浜地域では釣針や魚網錘などの漁労具など複数の生業活動への関与を示唆する複合化した道具構成をもつこと。

2つ目は人骨の安定同位体分析から推定される縄文人の古食性である。

食物のタンパク質に含まれる炭素と窒素の同位

体比を基に生前の人間が摂取した食資源を復元する手法からは彼らの主食はC$_3$植物とされる堅果類やそれを主食とした草食動物と魚介類など複数の資源を利用していたことが指摘されている[1]。

この成果を道具組成からみえる生業と対比してみると、少なくとも定住集落が各地に出現する前期以降の縄文人たちの狩猟活動は、全体としてみた場合、食料獲得活動の中でも、それほど大きな比重をもたなかったと言えそうである。

食資源の獲得という点において、黒曜石の果たした役割は、時として実際に目にすることができる膨大な黒曜石製石器があったとしても、それらの利用範囲はかなり限定された場面だったということを、まず確認しておきたい。

ただし、以上に示した黒曜石の利用形態を考えた場合、その生産物である獣肉のすべてが均等に集団間に分配され消費されたかという点については、疑問も残る事実がある。

それは同一の遺跡から発見される人骨の中には、著しく食性に偏りをもつ人々が存在するからである。これらの人々は海産資源や陸上動物への依存が高いとされているので、直接資源を入手した人々が、やや特権的に特定資源への利用の度合いが高かったとも考えることができよう。この問題については、さらに人類学などの関連分野との共同の研究が必要であろう。

4 誰が黒曜石を使ったのか

それにもかかわらず、黒曜石が原産地から遠く離れた遺跡から出土するのは何故なのだろうか。

答えを得るためにムラの中の石器作りの様子を見てみよう。縄文時代の遺跡は住居外に不要物を廃棄する行動が頻繁に行なわれており、個々の住居で用いられた石器を特定することは難しい。そこで、ここでは石器作りの際に生じた微細なチップのあり方に注目してみよう。微細な遺物を回収し理化学的な分析を加えた事例はまだ限定される反面、解釈の精度を上げることができる。

千葉県和良比遺跡は前期後半の集落の全域が調査された遺跡である。ここからは9軒の竪穴住居が発見され、そのうちの1軒の住居の炉跡とその周辺から多量の微細な黒曜石チップと1点の石鏃未成品が出土している（図2）。住居の覆土中からは廃棄された土器や貝層が見つかっているから、出土状況だけからではこれらの石器群が住居址に確実に伴ったという確証に乏しい。

そこで、黒曜石チップから任意に10点を選び出してフィッショントラックによる年代測定と、

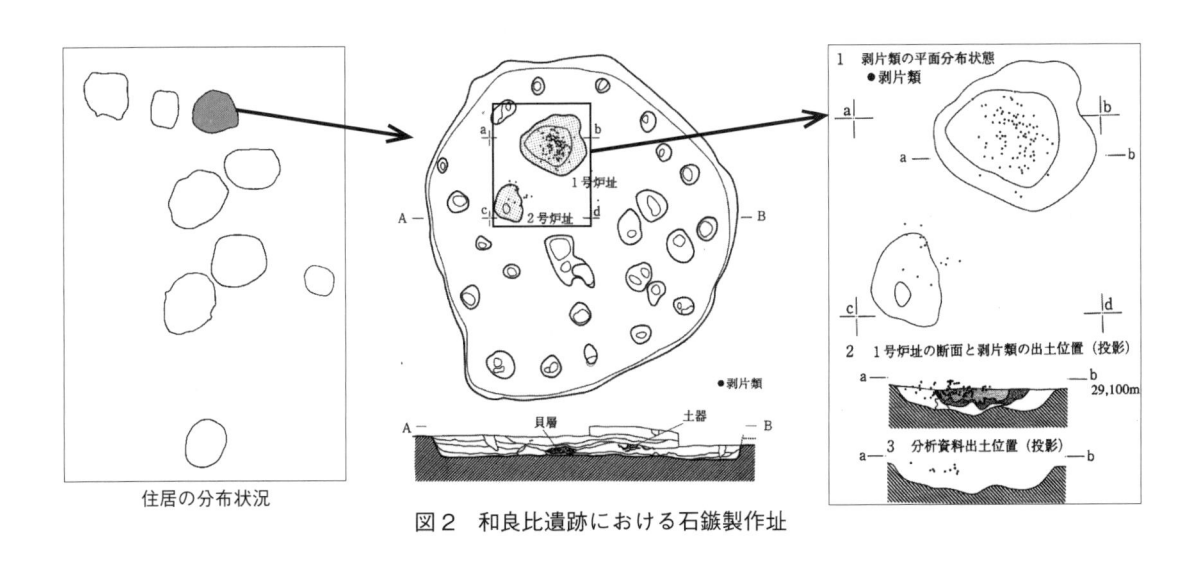

図2 和良比遺跡における石鏃製作址

元素分析を実施して産地推定を行なった。その結果，フィッショントラック法による年代は全点が概ね6500年という年代を示し，産地は神津島と推定された[2]。

しかし，神津島の黒曜石の産出年代は約8万年前と推定されているため，これらのチップは住居の炉の熱を受けて，トラックがリセットされたことがわかった。つまり，この住居の炉辺では石鏃が製作され，その際に生じたチップの1部分が炉の灰に紛れ込んだと考えられるのである。

先述したように，この遺跡では8軒の住居が発見されており，このような住居址はこの1軒に限られていた。これに加えて和良比遺跡の事例ほど状況は明確ではないものの，集落内から石鏃が遍在性をもって出土する遺跡は多く，これらの事実から集落の内部では石鏃製作を行なった人々は一集落に1軒，多いときでも数軒程度の規模の集団であったことが指摘できる。

そして生業活動の中では，これらの住居の住人であった特定の狩猟集団によって捕獲されたシカやイノシシは人々に分配されたのであろう。この推測を遺跡内の動物遺存体の分析から分析した指摘もある[3]。

5 黒曜石の分布の意味

こうした特定の狩猟集団によって用いられた黒曜石が描き出す空間的な分布には，いったい何が見えてくるのだろうか。かつて鳥居龍蔵は信州の黒曜石が関東地方にまでおよぶ広域な分布を示すことを指摘し，石器時代の交通・交易の問題を指摘した[4]。

筆者は資源の空間分布の形成要因として，交換活動とは別に，原産地周辺地域からの特定集団の遠征を考えたことがある（図3）[5]。

その場合，彼らは遠征先で自分たちが石鏃の製作で使うための黒曜石を携行し，遠征の先々で黒曜石を用いて使い慣れたタイプの石鏃を作り，そ

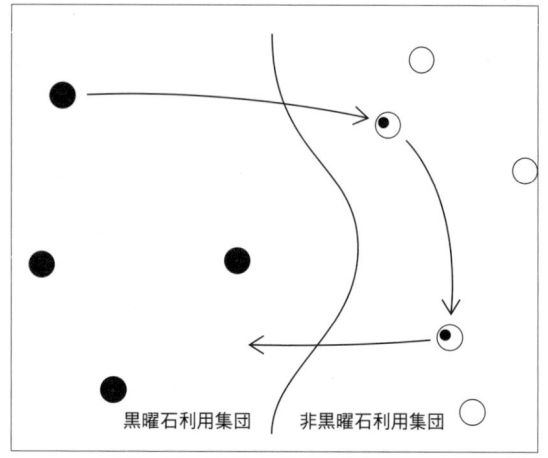

図3　黒曜石利用集団の拡散と回帰

れを用いた狩猟を行なったものと考えられた。

その移動距離は直線距離にして300km以上にも及ぶとともに，彼らには黒曜石を流通させる意図は読み取ることができない。さらに，遠征先で同居した人々はまったく意に介さず専ら在地産の石材を用いた石鏃製作を行なっている。このような状況は限られた事例であるかもしれないが，黒曜石の遠隔地出土事例の背景を読み取る際に，準備しておくべきモデルの1つである。遠隔地資源の存在のみをもって，その背景に安易に流通や交換関係を想定することの危険性を我々に教えてくれるからである。

早期において注目したいのは，それぞれの地域ごとに特徴的な形態をもつ石鏃が存在することであり，狩猟者間で出自や伝統を表示している。これは他地域の狩猟者を意識した集団帰属意識の表出ととらえるならば，地域間での狩猟者間の関係が比較しやすい。

しかし一方で，縄文時代の研究において，交換関係として遠隔地の黒曜石や，原産地遺跡の意義を考察する根強い考え方もある。比較的近年でも黒曜石が関東地方の海浜部の貝塚などから一定量出土する事実や，海浜部に形成された大規模な貝塚の形成背景をめぐって，山間部の黒曜石などの遠隔地資源との交換関係が指摘されている[6,7]。

この指摘を検証するためには，まず2つの事実を正視すべきである。

　第1点は先述したように黒曜石の利用は，複合化した縄文時代生業のなかの弓矢猟に，ほぼ限定して用いられた資源であったこと。

　第2点として，近年の貝塚研究では，大型の貝塚は東京湾東岸地域において，基本的には自給自足型の消費の累積であったこと。さらに巨大なハマ貝塚として注目された武蔵野台地側の中里貝塚も，そこで生産された干貝は武蔵野台地上に高密度で分布する近隣集落への供給を目的としたものであることがわかるにつれて，黒曜石との交換関係を主目的として考えることは合理的な説明法ではないことが判明してきたのである[8]。

　また関東地方は黒曜石という資源の原産地から遠く離れた地域であり，いわゆる消費地にあたるが，時期や地域によってはチャートなどの在地石材を主体とする場合も多く，たとえ黒曜石が多く用いられる時期であっても，必ず他の石材が併用されるのが常態である。すなわち，消費地においていつの時期でも黒曜石が渇望された，という状況は考えがたい。

　さらに黒曜石の産地が特定原産地に限定化され，いわばブランド化していたか否かという点においても，原産地推定の技術が飛躍的に向上し，多量の分析事例が蓄積された今日でも，一遺跡の一時期の黒曜石製石器群が単一の産地のみに限定される事例は極めて稀な事例であることも無視できない。この問題は単に産地単位の黒曜石の量的な問題だけで片づけてはいけない。

　一見すると些細な違いにしか映らない複数産地の黒曜石の共存とは，複数産地間の量的な関係ではなく，たとえ石鏃製作の原料として黒曜石が選択されたとしても，それは特定原産地のみを対象にした入手経路ではなかった点がもっとも重要な点である。

　例えてみれば，漁場から遠く離れた消費地では，サンマは北海道産でも銚子産でも，その違いにそれほど大きな意味の違いはなかったのである。

　こうした状況は黒曜石の産地の問題だけに限らず，チャートや安山岩なども補完関係にあることを視野に入れると，縄文人の，より重層化した資源利用の対応が読み取れる。

　この場合，むしろ資源利用の観点から重要なのは，複数の入手経路を確保した資源獲得の戦略性にある。

6　消費地と原産地〜見えるものの違い〜

　かつて山間部の鷹山遺跡における黒曜石採掘址や，浜辺に見つかった巨大ハマ貝塚である中里貝塚などの発見から，縄文時代に高度に発達した交換社会が存在したという主張がなされた時期があった。

　その後，一定の時間をおいて，その評価を前提にしてさらに解釈を進める立場や，またこうした状況を静視し，発見時の評価からは距離を置いた研究が併行して進められ，一定の蓄積を成してきた。これらの成果から現時点で言えることは，両遺跡のいずれもが特定資源の集中的な採取と加工を担った遺跡であるということだ。

　その反面で，原産地で生み出された資源は，いったいどのような地域が交換対象となったのか，あるいは交換の対象物は何であったか，という問題点は，あふれ出した推論以外は何も進展していない。

　この点でも理化学的な手法で産地を推定できる黒曜石の研究に期待が高まる。しかし，現時点で鷹山産の黒曜石が広く関東地方に大量に持ち運ばれたという事実は確認できておらず，またその可能性は将来にわたり，極めて低いといえる。

　一方，中里貝塚の大量の干貝は遠隔地の人々との交換物資ではなく，近隣の集団に流通させるための加工場であったことは，ほぼ共通の理解となってきた[9]。

　現時点において原産地遺跡に立って見えてくる

ことと，消費地から見えてくることには齟齬が生じていることが多く，両者のあいだに議論の交点を求める努力が必要である。

縄文時代の交易論の中で，古くから注目されてきた黒曜石は，縄文時代においては，ほぼ石鏃の原料として限定して用いる長い歴史があった。

そして，ナイフ形石器や槍先形尖頭器など大型哺乳類を対象とした狩猟が生業の中核をなす旧石器時代から縄文時代への変革は，弓矢猟への変化として説明されてきた。旧石器時代にはナイフ形石器をはじめとして掻器や彫器など複数の器種に用いられた黒曜石は，限定的に石鏃以外の石器にも用いられることもあったが，その主体が石鏃にあったことはすでに述べた。

黒曜石は弓矢猟を専門とした狩人たちの間で珍重されたのである。複合的な構造をもつ縄文時代の生業活動の中で，次第に狩猟も特化し，黒曜石の利用も限定化した。

石鏃の副葬例に見るように，弓矢猟に熟練した人間が存在したことは確実で，こうした人物が石材流通に関与したのであろう（図4)[10]。

それにもかかわらず，遠隔地において時期や地域を違えながらも黒曜石が利用されたのは，各地の集団に埋め込まれた狩猟集団間でのネットワークに基づいたものであったに違いない。ただ，こ

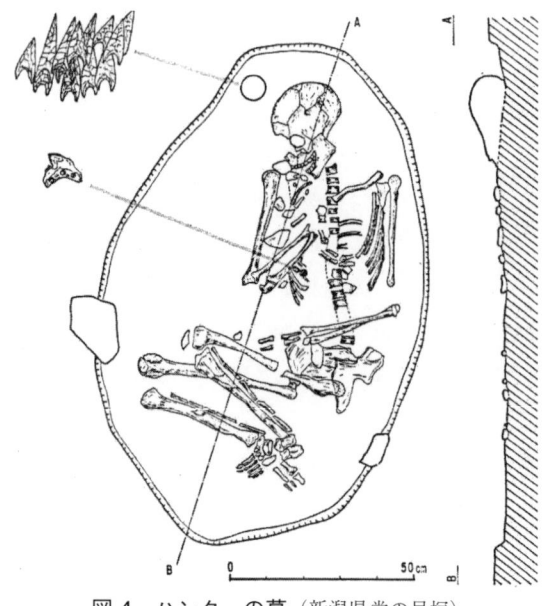

図4 ハンターの墓（新潟県堂の貝塚）

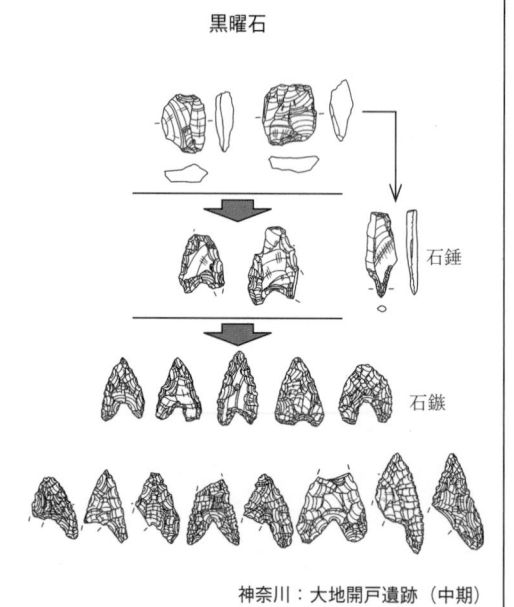

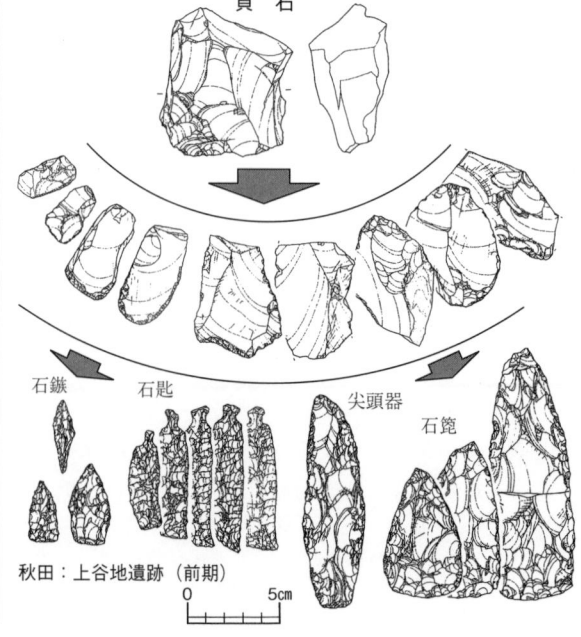

図5 黒曜石と頁岩の石器製作工程

うした場合でも，黒曜石の交換を仲介する特権的な立場の人々が介在した可能性を出土遺物から客観的に指摘することはできない。

また，土器型式間の影響関係などの地域間関係と連動した可能性を指摘する見方もあるが，時期や地域によって相関する場合もあるし，しない場合もあるため，両者は本来的には別々の文化現象であったものが時と場合によって連動する場合があったとみるのが現実的であろう。筆者は黒曜石の広域なネットワークとは，各地の集団の内部で分業化した狩人同士の関係に他ならないと考えている。

その一方で，東北地方では頁岩が，あるいは東海地方以西には下呂石やサヌカイトといった安山岩の利用が顕著であり，これらの石材は石鏃だけでなく各種の剥片石器や石斧の素材までも賄う，汎用性の高い，いわば石材としての万能性を内在させていることは注目すべき事実である（図5）。

黒曜石が特定石器の原料としてこれらの石材と異なる動きをするのは，石材のもつ固有の性質や，それらを用いた社会の中での利用形態，さらには石材の入手環境など，複数の要因が関係するものと考えられるが，資源利用の観点から想定されてくるのは，彼らの石器製作の工程とそれらの場面の違いである。

たとえばサヌカイトや頁岩などは1つの原石から複数の石器を作るため，比較的大きな原石を素材とし，剥片剥離は多様な大きさの剥片を打ち取っている[11]。そして比較的初期の段階で打ち割られた大型の剥片は大型の石器に，原石が消費される過程で小型化した剥片は石鏃素材となった。さらに大型石器の調整で生じた剥片なども小型石器の素材へと利用されたから，部分的であっても石器製作者は多種類の器種の製作にかかわったことになる。

西日本ではサヌカイト製の折れた打製石斧が原石とともに貯蔵される事例さえあるが，これは大型の石器の廃棄品を小型の剥片石器の原料として再利用していたことを物語るもので，同一石材で多種類の石器を作る伝統ならではの現象であるし，東北地方の頁岩地帯では，住居や土坑に剥片を貯蔵する事例が多く認められる。

黒曜石は八ヶ岳西南麓を中心とした消費地遺跡などで小型の原石貯蔵例であるのに対して，頁岩では縦長の素材剥片を貯蔵する事例が多いのは，剥片剥離の場面から最終的な石器の加工までの工程が分節化していた可能性を示唆する。秋田県岩瀬遺跡の草創期から早期の石器製作址や前期の上

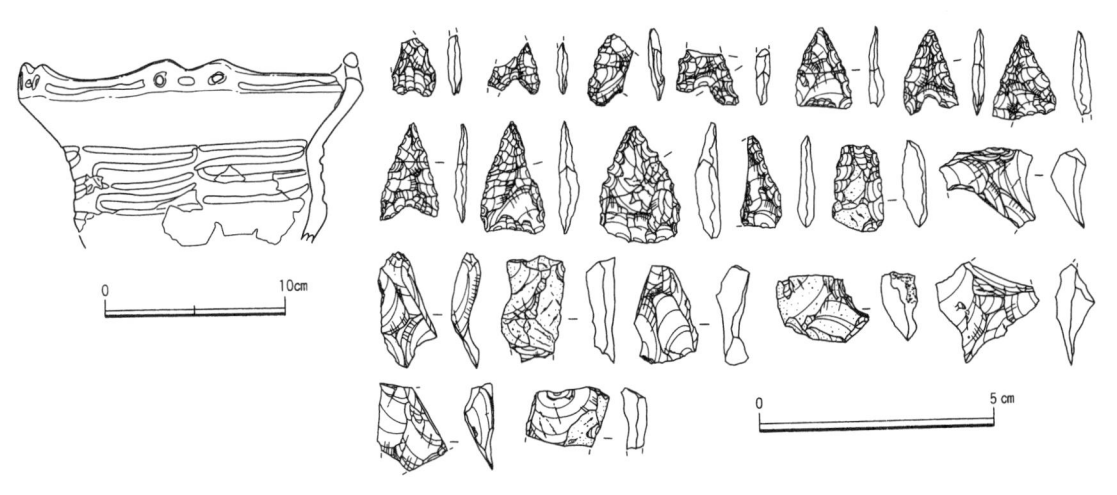

図6　土器に収納された**石鏃製作の残滓**（神奈川県北原№4遺跡）

谷地遺跡では同一地点において複数の器種の石器製作を行なっているので，製作工程の空間の分節化が進行するのは前期から中期にかけての変化であった可能性が高い。

これに対して黒曜石は遺跡での出土状況が示すように，遺跡の内部でもかなり限定的なあり方を示す。そもそも，石器製作に利用される黒曜石は石鏃を対象としたため，大多数は鶏卵大程度の原石で，そこから両極打法で得られる剥片の形状は限定的で，利用範囲も限られていた。

さらに遺跡内での石器製作を見た場合，たとえば神奈川県北原No.4遺跡などのように土器の内部に黒曜石の石器製作の残滓が収納された事例があり，遺跡内においても製作行為の限定性が認められる（図6）。

また打製石斧や掻器などの石材が異なることが常態であるため，器種単位での石器製作が考えられる。武蔵野台地の打製石斧などは集落内で石斧製作にかかわる剥片類の出土がほとんど認められないことから，製作は集落内ではなく，当時の河原で行なわれたことも想定されている。

中部地方や関東地方では打製石器は器種単位で石材が異なる場合が多い。そのことは個々の石材の入手と加工が独自に展開した可能性が高く，生業間での道具作りの独立性が高い製作伝統が存在したに違いない。

そして，中部地方と関東地方における黒曜石の広域な流通とは，こうした石材の利用形態を伝統的に保持した地域間での出来事であったと言える。

このように原産地遺跡として一括りにされてきた遺跡は，産出する石材をどのように資源化するかといった各地の文化伝統によって，その性質を異にしているのである。

註

1) 米田　穣「炭素窒素同位体に基づく食性復元」『向台貝塚資料図譜』1999
2) 輿水達司・阿部芳郎・戸村健児「遺跡出土黒曜石の被熱痕跡とその背景」『考古学ジャーナル』420, 1997
3) 林　謙作「貝の花貝塚のシカ・イノシシ遺存体」『北方文化研究』13, 北海道大学附属北方文化研究施設, 1980
4) 鳥居龍蔵『諏訪史第一巻』信濃教育会諏訪部会, 1924
5) 阿部芳郎「縄文早期における遊動的狩猟集団の拡散と回帰」『移動と流通の縄文社会史』雄山閣, 2010
6) 勅使河原彰『第Ⅱ部縄文時代篇』『日本列島石器時代への挑戦』新日本出版社, 2011
7) 後藤和民「縄文時代における東京湾沿岸の貝塚について」『房総地方史の研究』1973
8) 阿部芳郎「縄文時代の生業と中里貝塚の形成」『中里貝塚』北区教育委員会, 2000
9) 前掲註8に同じ
10) 阿部芳郎「狩猟具としての石器」『季刊考古学』35, 1991
11) 東北地方の頁岩製石器の製作技術の分析では，山田昌久による研究がある。山田昌久「縄文時代における石器研究序説」『論集 日本原史』1985

異なる生産過程をもつ
道具・磨製石斧の製作と利用
―― 北陸地方における磨製石斧生産の様相 ――

渡邊裕之

　新潟県西部から富山県東部にかけて，蛇紋岩製磨製石斧の製作遺跡が集中的に分布することが知られている。当該地域は縄文時代に利用された「蛇紋岩」[1]原産地であり，新潟県南西部を流れる姫川・青海川流域から富山県東部の海岸部において現在でも原石を採集することができる。富山県境A遺跡や新潟県寺地遺跡は，近隣で採集できる豊富な蛇紋岩原石を利用した縄文中期〜晩期の大規模な製作遺跡であり，明らかに自家消費量を超える磨製石斧とその未成品の存在から，他の集団への供給を目的とした集中生産が行なわれたと考えられている。そして，磨製石斧の広域流通とその製作の社会的・地域的分業などを考えるうえで重要な遺跡と評価されている[2]。

　しかし，磨製石斧生産がピークを迎える縄文中期を境にして，原産地の遺跡数は減少に向かい，石斧製作は継続されるものの，そのあり方は大きく変容する。一方，中期前半まで蛇紋岩製磨製石斧の消費地であった新潟県北東部（阿賀野川以北）では，後期以降，在地石材を使った大規模な磨製石斧製作遺跡群が出現し，石斧生産の拠点地域を形成する。特徴的なのは，磨製石斧の大型品が在地石材で賄われる一方，小型品は中期以前と同じく蛇紋岩が利用される点である。つまり，縄文後・晩期の新潟県北東部では磨製石斧の形態・用途に応じて選択的に石材が利用されているのである。さらに，詳細はまだ不明であるものの，石川県能登地方においても，後期以降になると在地石材を利用した磨製石斧製作が開始されるようである。蛇紋岩原産地を挟んだ東西両地域において良く似た現象がおこっていた可能性が高い。このような，蛇紋岩磨製石斧の生産地と消費地の関係性

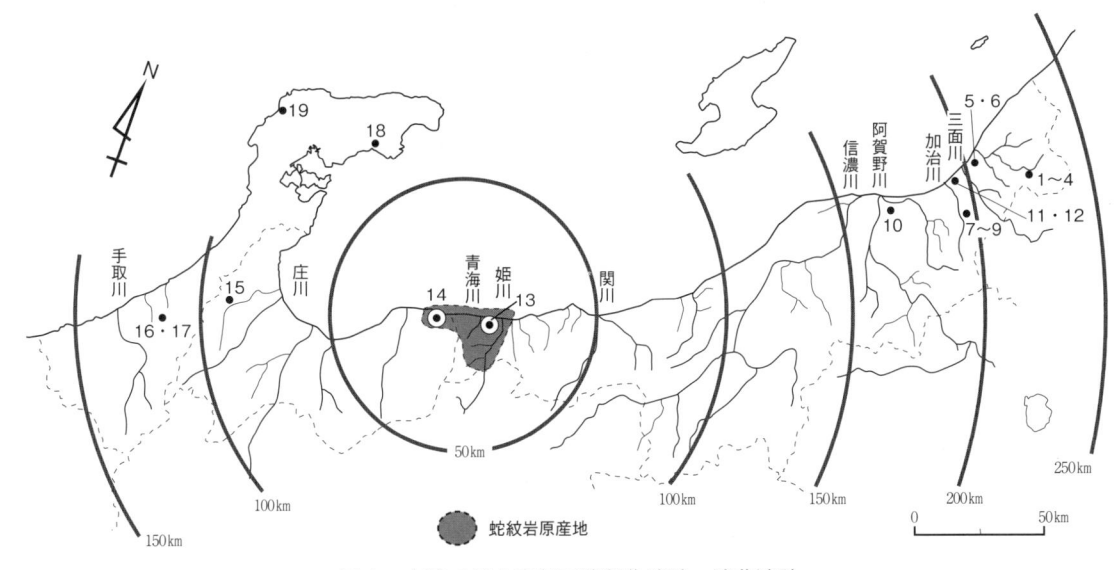

図1　本稿で扱う磨製石斧製作遺跡・消費遺跡

の変化は，原産地遺跡において後期以降も磨製石斧が製作されていることから，資源量の減少に伴うものとは考えられない。消費地における主体的な選択の結果と解釈するべきだろう。そしてそこには，縄文後期以降における社会システムの変化が関与していると考えたい。

1 蛇紋岩原産地における磨製石斧生産

蛇紋岩原産地である新潟県南西部〜富山県東部（図1）では，河川上流部では数tの巨礫として，下流ないし支流との合流付近では扁平な楕円礫，河口および海岸では長さ数cmから20cm前後の扁平な楕円礫という産状を示す[3]。現在のところ，原産地周辺における蛇紋岩製定角式磨製石斧（以下，単に磨製石斧とする）の製作遺跡[4]は縄文早期中葉〜前期初頭を初源とする。中期になると，原産地周辺のほぼすべての遺跡で磨製石斧の製作痕跡が確認できるようになる。新潟県寺地遺跡と富山県境A遺跡はその代表例で，蛇紋岩を素材とした磨製石斧の製品・未成品，工具類が大量に出土している。また当該期にはヒスイ製垂飾品の製作も盛んに行なわれており，両遺跡でも大量の工程品が出土している。しかし後期後半以降になると遺跡数は急激に減少し，中期後半〜後期前半の遺跡が10ヵ所であるのに対して，後期後半〜晩期の遺跡は4ヵ所ほどに半減してしまう。

一方，寺地遺跡・境A遺跡は，規模の増減はあるものの，晩期後半まで長期継続する。集住化や拠点化など，後期後半以降は集落のあり方が大きく変化したと推測される。図2は寺地遺跡にお

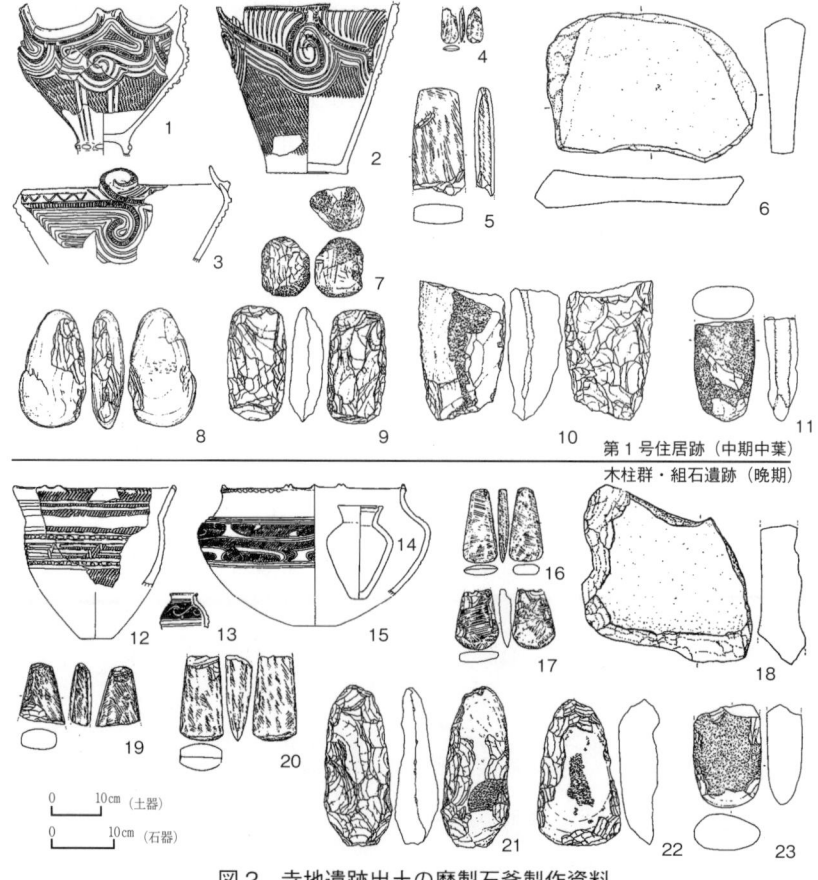

図2 寺地遺跡出土の磨製石斧製作資料

ける中期と晩期の遺構出土資料である。上段は中期中葉に帰属する第1号住居出土資料で，ヒスイ製垂飾品と蛇紋岩製磨製石斧の未成品・工具類がまとまって出土したことから工房跡と評価されている。蛇紋岩製磨製石斧の製作資料は，製品16点・未成品21点・原石17点・調整剥片113点が床面および埋土から出土している。製品には小型品（図2-4）と大型品（5）とがある[5]。共に側面に明確な稜を持つ定角式に該当する。8～11は大型磨製石斧の未成品である。8・9は剥離段階，10は剥離調整を終えて一部で敲打調整を行なっている段階，11は全面敲打段階のものである。これらの資料は，剥離調整→敲打調整という磨製石斧の一連の製作工程をよく示している。また8は素材となる原石の形を良く留めており，完成品を想定した素材の選択が採集時から意図されていたことをうかがわせる。7はヒスイ製の多面体敲石（ハンマー），6は硬質砂岩製の砥石であり，前者は石斧の敲打調整に，後者は仕上げの研磨調整に使用された工具であることが使用痕跡から判断できる。

図2下段は，晩期中葉を主体とする第3次調査区出土資料である。本地区では環状木柱列や組石墓などが検出され，祭祀的性格の強い空間と考えられている。蛇紋岩製磨製石斧製作資料としては，製品58点・未成品356点・原石18点・調整剥片707点が出土している。16・17は小型品，19・20は大型品で，すべて定角式に該当する。21～23は大型品の未成品である。21・22共に剥離調整を終えて敲打調整が開始されている。23は全面に敲打調整が及んだ後，中央部分で破損してしまった半欠品である。再加工によって作り直すことが困難な状態であることから廃棄されたと考えられる。18は砂岩製の平砥石で，破損しているものの，本来は一辺20cmを超える大型品であったと推測される。

寺地遺跡[6]では，基部と刃部の幅がほぼ等しい短冊形（図2-5・9）と，基部から刃部に向かって広がる撥形（19・20）の2つの形態が認められるが，分布状況や出土遺構の時期から，前者は中期，後者は晩期に特徴的な形態であることが判明している。断面形態においても，中期に比べて晩期のほうが身厚であるという差異が確認できる。また未成品にはI段階：剥離調整のもの，II段階：剥離調整と敲打調整が併存するもの，III段階：剥離調整・敲打調整・研磨が重複するもの，IV段階：敲打調整を欠落し，剥離調整と研磨調整が併存するものといった4つの工程が確認され，寺地遺跡ではI・II段階が最も多い。石材は蛇紋岩が90％以上を占め，わずかに安山岩・珪岩・粘板岩が認められる。いずれも遺跡の近隣で採取できる在地石材である。これらの各工程資料が短冊形・撥形の両形態の石斧で確認されることから，中期・晩期という帰属時期にかかわらず，蛇紋岩製大型磨製石斧の一般的な製作工程と理解することができる。なお欠損状況では，未成品の大半が欠損し，また中央部付近で折れたものが多い。I・II段階工程品の多さを考慮するならば，剥離・敲打段階で破損し，廃棄されたものが多かったと推測される。小型磨製石斧の未成品は図示できなかったが，形態的には大型品と同じ傾向を示す。なお大型品とは異なり，小型品ではII・III段階を欠く。よって敲打調整を省き，剥離段階からそのまま研磨工程に移ったと理解される。敲打調整による破損の危険性や，大型石斧に比べてはるかに研磨量が小さいことなどから，剥離調整されたものを直接研磨することが合理的であったと考えられる。

2 新潟県北東部における磨製石斧生産

新潟県北東部（阿賀野川流域以北）における磨製石斧製作遺跡は，北から①三面川上流域，②三面川下流域，③加治川上流域，④阿賀野川中流域の4ヵ所に集中することが知られている[7]。これらの遺跡で多用される磨製石斧の石材は，輝緑

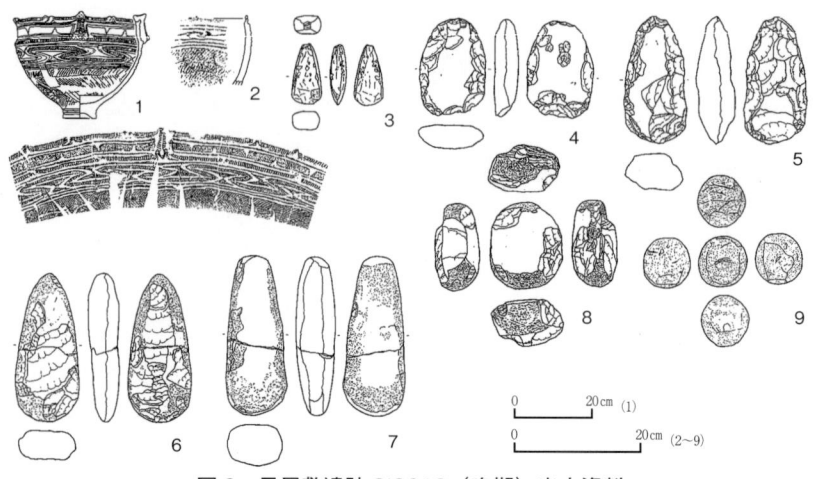

図3 元屋敷遺跡 SI2218（晩期）出土資料

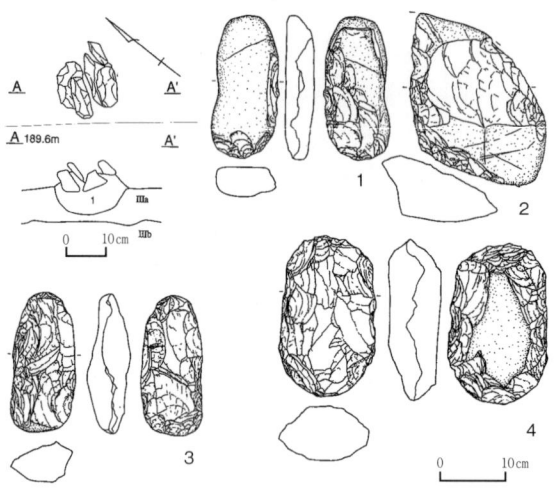

図4 アチヤ平遺跡 SX396（後期前葉）出土資料

える必要がある。

今のところ大規模な磨製石斧製作が確認できるのは後期前葉からである。三面川上流部に位置するアチヤ平遺跡では，大量の磨製石斧と未成品に加えて製作時の石屑（調整剥片），さらに製作工具である多面体敲石と平砥石がセットで出土しており，製作遺跡の要素を十分に備えている。アチヤ平遺跡と隣接する中期の前田遺跡・下クボ遺跡では，未成品や工具といった製作関連資料がまったく確認できないことから，当該地域における大規模な磨製石斧生産の開始が後期前葉にあることが明らかである（表1）。

後期後葉〜晩期の拠点的集落である元屋敷遺跡からは，3,000点を超える磨製石斧と13,000点以上の未成品が出土した。図3は同遺跡SI2218から出土した石斧製作関連資料である。同遺構は9回の建て替えが行なわれたと推測される竪穴住居で，最下底の床面（第2床面）から晩期中葉を主体とする土器群と共に，磨製石斧8点・未成品45点・砥石1点が出土している（図示した資料には埋土出土遺物も含む）。未成品には，剥離段階（4・5），敲打段階（6・7）が認められるが，研磨段階のものは確認できない。石材はすべて在地石材の輝緑岩である。形態が撥形をなす点は，寺地遺跡の晩期磨製石斧と同様である。8・9は凝灰岩製の多面体敲石で，前者は半分程度欠損している。また後者は全面がよく使用されて球形に近い形状を呈する。遺跡全体で見ると，分類された磨製石斧未成品667点のうち剥離段階が66点，敲打段階が601点となり，圧倒的に後者が多い。研磨段階が

岩・ハンレイ岩・粗粒な安山岩など，緑色を呈する火成岩であり，各河川流域で採取できる在地石材である。これらの石材は4つの地域で普遍的に認められると共に，肉眼での識別が困難であり，現在のところ理化学的な分析によっても原産地を特定することができない。よって本稿では，阿賀野川以北の磨製石斧を特徴づける緑色の火成岩を，「在地石材」として一括して取り扱うこととする。現在のところ，当該地域における最古の磨製石斧製作遺跡は中期中葉の新発田市上車野E遺跡[8]である。しかし，同時期の製作遺跡は他に未確認であり，資料の蓄積を待って改めて検討を加

表1 北陸地方における主な磨製石斧製作遺跡・消費遺跡
石材：◎第1石材　○第2石材　●第3石材（遺跡番号は図1と一致する）

No.	遺跡名	所在地	時期	磨製石斧	未成品	工具	石材	備考
1	元屋敷（上段地区）	新潟県村上市	後期後葉～晩期末	3,327	13,679	多面体敲石 515 平砥石 23	◎在地石材 ○蛇紋岩	
2	アチヤ平（上段地区）	新潟県村上市	後期前葉	331	1,599	多面体敲石 109 平砥石 393	◎在地石材 ○蛇紋岩	
3	前田	新潟県村上市	中期中葉	30			◎蛇紋岩 ○閃緑岩 ●砂岩	
4	下クボ	新潟県村上市	中期後葉	13			◎蛇紋岩 ○凝灰岩・ハンレイ岩ほか	
5	高平	新潟県村上市	中期前～中葉	61			◎蛇紋岩 ○輝緑岩 ●流紋岩・閃緑岩	
6	長割	新潟県村上市	後期前葉	94	19	多面体敲石 13 平砥石 56	◎輝緑岩 ○蛇紋岩 ●緑色凝灰岩・泥岩	
7	村尻	新潟県新発田市	後期後葉～晩期末	280	1,405	多面体敲石 69 平砥石 81		
8	中野（南区）	新潟県新発田市	後期後葉～晩期前葉	105	501	多面体敲石 100 平砥石 24	◎輝緑岩・安山岩 ○蛇紋岩	第1・2・5次調査出土品を集計
8	中野（北区）	新潟県新発田市	中期末～後期後葉（後期前葉主体）	31	153	多面体敲石 34 平砥石 5	◎安山岩・輝緑岩 ○蛇紋岩 ●石英閃緑岩	第5次調査出土品
9	館ノ内D	新潟県新発田市	晩期中～後葉主体	39	326	多面体敲石 34 平砥石 4	◎角閃石安山岩 ○粗粒玄武岩 ●斜長石安山岩	
10	鳥屋	新潟県新潟市	晩期後葉	11	17	多面体敲石 61 大型砥石 17	閃緑岩・角閃岩・安山岩	
11	野地	新潟県胎内市	後期後葉～晩期初頭	27	21	多面体敲石 4 平砥石 8	◎蛇紋岩 ○ハンレイ岩 ●輝緑岩	未成品：敲打段階 18, 研磨段階 3
12	青田	新潟県新発田市	晩期末	42	27	多面体敲石 60 平砥石 40	◎安山岩 ○蛇紋岩 ●輝緑岩	未成品：剥離段階 5, 敲打段階 15, 研磨段階 4
13	寺地	新潟県糸魚川市	中期～晩期中葉	87	137	多面体敲石・平砥石 多数	◎蛇紋岩 ○珪岩 ●安山岩	分類対象個体のみを集計
14	境A	富山県朝日町	中期～晩期中葉	1,031	35,182	敲石 4,550 平砥石 3,050	◎蛇紋岩 ○砂板岩 ●粘板岩・安山岩	「敲石」には多面体敲石以外も含む
15	桜町	富山県小矢部市	中期～晩期	303			◎蛇紋岩 ○安山岩 ●頁岩・流紋岩	
16	御経塚	石川県野々市市	後期中葉～晩期中葉	273			◎蛇紋岩 ○チャート ●凝灰岩・砂岩	
16	御経塚（ブナラシ地区）	石川県野々市市	後期中葉～晩期中葉	33			◎蛇紋岩 ○緑色凝灰岩 ●流紋岩・凝灰岩	
17	米泉	石川県金沢市	後期中葉・晩期中葉	60	44	敲石・平砥石	◎石灰岩質岩 ○珪質岩 ●片麻岩	未成品石材：◎輝緑岩（50%）○細粒砂岩（32%）
18	真脇（Ⅱ層）	石川県能登町	後期中葉～晩期	61			◎フリント ○蛇紋岩 ●輝石安山岩	
18	真脇（Ⅴ層）	石川県能登町	中期中葉～後葉	65			◎緑色凝灰岩 ○結晶片岩 ●角閃石安山岩・蛇紋岩	
19	道下元町	石川県輪島市	後期前葉～晩期中葉	29	8	敲石・平砥石	◎緑色凝灰岩 ○変朽安山岩 ●角閃石安山岩	図示されたもののみを集計

欠落すること，敲打段階のほとんどが破損品である点が特徴的である。この状況を理解するうえで参考になるのが，敲打段階以降の未成品を出土する消費遺跡の存在である。新潟県胎内市野地遺跡からは，在地石材製の大型磨製石斧未成品21点が出土しているが，その内訳は敲打段階18点・研磨段階3点で，剥離段階が欠落する。また新潟県村上市道端遺跡では，遺物集中ブロックから土器片多数・石鏃1点・石匙2点・磨石類2点・石皿2点と共に，敲打段階の在地石材製磨製石斧未成品1点が出土している。これらの事例は，敲打段階あるいはその直前段階の未成品が消費遺跡に搬入された可能性を推測させる。なお，アチヤ平遺跡では，SX396から剥離段階の未成品4点（図4）が，SX325からは剥離段階の未成品2点と多面体敲石7点が一括して出土している。これらの事例は，製作途中の石斧を一時的に集積・埋納した遺構と理解され，磨製石斧の製作工程で，剥離段階から敲打段階の間に一工程が存在したことをうかがわせる。

3　北陸地方における磨製石斧生産の特質

これまで見てきたとおり，富山県東部～新潟県西部と，新潟県北東部という北陸地方の東西に位置する2つの地域において，蛇紋岩と在地石材を素材とする大規模磨製石斧生産が行なわれていたことが確認できた。蛇紋岩原産地では早期から製作遺跡の出現が確認できるものの，磨製石斧生産のピークは中期中葉にあり，後期以降は遺跡数の減少と，少数の拠点的遺跡に集約する傾向がうかがえる。一方，新潟県北東部では大規模な磨製石斧製作遺跡が集中的に分布する。上車野E遺跡の例から，その初現が中期中葉にさかのぼることが確実なものの，磨製石斧生産が本格化するのは後期前葉からである。なお，最も北に位置する三面川上流の遺跡群では，中期の前田遺跡・下クボ遺跡で磨製石斧製作の痕跡が皆無であるにもかかわらず，後期前葉のアチヤ平遺跡になると，突如，大規模生産が開始されるようになる。中期をピークにその前後で漸移的に遺跡数が推移する蛇紋岩原産地とは対照的である。

図5は，各遺跡から出土した磨製石斧製品における蛇紋岩の占有率を示したものである。取り上げた遺跡が表1と異なるのは，各報告書で磨製石斧石材の記載内容に差があるためである。なお同図では，蛇紋岩原産地との距離関係を把握するため，寺地遺跡と境A遺跡を起点として，それより上段には新潟県北東部の遺跡群，下段には富山・石川県の遺跡を配置した。

まず新潟県北東部の様子を見てみよう。中期中葉の前田遺跡では出土した磨製石斧30点のうち15点が蛇紋岩製品と確認され，50％の占有率を示す。原産地から220kmという遠距離にある同遺跡で高い占有率を示す背景には，境A遺跡や寺地遺跡で磨製石斧製作がピークを迎える時期と一致することが関与しているものとみたい。一方，中期後半の下クボ遺跡になると磨製石斧13点のうち蛇紋岩製が3点で23％の占有率となる。中期中葉よりも減少傾向にあり，続く後期前葉と連続的である。しかし例数が少なく，当該期に一般的な現象と言えるかどうかは検討が必要かもしれない。なお，新潟県北東部に限らず，県内の多くの中期遺跡では蛇紋岩製磨製石斧が50％以上を占めており，原産地に近づくほど高い占有率となる[9]。いずれにしろ，鳥屋遺跡・野地遺跡・青田遺跡の3遺跡を除き，後期以降に比べて中期の占有率が高い点に注目したい。

続く後期前葉のアチヤ平遺跡では蛇紋岩製品の比率が6.8％と大幅に減少する。一方，70％以上を占めるのが輝緑岩・ハンレイ岩などの在地石材であり，大量の未成品と工具類の存在から，在地石材による磨製石斧生産が本格化したことがわかる。アチヤ平遺跡から約20km離れた同時期の長割遺跡においても同じ傾向が認められることか

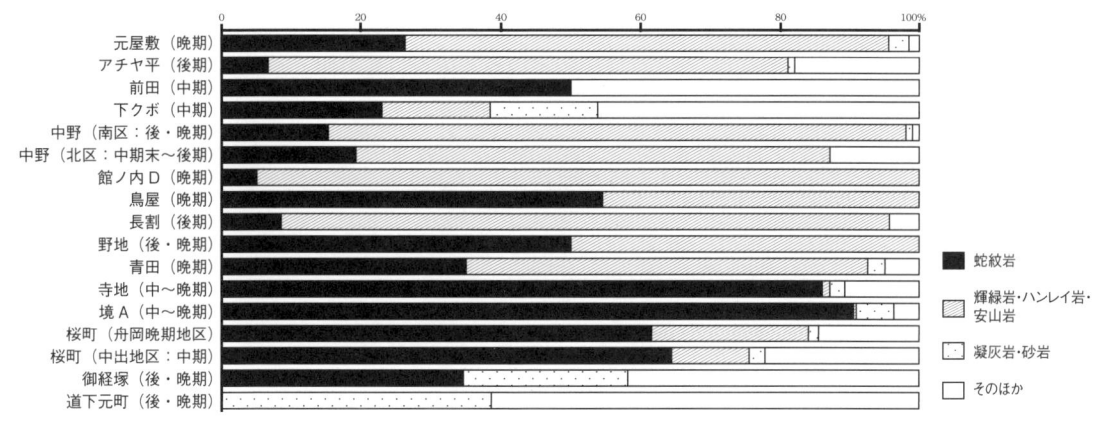

図5 磨製石斧の蛇紋岩占有率

ら、後期前葉における一般的な現象と考えて良いだろう。後期後半は遺跡数の増加・規模の拡大が認められる時期である。蛇紋岩の占有率は2～3割とやや増加傾向にあるが、在地石材が7割以上を占める点は後期前葉と同様である。そのなかで、鳥屋・野地・青田遺跡の40～50％という高い蛇紋岩占有率は特異である。

そこで蛇紋岩製磨製石斧の大きさについて確認してみると（表2）、鳥屋遺跡では83.3％、野地遺跡では77.8％、青田遺跡では全点が小型品で占められていることがわかる。表2を見ると、中期の前田遺跡では大型品が多く、後期前葉以降は小型品の割合が増加する傾向が明らかであり、在地石材による磨製石斧生産が開始される後期前葉を境にして、蛇紋岩製磨製石斧の需要が大型品から小型品へと大きく変化したことが明らかである。大型磨製石斧は伐採具として、小型磨製石斧は手斧のような加工具として使用されたと考えられること[10]や、蛇紋岩が鋭利な刃物の素材として優れている点を考慮するならば、木製品加工のあり方が変化したと推測することもできるだろう。なお、新潟県北東部産の磨製石斧の供給先については、石材認定の困難さから検証作業は途上である。消費遺跡と推測される長割・鳥屋・野地・青田遺跡は、隣接する製作遺跡集中域から在地産磨製石斧の供給を受けていたと考えてよいだろう。一方、

表2 主要遺跡における蛇紋岩製磨製石斧の形態組成

遺跡名	時期	蛇紋岩製磨製石斧 大型	小型	合計
元屋敷（上段）	後期後葉～晩期末	33 / 26.8%	90 / 73.2%	123 / 100.0%
アチヤ平（上段）	後期前葉	0 / 0.0%	14 / 100.0%	14 / 100.0%
前田	中期中葉	9 / 75.0%	3 / 25.0%	12 / 100.0%
高平	中期前～中葉	11 / 45.8%	13 / 54.2%	24 / 100.0%
長割	後期前葉	2 / 50.0%	2 / 50.0%	4 / 100.0%
中野（南区）	後期後葉～晩期前葉	6 / 37.5%	10 / 62.5%	16 / 100.0%
中野（北区）	中期末～後期後葉（後期前葉主体）	5 / 83.3%	1 / 16.7%	6 / 100.0%
館ノ内D	晩期中～後葉主体	0 / 0.0%	2 / 100.0%	2 / 100.0%
鳥屋	晩期後葉	1 / 16.7%	5 / 83.3%	6 / 100.0%
野地	後期後葉～晩期初頭	2 / 22.2%	7 / 77.8%	9 / 100.0%
青田	晩期末	0 / 0.0%	14 / 100.0%	14 / 100.0%
境A	中期～晩期後葉	60 / 38.2%	97 / 61.8%	157 / 100.0%
御経塚ブナラシ地区	後期中葉～晩期後葉	7 / 36.8%	12 / 63.2%	19 / 100.0%

より広範囲への搬出については、製作遺跡が未発見である点などを根拠に山形県・福島県会津地方・阿賀野川以西の地域などが消費地として推測されている[11]。

一方、蛇紋岩原産地以西の地域について見てみると、原産地から90km圏内に位置する富山県桜町遺跡では、中期を主体とする中出地区で64.4％、晩期を主体とする舟岡晩期地区で60.7％と、時期を違えても蛇紋岩の占める割合が高い（図

5）。ところが，桜町遺跡よりもさらに20kmほど原産地から離れた後期中葉〜晩期の石川県御経塚遺跡では，蛇紋岩製の占める割合は263点のうち91点で34.6%と大幅に減少する。同遺跡ブナラシ地区では33点のうち19点（57.5%）と高い占有率を示すが，そのうちの6割を小型品が占める（表2）。蛇紋岩製磨製石斧のうち，小型品が後期以降増加する現象は新潟県北東部と同様である。また，金沢市米泉遺跡は磨製石斧の製品60点と未成品44点が出土しており製作遺跡の可能性がある。しかし蛇紋岩はまったく採用されず，製品では石灰岩質頁岩・珪質岩・片麻岩，未成品では輝緑岩・砂岩が大半を占める。いずれも遺跡の近隣で採集できる石材である（表1）。さらに，能登地方の様子を見てみると，能登半島の北西部に位置する能登町真脇遺跡では，中期末〜後期前葉のV層から出土した65点の磨製石斧のうち蛇紋岩は6点（9.2%）に留まり，それ以外は緑色凝灰岩・結晶片岩・角閃石安山岩といった近隣あるいは能登半島で採集される石材が占めている。なお4点（6.15%）出土した粘板岩は青海川流域でも産出されることから，蛇紋岩と共にもたらされた可能性が高い。また後期中葉〜晩期のII層から出土した磨製石斧は，61点のうち，蛇紋岩8点（13%）・粘板岩5点（8%）と，他地域から持ち込まれた石材が一定量確認できるものの，それ以外の大半は，フリント（9点）・輝石安山岩（6点）・凝灰岩（5点）といった能登半島で産出した石材が占める。さらに能登半島北西部に位置し，後期中葉を主体とする輪島市道下元町遺跡を見てみると，蛇紋岩製は皆無で，緑色凝灰岩・変朽安山岩・角閃石安山岩などの在地石材だけで構成されている。能登半島における製作遺跡の実態は未だ不詳な点が多いが，今後その実態を明らかにしていく必要がある。ここでは，新潟県北東部と同じく，蛇紋岩製品の減少と在地石材利用拡大が後期以降に認められる点を確認するに留めたい。なお，御経塚遺跡では10点，道下元町遺跡では1点の乳棒状石斧の出土が報告されている。同石斧は本稿で取り扱ってきた定角式とは異なる形態を持ち，東海地方以西を中心に分布する。石川県の遺跡で少数ながら乳棒状石斧が出土することは，当該地域が異なる石斧型式分布圏に隣接することを示している。

最後に今後の課題をまとめておきたい。北陸地方の磨製石斧生産の動態とその背景を明らかにするためには，土器型式の系統性とその変遷，ヒスイ製品の製作と分布についても合わせて検討する必要がある。中期前葉における蛇紋岩製磨製石斧の流通域の拡大は，新潟県西部〜石川県を主体的な分布域とする新保式・新崎式土器の広域分布と連動した現象と考えられている[12]。一方，後期以降は，東北地方からの強い影響により新たな土器型式が各地で形成され，北陸系土器の分布域は中期に比べて狭い範囲に留まる傾向が顕著である。蛇紋岩製磨製石斧の流通形態の変化（中期：大型品＋小型品→後・晩期：小型品主体）や，在地石材による磨製石斧生産の活性化といった現象が，後期以降の土器に認められる系統性の変化（中期＝北陸系土器主体→後・晩期＝東北地方の影響拡大）とどのように関連するのか今後の検討が必要である。また，新潟県南西部の姫川・青海川下流域を中心に中期前葉から本格化するヒスイ製垂飾品の製作は，蛇紋岩製磨製石斧と同様，原産地周辺で製作され，各地へ搬出されるという流通形態をとる[13]。しかし後・晩期になると，原産地から遠く離れた東北地方北部・関東地方などでも製作遺跡が確認されるようになり，ヒスイ製品の製作と流通に関わるシステムが変化した様子がうかがえる[14]。

以上のように，北陸地方における磨製石斧生産は，蛇紋岩原産地周辺で集約的に製作・供給が行なわれた縄文中期と，在地石材を利用して各地で製作拠点を形成した後・晩期では，そのあり方が大きく異なる点が確認され，そこに大きな画期を

見出すことができる。今後は，土器型式の変化やヒスイ製垂飾品の流通，集落の動態など，磨製石斧生産以外の諸要素を検討材料に加えていくことで，北陸地方における縄文社会の特質をより具体的に描き出していくことが求められよう。一方，未成品や製作工具の取り扱い，石材の認定方法など，各遺跡の報告書データに精粗が認められる点は否めない。より詳細な議論のためには基礎資料の見直しと，各遺跡の再評価が不可欠である。

註

1) 北陸地方の各遺跡で「蛇紋岩」とされている石材には，岩石・鉱物学的にみると角閃石・透閃石・滑石などが含まれている。しかし，いずれも蛇紋岩を産出する富山県西部〜新潟県糸魚川市を中心とする変成岩帯に認められることから，本稿では一括して蛇紋岩と表記する。なお，蛇紋岩産地は日本列島各地の変成岩帯で認められ，また理化学的な産地同定が困難であるため，厳密に言えば，本稿で取り上げた蛇紋岩製磨製石斧が糸魚川市周辺を産地とするものかは保証できない。しかし，富山県境A遺跡や新潟県長者ケ原遺跡のような大規模製作遺跡の出現と北陸地方における蛇紋岩製磨製石斧の分布域拡大との強い関連性から，先行研究に従い，本稿においても原産地として取り扱う。
  木島　勉「蛇紋岩製磨製石斧の生産と流通」『新潟県の考古学』高志書院，1999，pp.185-187
  土谷崇夫「磨製石斧の供給」『縄文時代の考古学』6，同成社，2007，pp.232-239
2) 山本正敏「蛇紋岩制磨製石斧の製作と流通」『季刊考古学』35，雄山閣出版，1991，pp.55-58
  山本正敏「境A遺跡」『縄文時代研究事典』東京堂出版，1994，pp.496-497
3) 以下，蛇紋岩原産地における状況は，前掲註1木島1999からの引用による。
4) 磨製石斧製作遺跡とは，その遺跡で消費するであろう数量以上の磨製石斧や未成品，砥石や多面体敲石などの工具が出土する遺跡とする。
  長田友也「磨製石斧―製作技術の変遷と流通―」『季刊考古学』119，雄山閣，2012，pp.66-70
5) 「小型」「大型」の区分は基本的に報告書に拠るが，おおよそ7〜8cmを目安とした。

註6 阿部1987参照。
6) 寺地遺跡の記述は以下の文献に拠る。
  阿部朝衛「磨製石斧生産の様相」『史跡寺地遺跡―新潟県西頸城郡青海町寺地遺跡発掘調査報告書―』新潟県青海町，1987，pp.353-372
7) 高橋保雄「阿賀野川以北の磨製石斧生産の様相」『新潟考古学談話会』20，新潟考古学談話会，1999，pp.12-16
  なお，新潟県長岡市中道遺跡においても後・晩期に帰属する磨製石斧未成品が大量に出土しており，製作遺跡と考えられている。石材は「砂岩」と同定されているが，阿賀野川以北の在地石材との識別は難しい。類例の追加が必要だが，中道遺跡例の存在は，在地石材製の磨製石斧製作が阿賀野川以北に限らず，信濃川中流域（新潟県中越地方）にまで将来拡大されることを推測させる。
  駒形敏朗ほか『中道遺跡』長岡市教育委員会，1998
8) 鶴巻康志「上車野E遺跡」『平成5年度新発田市遺跡範囲確認調査報告書』新発田市教育委員会，1994，pp.13-20
9) 鈴木俊成「新潟県の蛇紋岩製磨製石斧について―縄文時代前半期の生産遺跡と消費遺跡を中心に―」『研究紀要』2，財団法人新潟県埋蔵文化財調査事業団，1998，pp.13-34
10) 前掲註9に同じ
11) 前掲註7高橋1999に同じ
12) 前掲註9に同じ
13) 木島　勉「装身具」『新潟県の考古学』新潟県考古学会，1999，pp.191-193
14) 新潟県北東部においても，後期以降になるとヒスイ製垂飾品類の製作が確認されるようになる。後期後葉〜晩期初頭を主体とする中野遺跡南区では，ヒスイ原石の他，ヒスイ製の多面体敲石，打割礫・剥片，未成品が21点，その加工具と推測される石器（石鋸・砥石・珪化木製石器）が出土している。ヒスイ原石・加工品の重量は1kgほどに達し，これはヒスイ原産地から遠く離れた地域において，極めて多い出土量である。特徴的なのは，同じヒスイ製でも，多面体敲石ではヒスイの白色部分が，垂飾品では緑色部分が使われている点で，垂飾品の色彩に関する素材選択の存在をよく示している。
  鈴木　暁ほか『中野遺跡・庄道田遺跡発掘調査報告書』新発田市教育委員会，2014

土器の胎土分析からみた資源利用

河西　学

1　はじめに

　土器を形作っている基本的な物質は、粘土や砂などの地質に由来する物質である。地質に由来する物質以外には、繊維土器に多量に含まれる植物繊維や、獣毛など動植物に由来する物質も含まれる場合がある。ここでは、土器自身を構成する物質（胎土）を分析した結果からみえてきた土器作りに関連する資源利用について述べたい。

2　分析方法

　主に用いた分析方法は、土器を薄く切って研磨し厚さ0.02～0.03mmの薄片というプレパラートを作製し、偏光顕微鏡で土器に含まれる岩石鉱物を観察する岩石学的な方法である。ほかに土器の化学組成を明らかにする蛍光X線分析やICPなどの分析法があり、それらの結果も利用することで土器作りに関する情報を広く得ることができる。また植物繊維や獣毛などの研究では、レプリカで走査型電子顕微鏡で観察する方法などがある。これらの分析方法は、土器の胎土を分析することから胎土分析と総称されている。

3　土器原料の産地の推定法

　土器原料がどこで採取されたものであるかの情報は、資源利用を考える上でもまた土器の製作地を推定する際にも重要である。「どこで」という位置情報を土器の構成物質から取り出そうとするのが、胎土分析の大きな目的の一つである。それには、土器のもつ物質的な特徴と地上に分布する物質の地域性とを比較して、原料産地を推定する作業が必要となる。というのは、土器を構成する粘土や砂は、地質そのものであり、これら堆積物の形成には周辺地質が影響しているからである。複雑な地質分布は、地域性を顕著に示す。薄片を用いた岩石学的手法では、岩石・鉱物などの組成を明らかにし、自然堆積物の岩石鉱物組成との比較によって原料産地を推定する。この場合、研究対象が主として砂サイズ以上の粒子であることから、厳密には胎土中の砂分を主とする原料産地の推定となる。蛍光X線分析などを用いた化学組成分析では、地域ごとの地質に由来する化学成分の分布の偏りを手がかりにして原料産地を推定する。より新しい時代に窯で焼成された焼き物を対象とした化学組成分析の場合には、窯ごとの出土遺物を原料産地の基準として消費地遺跡出土の土器と比較することで、原料産地＝製作地を推定する方法がとられている。化学組成分析では、胎土全体を対象とした分析、あるいは粗粒な砂を意図的に除去して主として粘土分を対象とした分析などがなされている。岩石学的手法と化学組成分析とは分析対象が若干異なることから、両者の分析結果は相互補完的な効果をもたらす。

4　土器原料産地からみえる資源利用

　縄文時代を通じ土器作りは行なわれている。しかし、土器作りにおける原料の利用方法は、時期ごと、土器型式ごとあるいは地域ごとに多様であり、それらの解明には詳細な事例研究の蓄積が求められる。

古城泰[1]は，前期後半の関東地方における胎土分析で浮島式と諸磯式土器を対象に土器の移動を論じた。この分析で，荒川流域において片岩を含む土器の割合が多い傾向が認められ，関東山地周辺では堆積岩・安山岩・流紋岩などが多く含まれることなどから，地元原料を用いた土器作りがなされていたことが考えられた。

　甲府盆地における縄文中期曽利式土器では，遺跡の立地地域の地質と調和する岩石鉱物組成を示す土器が各地域で認められる現象がみられた（図1）[2]。八ヶ岳山麓の姥神・頭無・柳坪遺跡では，主として安山岩を主体とする胎土が，茅ケ岳山麓の清水端遺跡ではデイサイト・花崗岩類で特徴づけられる胎土が，甲斐駒ケ岳と八ヶ岳山麓を上流にもつ根古屋遺跡では花崗岩類を主体とし安山岩などを伴う胎土が，甲府深成岩体の分布域に近い釈迦堂遺跡では花崗岩類を主体とする胎土が，新第三系分布地域に属する曽根遺跡や宮の前遺跡では，緑色変質火山岩類と堆積岩からなる胎土がそれぞれ認められた。このように地元地質と出土土器胎土の岩石鉱物組成が調和を示すことから，地元原料を用いた土器作りがなされたと考えることが可能となる。甲府盆地から離れた駿河湾岸の富士市破魔射場遺跡や三島市押出シ遺跡，あるいは奥多摩町下野原遺跡の曽利式でも地元地質と調和した土器胎土が認められている[3]。このように，地元原料を用いた土器作りが広域に普及していたと考えられる場合には，出土遺跡周辺地質と異なる他地域に原料産地が推定される土器は，推定される原料産地周辺で地元原料として作られた土器が出土遺跡まで運ばれてきたものと考えることができ，土器の移動を通して人の動態を想定できる。

　図1では，出土遺跡の立地する地質と異なる地域に原料産地が推定される胎土を示す土器を搬入土器として表示している。かなりの頻度で搬入土器が含まれることから土器の移動の活発さがうかがえる。各遺跡の円グラフの左に示す円グラフは，搬入土器の岩石鉱物組成を分類したものである。これによると搬入土器の多くは，遺跡の立地する地質単位に隣接した地質単位に由来する胎土が多い傾向が認められる。また，遺跡の立地する地質に原料産地が推定される土器を在地的土器として表現しているが，これらの土器も何らかの移動の結果として出土していると考えることもできるが，同一地質内での移動は胎土分析からは識別できない。このように甲府盆地内の曽利式の場合，土器の移動距離が短い傾向が認められる。一方，曽利式の分布の中心から離れた縁辺部では，長距離移動の頻度が高いと考えられる。たとえば，駿河湾岸の破魔射場遺跡では富士川谷ルートによって甲府盆地中西部～東部地域などから，押出シ遺跡は富士山東麓ルートによって甲府盆地東部地域などから土器が搬入されたと推定されている。安山岩を主体とする土器が駿河湾岸遺跡で少ないことから，八ヶ岳山麓産の土器の駿河湾方向への移動量は，甲府盆地中西部から東部地域のものに比較して少ないことが推定される。地域間の土器の移動は，移動しやすい地域間と移動しにくい地域間とが存在しそうである。これに関連して，甲府盆地内の新第三系分布地域の曽根遺跡や宮の前遺跡など緑色変質火山岩類を伴う胎土の土器は，隣接する地質地域における遺跡内で出土する事例がきわめてまれである。各地域の土器生産量の問題とも関連するが，移動しやすい花崗岩地域，安山岩地域，デイサイト地域などに原料産地をもつ土器と，移動しにくい新第三系分布地域産原料の土器胎土とがありそうである。

　曽利式土器でみた以上の状況がほかの土器型式においても同様であるかというと，必ずしもそうではなさそうである。

　縄文前期前半の中越式は，東海系の木島式の影響下で伊那谷や松本盆地で成立したとされる土器型式である。木島式土器は薄手の硬質な東海系土器で，長野や山梨で出土する土器には黒雲母・花

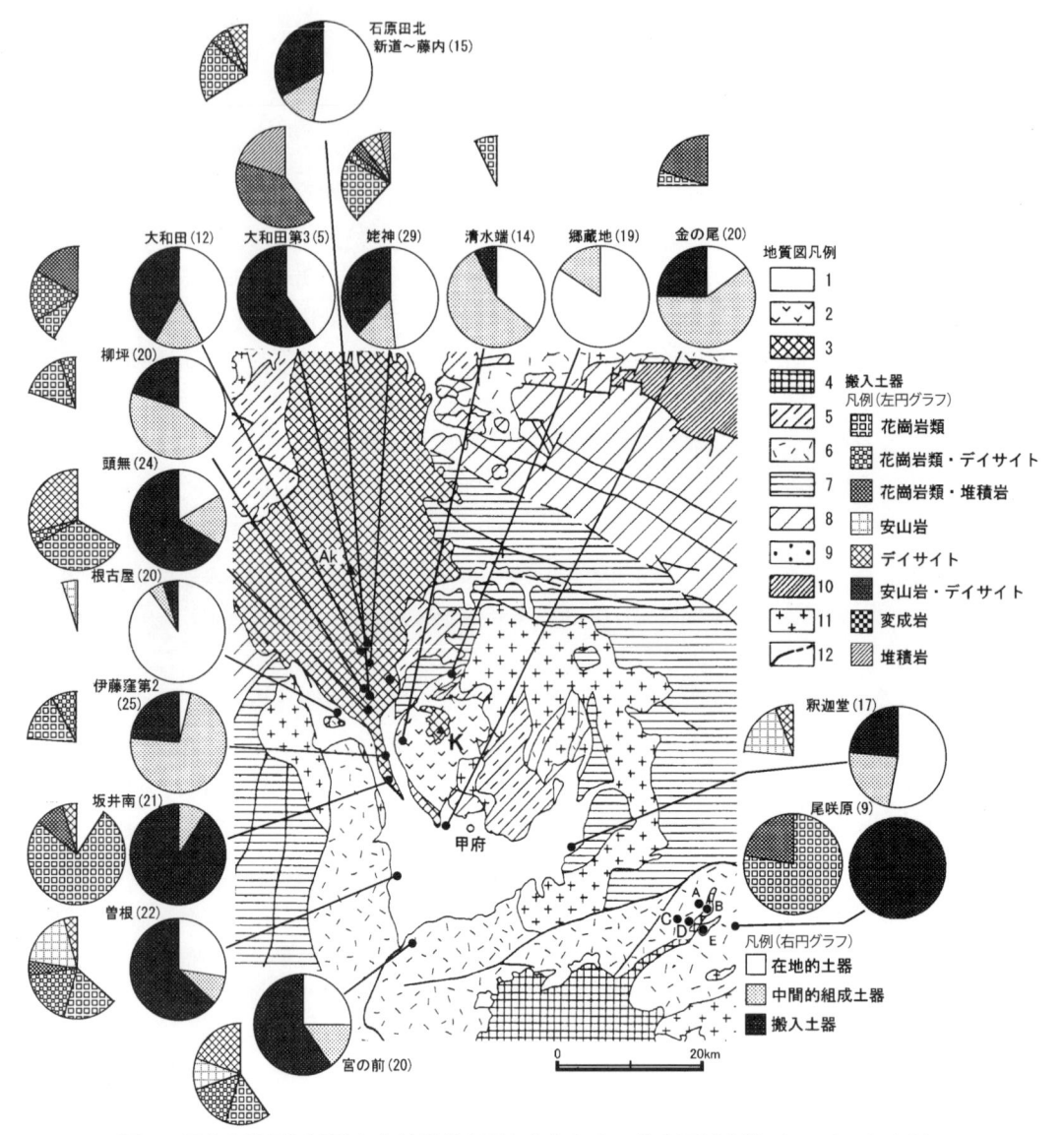

図1 甲府盆地周辺遺跡出土曽利式土器を中心とする推定原料産地（註2を一部改変）
1：沖積層・洪積層 2：第四紀火山噴出物（デイサイト質） 3：第四紀火山噴出物（安山岩質）
4：第四紀火山噴出物（玄武岩質） 5：新第三紀末〜第四紀火山岩類 6：新第三系 7：四万十帯 8：秩父帯
9：領家帯 10：三波川帯 11：花崗岩類 12：断層 Ak：赤岳（八ケ岳） K：茅ケ岳
A：中谷遺跡 B：中溝遺跡 C：久保地遺跡 D：牛石遺跡 E：生出山山頂遺跡

崗岩類粒子とともに白雲母を伴う土器が多いことが特徴の一つである。伊那谷出土の中越式土器も同様に，黒雲母・花崗岩類粒子とともに白雲母を伴う土器が普通である。これは伊那谷から三河地域にかけて分布する，領家花崗岩に白雲母を伴う岩体が存在することに関連しているものと考えら

れ，胎土の地域的特徴を顕著に示している。一方，山梨県内では白雲母を多く含む堆積物はほとんどみられないことから，白雲母を伴う土器は県外から搬入された可能性が強いと推定できる。北杜市酒呑場遺跡の中越式試料では，地元地質と調和する安山岩主体の胎土組成が認められている

が，南アルプス市中畑遺跡，北杜市板橋遺跡・堰口遺跡，長野県富士見町坂平遺跡などの観察では，搬入された土器の存在は認められるものの，地元原料を用いた土器作りの実体がはっきりしない[4]。ただし多様な胎土組成が認められることから，原料産地が複数存在していることが考えられる。縄文前期前半の時期においても土器作りは曽利式と同様に分布の中心部において盛んであり，おそらく地元原料を用いたものだったと考えられ，分布の縁辺部では個体として移動した土器が多く使われていた可能性がある。諏訪盆地から釜無川流域の地域は，方形柱穴列が分布する点で地域性を示すが，土器作りにおいても地域性が認められるか今後注目したいところである。

縄文前期後半諸磯b式土器は，八ヶ岳南麓において地元原料を用いて製作された土器がきわめてわずかであり，花崗岩類地域やデイサイト地域に原料産地が推定される土器が多くを占める。前述したように，関東地方ではこの時期に地元原料を用いた土器作りがなされていることを考えると，これは八ヶ岳周辺地域における局所的な現象なのであろうか。花崗岩類主体の胎土は，関東地方では搬入土器として扱われている[5]ことから，中部高地の花崗岩類分布地域が原料産地として推定される。中部高地の花崗岩類の分布は，甲府盆地・諏訪盆地・松本盆地などに新第三紀の花崗岩類が，伊那谷や木曽谷には白亜紀の領家帯の花崗岩類が知られている。八ヶ岳周辺の諸磯式は白雲母を伴わない特徴があることから，領家帯の花崗岩類が原料産地である可能性は低いと考えられる。新第三系の花崗岩類では甲府盆地の花崗岩類が最も大規模であり，地理的にも近接していることから，八ヶ岳南麓の諸磯式土器の多くは甲府盆地内の花崗岩類分布地域で原料が採取されたものと現在のところ考えている。諸磯式土器が甲府盆地を中心に広く分布していることから，八ヶ岳山麓における土器作りがまったく行なわれていなかったのか，あるいは花崗岩類やデイサイト地域に由来する原料を持ち込んで土器作りを行なっていたのか，はっきりしない。しかし，八ヶ岳山麓のこれらの胎土中に地元原料の混入がほとんどないこと，および地元で土器作りをしていたことを示す考古学的事例がないことなどから，土器として搬入された可能性が高いと今のところ推定している。

これらと状況が類似するのが，十三菩提式・踊場式・五領ヶ台式など縄文前期末葉～中期初頭の土器である。やはり八ヶ岳南麓地域において地元の原料を用いた土器作りが認められず，花崗岩類地域やデイサイト地域に原料産地が推定される土器がほとんどである傾向が強い。諸磯式～五領ヶ台式期の中部高地では，特定の花崗岩類地域あるいはデイサイト地域に土器の生産が集中する傾向がありそうである。神奈川西部地域の原口遺跡でも花崗岩類地域あるいはデイサイト地域に原料産地が推定されるものが多く，在地的要素をもつ堆積岩主体の土器はわずかに検出される。

勝坂式になると，八ヶ岳南麓地域の石原田北遺跡や酒呑場遺跡においても，安山岩を多く含む土器胎土が曽利式と同様に普通に認められるようになり（図2）[6]，五領ヶ台式期までと状況が一変する。火山岩分布地域における土器原料利用状況の画期がここに存在すると考えられる。では，なぜ

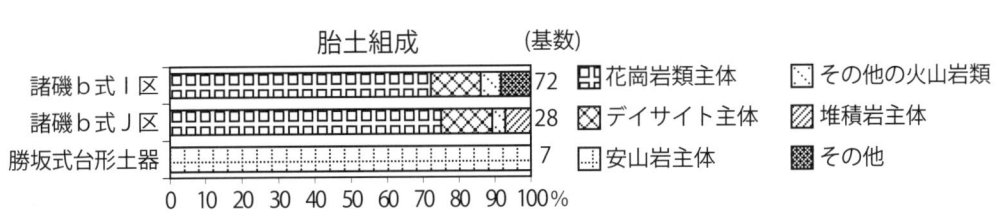

図2 酒呑場遺跡出土土器の肉眼観察による胎土組成（註6）

これらの変化が生じたのであろうか。その解明のヒントは，次に示す多摩ニュータウン遺跡の事例に隠されているのかもしれない。

5 原料採掘坑からみた資源利用

縄文中期の粘土採掘坑が検出されている多摩ニュータウンNo.248遺跡の粘土，および近傍のNo.245遺跡の住居跡内の床上に残されていた粘土塊と土器とが分析されている[7]。それによると，蛍光X線分析による化学成分では，No.248遺跡の多摩ローム層内の粘土採掘層準の粘土とNo.245遺跡の粘土塊はほぼ同じ組成を示すのに対し，両粘土試料に含まれる砂の重鉱物組成は異なり，粘土採掘層準の重鉱物組成はカンラン石を含まないのに対し，No.245遺跡の粘土塊と土器はカンラン石を多く含む類似性が高い重鉱物組成を示すというものである。多摩ニュータウン地域を覆う関東ローム層のうち，上位の武蔵野ローム層から立川ローム層にかけては富士火山テフラの影響でカンラン石が多い重鉱物組成を示す特徴がある。No.245遺跡の床上の粘土塊と土器の重鉱物組成は地元地質の特徴を反映していることから，地元原料の利用を示すものと考えられる。これらの分析から採掘坑から採取した粘土だけでは土器にならず，遺跡周辺の砂質堆積物あるいはローム層などを混和したものが土器の素地土として利用されていた可能性が推定される。このような採掘坑粘土と土器胎土の関係が明らかになる事例，あるいは砂の混入の可能性を示す事例が蓄積することによって土器作りの実態に迫ることができるであろう。

6 原料の利用範囲解明のヒント

図1の坂井南遺跡では在地的な胎土がほとんどみられず，中間的組成の胎土か搬入土器がほとんどであることが表わされている。搬入土器の大部分は花崗岩類を主体とする胎土で，花崗岩類と堆積岩を主体とする胎土，デイサイト主体の胎土も認められる。これらの胎土の特徴は，遺跡の崖下を流れる釜無川の河川砂組成と類似性が高い。遺跡は，八ヶ岳南麓の延長上で両側を河川で浸食された韮崎岩屑流堆積物から構成される韮崎台地上に立地し，釜無川の沖積低地とは水平距離わずか300mで，比高70mの急崖で接する。図1は，遺跡の立地する地質を基準にして出土土器の原料産地を推定するという，筆者の方法に従って在地的土器か搬入土器かを評価したものである。ところが，これら原料産地推定の原則を覆す事例が最近発掘された。

笛吹市前付遺跡のSI29号住居跡は曽利II式期のもので，台石，粘土塊とともに土器を満たした砂が貯蔵状態で出土している。本格的な分析と報告は今後なされる予定である。遺跡周辺は新第三系の分布地域にあたり，花崗岩類はほとんど分布していない。貯蔵砂は，肉眼観察によると花崗岩類とその構成鉱物である黒雲母や石英・長石・角閃石などから構成され，粒径は中粒で分級が良好であることから河川堆積物の可能性がある。岩石鉱物の特徴を既存の河川砂試料と比較すると，笛吹川の河川砂と類似性が高い。笛吹川は，遺跡の立地する台地から約2km離れている。このことは，次の点で重要である。河川砂を採取して台地上の住居跡内に運搬・貯蔵し土器作りに利用した可能性を示すものであること，および地質の異なるやや離れた地点の河川砂を利用していることである。この場合，遺跡の立地する地質と採取された河川砂の示す地質とは一致しておらず，従来の胎土分析で原料産地を推定する筆者の原則，すなわち遺跡の立地する地質と比較して原料産地を推定する手法は修正を余儀なくされる。では，どのように修正するべきか。まず，このように住居跡内に貯蔵された砂の事例からどの程度の範囲内の砂が利用されているかを把握し，その範囲内に含まれる異なる地質でも在地的な土器原料となり得ることを考慮して，原料産地あるいは土器の製作

地推定を行なう必要があるということではないだろうか。このような事例が蓄積されることで、土器原料資源の利用の実態がより鮮明にみえてくるはずである。資源利用範囲の推定には、この事例のように異なる地質の境界付近に立地する遺跡での出土状況が有効である。

7 阿玉台式土器の混和材：雲母

阿玉台式土器は、きらきら輝く雲母や花崗岩類の粒子の含有で特徴づけられる縄文中期の東関東の土器である。前後の時期の土器型式では雲母を含まない地域でも、あるいは地元地質に雲母が含まれない地域においても阿玉台式土器には雲母が含まれる点で注目される土器であり、古くから雲母などの材料を混ぜて土器作りをしたことが推測されていて、すでに多くの胎土分析がなされている。同一遺跡でも雲母や花崗岩類を大量に伴う典型的な土器と雲母や花崗岩類が少ないかほとんど含まない土器とが存在する場合が認められること、後者では雲母・花崗岩類以外の胎土に地元地質の特徴がみえる傾向が認められる[8]。阿玉台式土器に含まれる雲母や花崗岩類の原料産地は、土器の分布から筑波山周辺の花崗岩類分布地域が最も有力視されている。阿玉台式土器の混和の問題を解くには、地質的に特徴ある地域での分析が重要であることから、堆積岩主体の八溝山地にあって新第三系の火山岩が局所的に分布する栃木県茂木地域に位置する桧の木遺跡で、筆者らは分析を行なった[9]。蛍光X線分析による元素組成では花崗岩類のFe、Tiの値より比較的高い。黒雲母が多い阿玉台式では、含砂率と重鉱物の割合が高く花崗岩類が多いのに対し、黒雲母が少ない阿玉台式では、含砂率と重鉱物の割合が低く変質火山岩類や堆積岩が多く含まれる傾向が認められ、大木式系、加曽利EⅠ式、火炎系もしくは浄法寺類型などの在地的土器胎土と共通性が認められた。これらの結果からは雲母などの粗粒な砂サイズの原料は特定地域から調達し、そのほかは地元の原料を混和しての土器作りが行なわれていた可能性が想定される。これらの現象が広域に普遍的に行なわれていたかについて、さらに検討していく必要がある。

8 離島における土器製作と資源利用

伊豆諸島は、火山島であり火山岩しか分布しないため他地域からの搬入土器の識別が容易であることから、胎土分析が古くからなされている。伊豆諸島には良質な粘土の分布はほとんどないと推定されるが、古い火山砕屑物が風化している場合には土器の製作は不可能ではないと考えられる。

縄文早期伊豆大島下高洞遺跡の平坂式土器が地元の胎土として報告されている[10]。縄文早期末の八丈島湯浜遺跡出土土器は、変質火山岩類・玄武岩・安山岩のほか鱗珪石（トリディマイト）集合体が含まれるものがあり、地元が原料産地候補のひとつと推定されるものの伊豆諸島のほか伊豆半島・富士・箱根地域広い範囲に及ぶ可能性もある[11]。愛鷹山麓の尾上イラウネ遺跡・西洞遺跡など早期の押型文土器・撚糸文土器なども、玄武岩・安山岩・変質火山岩を主体とする胎土を示している。このように、縄文早期には火山岩地域においても地元原料を利用した土器作りがなされていた可能性がある。

八丈島倉輪遺跡における十三菩提式・踊場式・五領ケ台式の前期末〜中期初頭の土器は、花崗岩類を主体とする胎土が多く、わずかにデイサイトを主体とする胎土が混じる傾向がそれぞれの土器型式ごとに認められた（図3）。前述のように八ヶ岳山麓の諸磯式からこの傾向は継続する。一方、八ヶ岳山麓を除く甲府盆地の十三菩提式・踊場式・五領ケ台式は、主として花崗岩類を主体とする胎土が多い傾向がとらえられている。この時期の関東地方では、茅ヶ崎市臼久保遺跡の十三菩提式では変質火山岩類・緑色凝灰岩・砂岩・泥質岩

などの地元地質を反映した胎土のほか，黒雲母を伴う花崗岩類主体の搬入土器が報告され[12]，東京都前田耕地遺跡の五領ケ台式では，チャート・頁岩を含む地元西多摩丘陵地の胎土，黒雲母を多産する山梨方面の土器，変成岩で特徴づけられる土器などを識別している。また肉眼観察で原口遺跡や梨久保遺跡でも，花崗岩類主体の土器が多くデイサイト主体の土器をわずかに含む特徴がみられるほか，原口遺跡では堆積岩主体の土器が，梨久保遺跡では雑多な岩石からなる胎土など含まれ地域性がやや認められる[13]。このように十三菩提式〜五領ケ台式の時期は，諸磯式期と同様に大局的には地域ごとに地元原料を用いた土器作りが行なわれていて，八ヶ岳山麓のような火山岩地域においてはそのような土器作りがほとんどなされていなかったと考えられる。

このような状況の中で，倉輪遺跡では十三菩提式〜五領ケ台式の時期を通して一定の胎土組成をもつ土器群が一つの住居跡内から出土している。土器型式の編年に従うと，倉輪遺跡へ同一地域から複数回の土器の搬入が考えられる。倉輪遺跡の花崗岩類主体土器の原料産地は，中部高地の花崗岩類分布地域，とくに規模の大きい甲府盆地に推定される可能性が高い。一方，デイサイトを主体

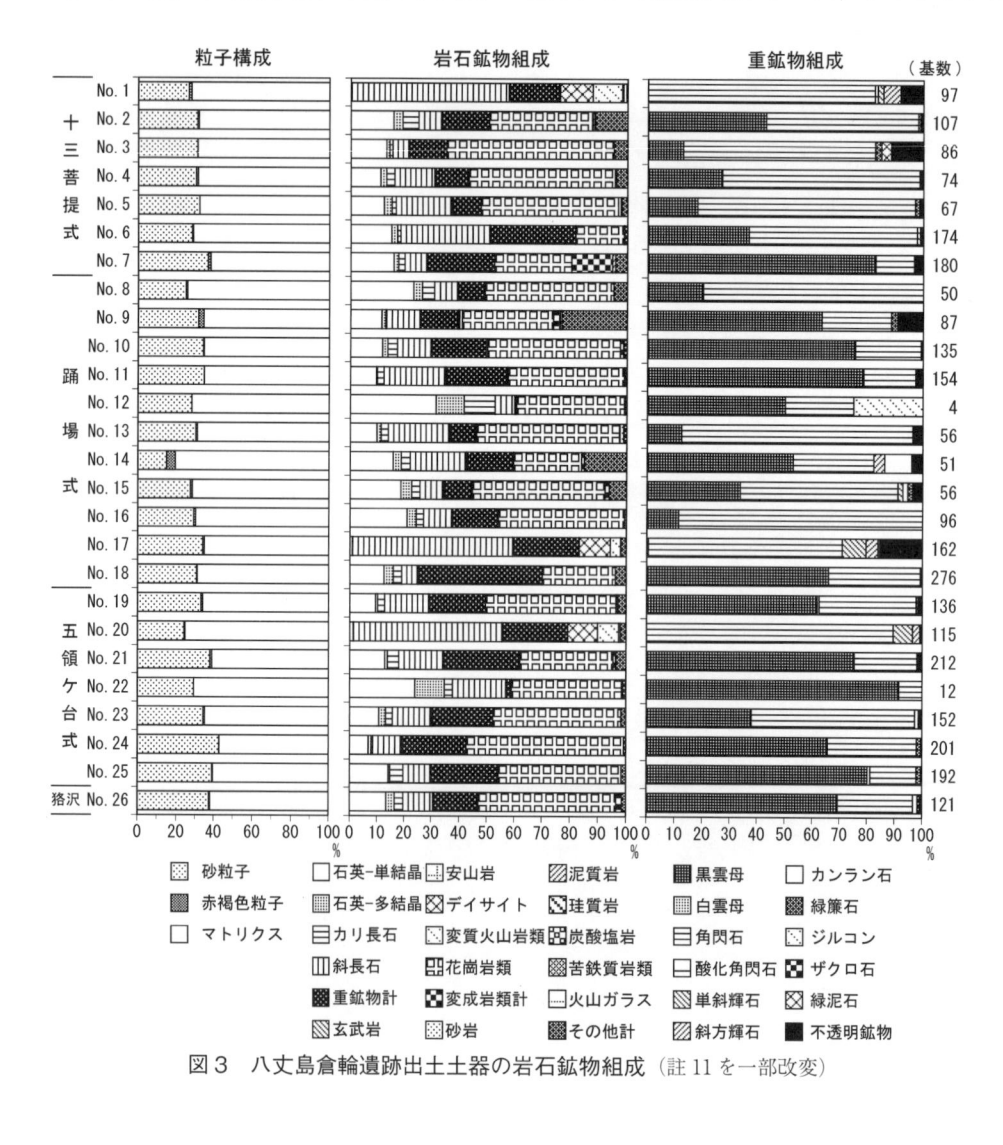

図3　八丈島倉輪遺跡出土土器の岩石鉱物組成（註11を一部改変）

とする土器は，八ヶ岳周辺から諏訪盆地にかけて分布が多くみられることから，ひとまずこの付近に原料産地が推定される。花崗岩類とデイサイトの分布が地理的に異なっているにもかかわらず，広域に花崗岩主体＞デイサイト主体の割合が一定している現象はどうして生じたのだろうか。①八ヶ岳周辺地域など特定地域の人々が土器の長距離移動に強くかかわっていた可能性，②セットで移動する土器の組み合わせの中で胎土が一定の割合になる器種と胎土との対応関係が存在した可能性などが想定される。このほか倉輪遺跡では花崗岩主体の胎土，変成岩主体の胎土，堆積岩主体の胎土など多様な近畿系大歳山式が搬入土器として出土している。以上のように縄文前期末～中期初頭にかけては，土器の長距離移動が盛んに行なわれていたと考えられ，八丈島では地元原料を用いた土器作りはみられない。

9 おわりに

基本的には地元の原料を用いた土器作りであるが，原料の一部を混和する土器作りがあり，縄文社会全体としてみると，各地域ごとに土器作りを行なっている場合と，土器生産が盛んな地域とそうでない地域とが分化している場合など多様な資源利用や土器の生産と移動の状況をながめることができる。個々の事例の蓄積によって，さらに具体像が浮かんでくるものと期待している。

註

1) 古城　泰「縄文土器の遺跡間移動（英文）」『人類学雑誌』89—1，1981，pp.27-54
2) 河西　学「胎土分析から見た土器の生産と移動」『土器から探る縄文社会―2002年度研究集会資料集』山梨県考古学協会，2002，pp.26-38
3) 河西　学「下野原遺跡出土縄文中期土器の胎土分析」『下野原遺跡』2007，pp.500-507
　　河西　学「静岡県東部地域出土曽利式土器の肉眼観察胎土組成―破魔射場遺跡・押出シ遺跡にみられる土器の移動―」『帝京大学山梨文化財研究所研究報告』14，2010，pp.115-132
4) 河西　学「土器の岩石学的胎土分析による縄文時代交通路の復元―海の道，陸の道，川沿いの道，峠越えの道―」『高梨学術奨励基金年報（平成24年度）』2013，pp.62-69
5) 前掲註1に同じ
6) 河西　学「長坂町酒呑場遺跡出土縄文土器（諸磯b式）の胎土分析」『酒呑場遺跡（第4次）』山梨県埋蔵文化財センター調査報告書，第209集，2003，pp.103-118
7) 永塚澄子ほか「多摩ニュータウンNo.248遺跡の粘土採掘坑の層位について」『東京都埋蔵文化財センター研究論集』11，1992，pp.133-180
　　永塚澄子ほか「多摩ニュータウンNo.245遺跡の住居址内検出粘土の同定」『東京都埋蔵文化財センター研究論集』14，1995，pp.77-95
　　上條朝宏「No.245遺跡出土土器の胎土分析について」『多摩ニュータウン遺跡―No.245・341遺跡―II』東京都埋蔵文化財センター調査報告第57集，1998，pp.5-20
8) 河西　学「阿玉台式土器胎土の岩石学的手法による予察的検討―松戸市八ヶ崎遺跡の事例から―」『帝京大学山梨文化財研究所研究報告』15，2011，pp.49-67
9) 河西　学ほか「桧の木遺跡出土阿玉台式土器の胎土分析」とちぎ未来づくり財団埋蔵文化財センター『研究紀要』22，2014，pp.7-54
10) 古城　泰「伊豆諸島出土土器の製作地について」『くろしお』3，1978，pp.1-5
11) 河西　学「伊豆諸島出土縄文土器の岩石学的手法による胎土分析」『環境史と人類』5，2011，pp.151-181
12) 松田光太郎「臼久保遺跡縄文土器の偏光顕微鏡観察による産地推定」『臼久保遺跡』かながわ考古学財団調査報告，60，1999，pp.852-861，PL.8-18
13) 前掲註4に同じ

引用参考文献

河西　学「胎土分析と産地推定」『縄文時代の考古学7　土器を読み取る―縄文土器の情報―』同成社，2008，pp.17-27

河西　学「胎土分析からみた土器の産地と移動」『移動と流通の縄文社会史』雄山閣，2010，pp.131-156

縄文漆工芸にみる技術と多様性

宮腰哲雄

1 漆研究の現状と課題

ウルシは縄文時代を代表する植物資源の1つである。その利用技術は多くの処理工程を伴うため、これまでは定住的な生活が確立する縄文時代前期以降に漆の利用が考えられてきたが、樹木自体は草創期にまで遡ることが福井県鳥浜貝塚の出土木の分析から明らかにされ、漆の利用技術史がさらに古く遡る可能性が高まってきた[1]。考古学において漆製品の存在は戦前より指摘され、埼玉県真福寺貝塚や青森県是川遺跡などでは晩期の漆製品が発見され、石器時代における漆工芸が注目されてきた[2]。しかしながら当時の研究はあくまでも遺物の外観からの観察にとどまり、色彩や光沢といった経験的な判断を基本としたものであった。近年では有機分析化学的な漆の特性に注目した分析手法が考古学に導入され、新たな漆工芸の研究がはじまった。ここではその実例を紹介し、漆利用技術の多様性について考察する。

2 漆の特性

(1) 植物学的な特性

漆液はウルシの木に傷をつけてにじみ出てくる樹液で、これを採取し塗料や接着剤に使われてきた。植物学の分類上ウルシの木は、ウルシ科植物のなかの1種で、ウルシ属に属する。ウルシ科植物の学名は Anacardiaceae で、このウルシ科植物の中にウルシ属があり、これは学名で Rhus と呼ばれている。日本のウルシ属植物にはウルシ Rhus verniciflua、ハゼノキ Rhus succedanea、ヤマウルシ、ヤマハゼ、ヌルデおよびツタの6種がある。日本で漆液が採れるのはウルシの木だけである。しかし最近植物学的分類と学名が変わり、ヌルデはヌルデ属 Rhus になり、残りの5種は Toxicodendron 属になったが、ここでは以前の分類で説明する。漆液の採れるウルシの木 Rhus verniciflua は日本だけでなく中国、台湾、朝鮮半島にも生育している。

(2) 漆液の乾燥

漆液の中に何が含まれているかはウルシの種類、産地および季節により異なる。日本産漆液には脂質のウルシオール (60〜65%)、水 (25〜30%)、水溶性成分としてゴム質 (5〜7%)、ラッカーゼ酵素 (0.1%程度)、それに水にも有機溶媒にも溶けない含窒素物 (3〜5%) が含まれていて、油中水球型エマルションを形成している。これらの成分が互いに作用し合い、漆液の乾燥・硬化は漆液中に含まれるラッカーゼ酵素がウルシオールを酸化して塗膜ができる。

ウルシの木から得られた樹液には木の皮やゴミが混じっているので、それをろ過して取り除いたものが生漆である。これは漆工芸品の下地、蝋色塗りの摺漆および拭き漆の工程に使われる。生漆は水分が 25〜30% と多く、油中水球型エマルションは乳白色〜薄褐色をしていて、顕微鏡で観察すると比較的大きな粒子径をしている。そこで生漆を混練り撹拌してエマルションを分散処理して、多い水分を蒸発させ 3〜5% にすると漆液は透明性のある濃色に変わる。この工程を「なやし」(混練り撹拌工程) と「くろめ (黒目)」(加温

脱水工程）と呼び，この精製工程を経て漆は塗料化される。

（3）海外の漆との違い

ウルシの木は日本だけでなく中国，台湾，朝鮮半島にも生育している。しかし東南アジアにも漆液に似た塗料を生産する木があり，そこから得られる樹液を利用してその地域の人々の暮らしの道具が作られ，また寺院の供物器や建築の塗装材料に用いられている。漆器は東アジアや東南アジアの独特の工芸品であり，それを作る技術はその地域の伝統的な漆芸になり，それぞれの民族の文化として息づいている。ベトナムのウルシはアンナンウルシとも呼ばれ，日本のウルシの木の種類ではハゼノキ Rhus suceedanea に相当する。タイおよびミャンマーのウルシの木はビルマウルシ属 Gluta usitata で，日本やベトナムのウルシ属以外で唯一漆液の採取に利用されている木である。東南アジアにはこれらの樹液を利用した独自の漆文化がある。

3 遺物から漆を判定する技術

（1）熱分解を利用した分析法の特徴

多くの縄文遺跡からたくさんの漆の出土品が出土している。このような出土漆を科学的に分析するには，塗膜を顕微鏡で詳しく観察する方法と赤外線吸収スペクトルや蛍光X線で分析する方法がある。漆は一旦乾燥し硬化すると腐ることはなく大変丈夫な材料になるので，いかなる溶媒にも溶けない。そのため漆の科学分析は大変難しい。これは塗料として素晴らしい性質であるが，科学分析する場合大きな障害になる。多くの科学分析は溶媒に溶かして分析するからである。

簡易な分析法として，漆器片と思われる小片をアルコール，クロロホルムあるいはテレビン油などの有機溶媒に溶かし，その溶解度を調べる方法がある。これは漆であるかアスファルトであるかを区別する簡単な試験法である。漆は一旦乾燥し硬化するといかなる溶媒にも溶けない。しかし黒い漆様のものがもしアスファルトであれば有機溶媒に溶けて溶液は黒変することから，この方法は特別な分析機器を必要とせず容易に試験することができる。これらの分析法に加えて，最近は熱分解－GC（ガスクロマトグラフィー）／MS（質量分析計）を組み合わせた分析法が大変有用になってきた。この実例は後述する。

（2）紫外線照射による漆の劣化

漆は極めて強い耐久性があるため縄文時代の漆器が現在までたくさん残っているが，それは水場などの低湿地帯にある遺跡の場合で，特殊な土壌環境にあると漆器は保存されるのである。それは漆器が水により，外部環境と遮断され酸化されることなく保護された状態にあるからである。しかしその状態から解放され，出土物がただちに空気に晒されると急激に酸化が進む。出土直後は鮮やかな色を示していた漆器でも，ただちに黒褐色に変化する。このように，有機物は酸素による酸化に弱い一面がある。また，それ以上に漆は紫外線に弱い。漆塗り物を屋外や日の当たる場所に置くと，数年で漆器の表面はボロボロに白化する。

自然の中における物の壊れかたには二通りあり，漆のように紫外線により酸化劣化するものと，微生物で分解されるものがある。自然の多くのものは微生物で分解されて自然に帰る。しかし漆はこのような微生物分解に強く，何千年地中にあっても分解されることはなく現在まで残るのである。

劣化した塗膜は，そもそも元の化学構造を維持していないため科学分析は困難になる。そのため従来の赤外線吸収スペクトル測定法や小さな漆片からプレパラートを作り顕微鏡で観察する塗膜分析に加えて，新しく開発された「熱分解－GC／MS法を組み合わせた分析法」で漆に関わる多くの情報を得る必要がある。さらに目的によっては，「漆の中のストロンチウム同位体分析から日

本漆と中国漆を識別する方法」や「漆の年代測定」などを併用することで，歴史的な漆に関わる情報を得て縄文時代の漆を分析評価することが重要になってきた。

理化学分野では，このような科学分析法で微小のサンプルを高い精度で分析することが可能となってきたが，試料の入手や，それに関する情報収集は考古学との協業が重要になり，より一層緊密にプロジェクト研究を進めることで，この分野の発展が期待される。

4 縄文漆利用技術の多様性

(1) 塗彩技術

漆器の表面はふっくらして肉持ち感があり，美しく，独特の艶がある。艶は単にキラキラと輝く光沢だけでなく，塗膜に鏡のように奥行きのある深み感と，きれいにものを映す鮮映性があるからである。漆塗りにはいろいろな種類の漆が使われている。生漆は漆の塗りものの下地工程，蝋色仕上げ磨きの工程に用いられ，また摺漆や拭き漆にも使われる。漆を大別すると透漆と黒漆がある。透漆は生漆に「なやし」と「くろめ」を行なった透明度の良好な精製漆である。縄文時代の漆の利用について，生漆から精製漆（クロメ漆）を作成して使ったのか，どのように精製したかよくわかっていない。

精製漆に顔料を練り込むと彩漆になる。縄文時代の漆には黒色漆と赤色漆がある。現在黒漆は，生漆に鉄粉あるいは水酸化第一鉄の水溶液を混ぜてウルシオールと鉄を反応させて「なやし」と「くろめ」を行なって作られている。このような黒色漆の作り方は江戸時代末期から始まり，それ以前は漆液に松煙や油煙を加えて黒色漆を作り，あるいは炭粉を下地に使い漆を何層も塗り重ねて黒色漆にしていた。また縄文時代の赤漆は，ベンガラ（酸化鉄）か辰砂（硫化水銀）を漆に加えて使われていた。

(2) 縄文の漆工芸品の分析事例

縄文時代の漆の利用は，塗りだけでなく道具の接着や補修など多岐にわたる。そこで，最近の出土した漆工芸品を科学分析してわかった結果を次にまとめた。

彩色土器の塗膜分析 千葉県市川市道免き谷津遺跡は，国史跡堀之内貝塚が所在する台地の南側に位置する低地遺跡である。この遺跡の第1地点(4)の発掘調査から，縄文時代前期諸磯b式と考えられる漆によって彩色された土器が出土した。この土器の外面は彩色され，その剥落片を科学分析した。出土試料片（A1, A2）について熱分解－GC／MS分析法で分析した結果，双方からウルシオールに関わる構造情報（ピークP7, P15）が得られた。このことから塗装に使われた漆はウルシの木 *Toxicodendron verniciflum* から得られる樹液であることがわかった（図1）[3]。

この彩色土器の塗装には，漆とともに油脂（グリセライド：ピークA14, A16およびA18）が使用されていることがわかった。またこの試料片について薄膜を作成して顕微鏡（SEM）観察し検討したところ，パイプ状の粒子が存在することが確認できた（図2・3）。この試料片に対して蛍光X線分析したところ，試料片Aは全体に赤色で，鉄（Fe）が認められた。これらの結果から彩色土器には顔料としてベンガラ（Fe_2O_3）が用いられており，また試料片A1はベンガラ漆を挟んで，その上下の層に漆塗装が施された作りで，試料片A2はベンガラ漆の上にさらに漆塗装が施されていたことがわかった。

この彩色土器に使われたベンガラは，鉱物由来のベンガラではなく，沼などに棲息する細菌が土中の鉄分を元に体内で造り排出されたパイプ状ベンガラで，それを利用していたことが明らかになった（図3）。

飾り弓の塗装物の分析 埼玉県さいたま市南鴻沼遺跡から出土した，飾り弓の塗膜のクロスセク

a) TIC

b) m/z 108

P7

P15

c) m/z 60

A14 A16 A18

5.00 10.00 15.00 20.00 25.00 30.00 [min]

図1　彩色土器 A1 の熱分解－GC／MS 分析結果（千葉県道免き谷津遺跡）

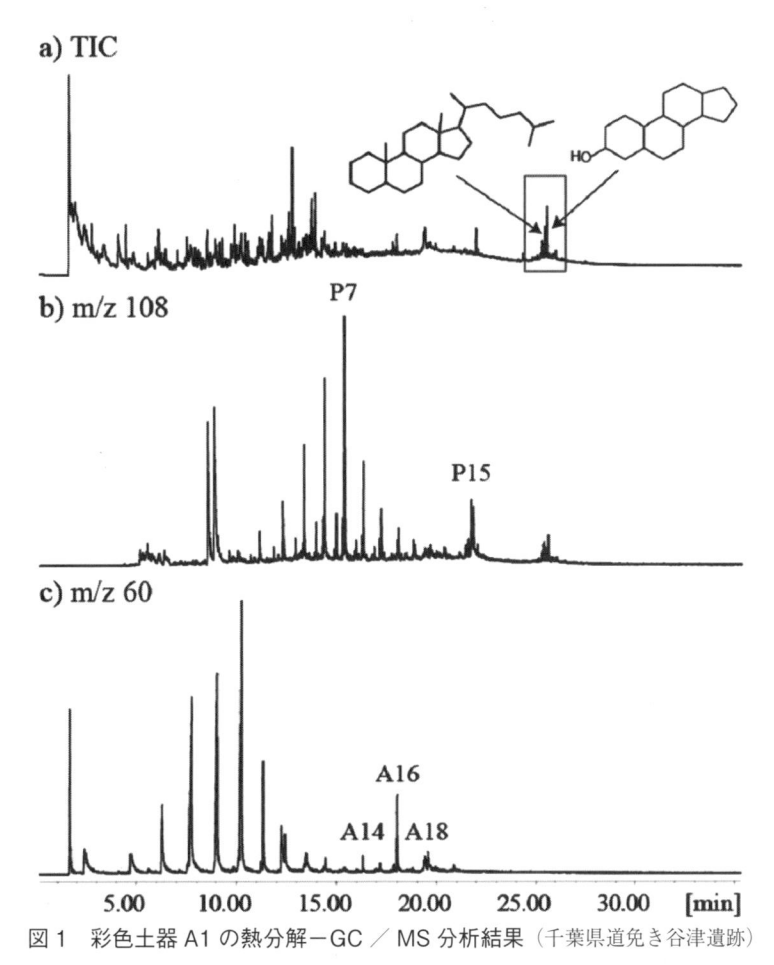

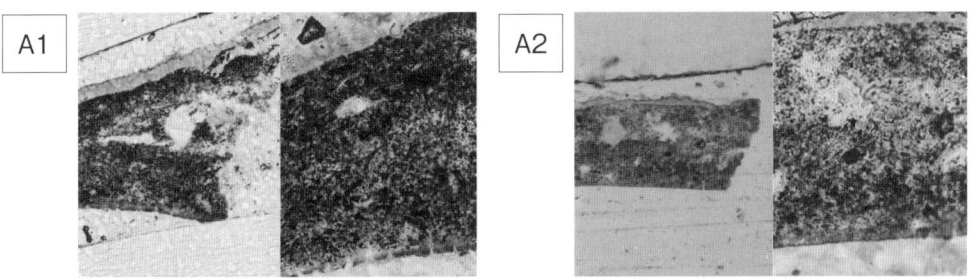

A1　　　　　　　　　　A2

図2　試料片 A1 と A2 のクロスセクション（左図：×200　右図：×500）

A1　　　　　　　　　　A2

図3　SEM による断面観察結果（左図：×5,000　右図：×10,000）

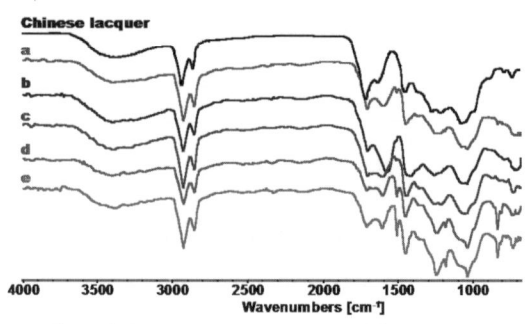

図4　飾り弓の塗膜のクロスセクション（a〜dの5層）と各層のFT/IRスペクトル分析（埼玉県南鴻沼遺跡）

ション（断面）を作り観察したところ，この塗装はおおよそ4〜5層で作製されていることが確認できた[4]。この弓は木胎であり，その上に糸状や樹皮のようなものを巻いてある。e層には筒状の中空が集まった球体がいくつも存在していることから糸のような繊維物と判断し，下地であると推察した。またd層もe層の一部であり，e〜a層はATR-FT/IRスペクトル分析の結果から，漆を含む層であることがわかった（図4）。

以上のことから木胎の上に漆液を染み込ませた糸状のものを巻きつけ300μmの下地にして，これを固定するために漆で更に10〜20μm下塗りしてある。その後漆で中塗りをして，最後に赤色顔料と漆を混ぜて赤色塗装の上塗りが施されていた。この製品の赤色塗装に利用されている顔料は，辰砂（水銀朱）であった。

このように，南鴻沼遺跡から縄文時代中期から晩期における漆製品が出土した。その周辺には寿能泥炭層遺跡など縄文時代の漆製品が出土した遺跡があり，漆文化の地域性や縄文時代における漆工技術のあり方を検討するためにも，さらに南鴻沼遺跡の資料を考古学，科学の両面から分析していく必要がある。

木胎耳飾りの塗膜分析　千葉県市川市道免き谷津遺跡は，前述のとおり台地の南側に位置する低地遺跡である。平成24年度に実施された道免き谷津遺跡第3地点（2）の発掘調査で，縄文時代晩期と考えられる滑車形の木胎耳飾りが出土した

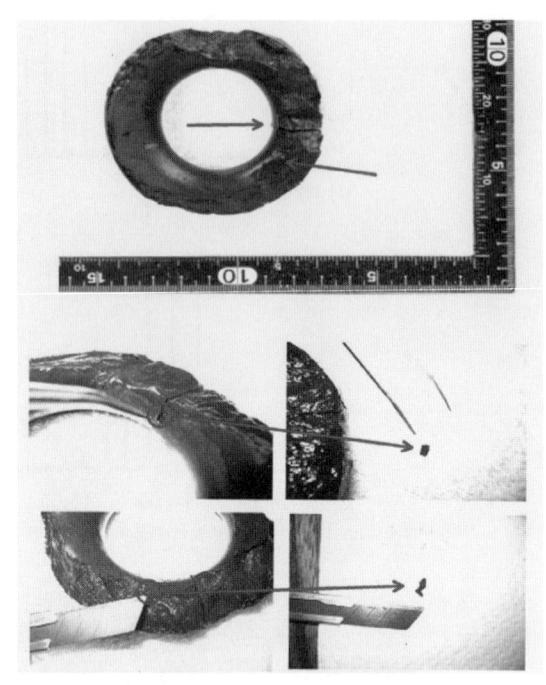

図5　木胎耳飾りの分析試料
（千葉県道免き谷津遺跡）

（図5）。

一部は欠損しているものの，ほぼ全体形を知り得る状態で発見されている。発見された耳飾りは，赤色漆による彩色が施されていて，部分的に色調の違いがあることから，少なくとも2層の漆膜からなることが推測された。この耳飾りから得られた試料片2つについて熱分解－GC／MS分析した結果，すべての試料についてウルシオールを主成分とする漆 *Toxicodendron vernicifluum* であることがわかった。この漆には油脂も含まれていること，また顔料として水銀朱を利用しているこ

ともわかった。漆液に乾性油を添加して利用することは，現在でも漆の乾燥硬化性の調節や塗膜の光沢を上げるために利用されている。このようなことから，当時も耳飾りの光沢を上げるために漆に油を加えて利用したと考えられる。

試料の塗膜断面を観察できた試料片（B1）について検討した。B1は断面図観察より，素地＋下地塗り＋赤色塗装が施されていることが確認できた（図6）。下地塗りは3層構造が認められ，素地と漆を合わせた素地固め（1層目），表面を平滑にする塗り（2層目），表面を整える塗り（3層目）であると考えている。

この赤色塗装に辰砂が使われ，1層目は微細粒子を，2層目は大きい粒子を，3層目は小さい粒子を用いた3層構造であった（図6）。赤色の漆塗装で1層目の微細粒子の上に比較的大きい粒子が用いられているなど，材料を選び丁寧な塗装で作られた木胎耳飾りであることがわかる。

サメの歯の膠着物の分析 宮城県大崎市に位置する縄文時代晩期中葉の北小松遺跡からサメ歯を木質物に膠着物で固定された遺物が出土した（図7）。この膠着物を熱分解‐GC／MS法で分析した[5]。

その結果サメの歯の膠着材には，ウルシの木 Rhus vernicifluum から得られた漆液を用いたことがわかった。サメの歯の膠着物をデジタルマイクロスコープで拡大し観察すると黒色と淡赤色部分があり，白色部分も点在していた。そこでそれらを顕微観察が可能な蛍光X線分析装置で，それらのスポットごとに分析したところ，淡赤色部分と黒色の部分にいずれも鉄（Fe）元素の存在が認められたことから，その顔料はいずれもベンガラが用いられたと考えている。また白色部分にはカルシウム（Ca）とストロンチウム（Sr）が確認されたことから，海産の貝殻などを粉末にして下地材料に用いたのではないかと推定している。

縄文時代の装飾材，鏃や石鏃を基盤材に固定するためにアスファルトや漆が用いられていた。アスファルトは装着時に加熱し軟化させて材を固定化させたと考えられるが，漆液は乾燥硬化させるために高い湿度環境（20〜25℃，70〜75％RH）に約一晩置くことが必要である。また器物を赤色に塗装することも可能で，それには微粉化したベンガラ顔料を漆液と練り合わせた着色漆塗料を調製して，それを塗る加飾工程を工夫することも可能であるが，このような作業は縄文人が漆の特性を理解し，漆を使いこなす技術を有していたことを

図6 木胎耳飾の漆塗膜のクロスセクション

図7 宮城県北小松遺跡から出土したサメ歯

示すもので，正に驚異である。

(3) 漆とアスファルトの識別

矢柄付きの石鏃の膠着物の分析 南鴻沼遺跡から矢柄と膠着剤の残存する石鏃が，縄文時代後期前葉から中葉の草本泥炭層（南鴻沼3層）から2点出土した（図8・9)[6]。

石器 No.1045 の石鏃（図8）は D-7 グリットから出土し，長さ 2.3 cm，幅 1.6 cm，厚さ 0.25 cm であり，重量は矢柄を含め 1.131 g である。石鏃には直径 6 mm の矢柄が膠着剤で装着されていた。

石器 No.1055 の石鏃（図9）は，D-8 グリットから出土し，長さ 2.5 cm，幅 1.5 cm，厚さ 0.3 cm であり，重量は矢柄を含め 0.918 g である。片面のみに残存する矢柄は，長さ 2.2 cm，最大幅 0.7 cm，最小幅 0.05 cm，厚みは最大 0.2 cm であり，先端に向かい尖っていく。石鏃の先端 0.05 cm の部分まで，膠着剤である漆が残存していることから，石鏃の先端と矢柄が重なるほどに深く挟み込まれていることがわかった。

石鏃の一方の面には矢柄自体は残存しておらず，膠着剤のみが2本，ハの字形の線状で 1.7 cm の長さで残存する。両面ともに膠着剤の最大幅が 0.7 cm 程度であることから，石鏃基部を矢柄が挟み込んでいる状態であったと考えられる。そこで矢柄に付着していた膠着剤を分析した結果，石器 No.1045 の矢柄からは漆が，石器 No.1055 は漆とアスファルトが用いられていることがわかった。

縄文時代にアスファルトを膠着剤として使用する例は，縄文時代前期以降に北海道・東北・北陸で見られる。一方関東地方では縄文時代後期以降に若干見られるが，東日本北部のアスファルト使用状況と比較すると関東地方南部では存在が希薄である。南鴻沼遺跡からは，膠着剤に漆とアスファルトが使われていることがわかった。

土器内部にあった黒い塊の分析 野地遺跡は新潟県胎内市八幡字野地，胎内川の下流の扇状地に立地する遺跡（標高 8 m）である。この遺跡では，縄文後期後半から晩期にかけての生活面（異物包含層）が全7層にわたって堆積していた。この遺跡の特徴は胎内川の度重なる氾濫にも負けず，約500年にわたって同じ場所を利用していた。この遺跡から発掘された，縄文後期後葉～縄文晩期の漆と見られる黒漆様試料（土器の内面にあった2種類の黒塊 A と B）2点について，熱分解－GC／MS および FT-IR スペクトルで分析した[7]。遺物分析に多く用いられる手法である断面分析を行なうために，エポキシ樹脂に試料片を包埋処理する際に，試料 A のクロスセクション分析するため薄膜を作成しようと試みたところ溶解した。しかし試料 B は溶解することなく薄膜を作成することができた。そこでこの薄膜の偏光観察で岩石由来の成分と植物と思われる細胞が確認され，漆の

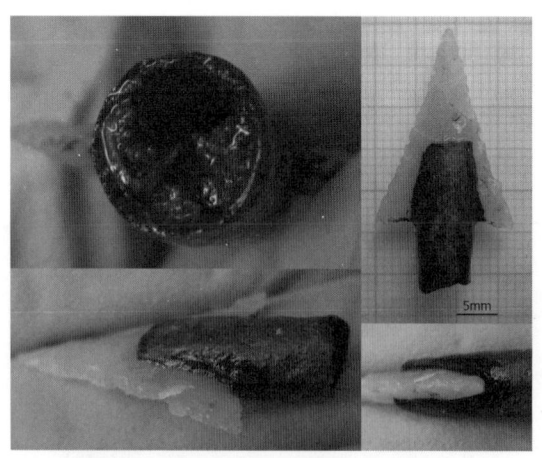

図8 矢柄 No.1045（埼玉県南鴻沼遺跡）

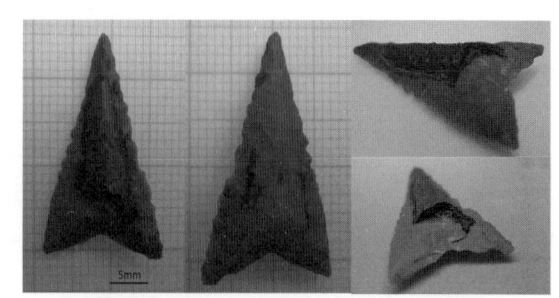

図9 石鏃 No.1055（埼玉県南鴻沼遺跡）

存在も確認された。また，これらの熱分解-GC／MS測定の結果から試料Bのm/z108のMSクロマトグラムから種々のアルキルフェノールが認められ，標準の漆膜と同じスペクトルが得られた。これに対して試料Aはまったく異なるスペクトルが得られた。このMSクロマトグラムm/z55からアルケンが，またm/z57からアルカンが，またアスファルトの成分として認められている種々のステラン誘導体（炭素数27～30）も確認されたことから試料Aはアスファルトと考えている。

このように南鴻沼遺跡や野地遺跡では，アスファルトと漆を併用していたことは，今後縄文時代の膠着剤の時期的，地域的な傾向を検討する上で，複数の膠着剤を用いている可能性を想定するべきであろう。

5　まとめ

漆の利用は，塗りだけでなく道具の接着・補修や塑形など多岐にわたる。縄文文化は世界の狩猟採集文化の中で長期にわたり，多くの地域性を内包している。そのような文化伝統の中で形成された漆利用技術の多様な展開は，人類の資源利用という観点からも興味深い。また漆の利用技術を正確に解明するためには，遺物の経年的な変化のメカニズムを解明することも重要である。出土品が当時の状況をそのままとどめているという判断も，結論を大きく左右する前提条件となるだけに慎重な姿勢が求められる。縄文の漆，出土漆というと過去の遺物で古いイメージが強いが漆器をつくることは単に漆を塗るだけの作業ではなく，漆の特殊な性質を理解し，きれいな物づくりをする技術が必要である。出土物を見ると，縄文時代にすでに高度な技術が存在していたのである。

近年の理化学的な研究は微量のサンプルで高い精度の分析が可能となっただけに，考古学との協業がより一層緊密に進められることを期待したい。

註

1) 鈴木三男「縄文人がウルシに出会ったのはいつ？」工藤雄一郎／国立歴史民俗博物館編『ここまでわかった！縄文人の植物利用』新泉社，2014，pp.94-110

2) 喜田貞吉・杉山壽栄男共編『日本石器時代植物性遺物図鑑』北海道出版企画センター，1932

3) 本多貴之・湯浅健太・宮腰哲雄・蜂谷孝之「千葉県市川市道免き谷津遺跡の出土遺物における科学分析―縄文時代前期彩色土器の塗膜分析―」『研究連絡誌』75，公益財団法人千葉県教育振興財団，2014

4) 湯浅健太・本多貴之・宮腰哲雄「南鴻沼遺跡における縄文時代の出土遺物の化学分析」『明治大学戦略的研究基盤形成事業「歴史的な漆工芸品を科学分析する評価システムの構築」紀要』1，2013，pp.126-135

5) 本多貴之・湯浅健太・宮腰哲雄「北小松遺跡出土サメ歯装着具の膠着物の科学分析」『北小松遺跡―田尻西部地区ほ場整備事業に係る平成21年度発掘調査報告書―第2分冊分析編』宮城県文化財調査報告書第234集，2013，pp.97-101

6) 前掲註4に同じ

7) 本多貴之・神谷嘉美・渡邊裕之・吉田邦夫・阿部芳郎・宮腰哲雄「新潟県，野地遺跡出土漆様試料片の分析」『環境史と人類』3，明治大学学術フロンティア（環境変遷史と人類活動に関する学際的研究）紀要，2010，pp.175-183

第Ⅱ章　道具と技術からみた資源利用

製塩活動の展開と技術

高橋　満

1　土器製塩の限定性の再検討

　縄文時代の製塩土器の分布は，後期後葉を最古として，東日本の太平洋沿岸のうち，関東地方・福島県浜通り・仙台湾周辺・三陸北部沿岸・陸奥湾周辺に偏在している。この時期的・空間的な限定性が縄文期製塩の特徴で，「今のところ日常生活用の土器と区別され製塩という用途に特殊化した土器，つまり製塩土器の出現をもって製塩の開始と見なす」という理解も示されている[1]。

　一方で土器製塩がみられない地域について近藤義郎は，土器製塩地帯から塩がもたらされたという説と製塩土器の無い地域でも「ささやかな土器製塩はおこなわれ」，「その場合，随時的かつ小規模な製塩であったと考えられるので，使う土器は製塩土器として特殊化したものでなく，日常のたとえば鉢形や深鉢形の土器であった」という２つの仮説を提示している[2]。

　ところが近年新たな視点から，こうした限定性や製塩の開始に関する論説が発表されている。

(1)「先」土器製塩の段階

　東京都豊沢貝塚の廃棄土坑（縄文時代後期前葉）内の貝層や灰層出土微小巻貝類などを検討した加納哲哉は，多数検出された海洋植物葉上性のシマハマツボや環形動物のウズマキゴカイが例外無く焼けて変色していることに着目し，アマモを焼いた灰塩生産の存在を指摘した。生息域が異なる「アシ原・泥底グループ」の微小貝類も焼けて同時に廃棄されていることから，アマモは漂着したものを採集し，その際に「アシ原・泥底グルー

プ」の種も混獲したと解釈している[3]。

　灰塩とは「塩水に浸した植物を燃やし，出来上がった灰を直接利用する」もので「容器による鹹水の煎熬工程がない」とし，ニューギニアの民族例では灰塩生産に多量の薪を必要とすることから，豊沢貝塚土坑は「不要な点火材や薪に由来する灰，微小貝類等のゴミを捨てたもの」と述べている。

　加納はこの「灰塩」を初期製塩と位置づけ，後期前葉を出現期としている。そして茨城県上高津貝塚や宮城県里浜貝塚の製塩遺構に伴って海洋植物由来の珪藻や微小貝類が発見されることから，海洋植物が製塩に利用された可能性が高く，「灰塩技術が土器製塩技術の中に継承された」とみている。

　黒住耐二は，加納による豊沢貝塚の事例を灰塩生産の確実な検証例であるが稀な事例とし，福島県浦尻貝塚の分析で，ウズマキゴカイ類は得られなかったものの，中期前葉から晩期にかけての微小海産貝類の葉上性群に割合は高くないが焼けた個体が目立つことから，「藻塩焼き的な」海草利用の可能性を示唆している[4]。

　以上の研究は，製塩の歴史を遡らせるとともに，冒頭の近藤の見解に変更を迫り，土器製塩以前に「先」土器製塩とも言える段階があることを示すものである。また製塩活動の存在を製塩用具の有無によってではなく，製塩残滓からも把握・検証できるという視点を示し，縄文製塩の枠組みや評価に再考を促すものと期待される。

(2) 製塩遺跡における海草利用

　阿部芳郎・河西学・黒住耐二・吉田邦夫は，広畑貝塚採集の「白色結核体」がウズマキゴカイや

珪藻をはじめとする土器製塩に関連する多様な情報を含んでいることを明らかにした[5]。結核体は26cm×11cmで厚さが5cm程の炭酸カルシウムを主成分とする物体で，肉眼でも製塩土器の微細片や微小生物遺存体が含まれていることが観察できるという。

黒住は結核体サンプルから多量のウズマキゴカイのほかに4種類の葉上性貝類と固着性のコケムシ類を検出し，これらが海草などに付着した状態でもたらされ，製塩土器と共伴し，多くの個体が焼けていることから製塩に関連した微小貝類遺存体であることが明瞭と述べている。

阿部は結核体に観察できたウズマキゴカイの濃集部に陸域指標種と海水藻場指標種の珪藻がみられることから，黒住の所見と合わせ，珪藻が着生していたアマモなどが何らかの形で陸上に存在したことを間接的に示すとし，結核体の中に製塩用具と原料が存在することは，焼かれた海草の灰が製塩土器の利用に関わった可能性が第一に考えられるとしている。

アマモなどの貝層が製塩遺跡に存在したことは，従来からの指摘にある製塩工程の採鹹（海水の濃縮）段階が縄文期に存在することの蓋然性が高まったことになる。また加納のいう「灰塩技術が土器製塩技術の中に継承された」ことを，土器製塩遺跡で検証できる可能性を示した点でも重要である。

(3) 製塩土器の成立

近藤義郎による広畑貝塚の層位的所見から，関東地方の製塩土器は後期後葉の安行1式期に成立するとされる。

これに対し阿部芳郎はこれまでの製塩土器研究では，その出自に関する議論が低調であると述べ，型式学的に製塩土器の出現過程を検討した[6]。そして製塩土器の祖型を加曽利B式の無文浅鉢とし，これが曽谷式から安行1式段階で深鉢と浅鉢に分化し，その後サイズの小型化と器体の

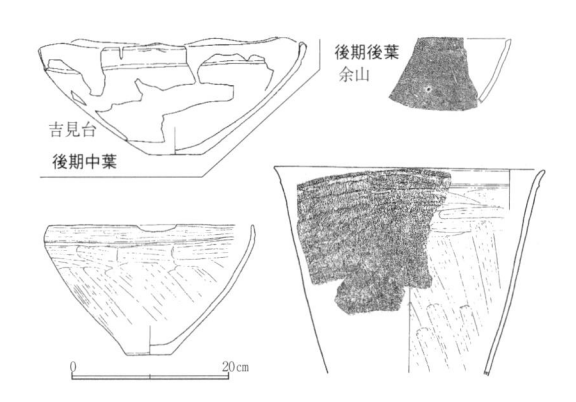

図1 無文浅鉢の変化（後期中葉〜後葉）（註6・7より）

薄手化という経過を辿りながら製塩土器が成立するという変遷観を示した（図1）。また安行1式期の無文粗製土器には製塩土器に類する使用痕が観察されるものがあり，製塩に関わる煮沸工程を担っていた可能性を指摘している。さらに後期末葉のこれらの土器の分布が東関東地域に広く分布することから，製塩活動の展開地域が霞ヶ浦沿岸に限定されない可能性に言及している。

また，千葉県八木原貝塚の曽谷式と安行1式の包含層出土の無文浅鉢から鹹水性の藻類付着性珪藻を一定量検出しており，無文浅鉢と製塩活動に有意な関係があるとみている[7]。

祖形とされた後期中葉土器の変遷過程と製塩がどのように関わったのかは別途検証が必要であるが，製塩土器の成立の前段に近藤のいう「特殊化」しない土器が指摘されたことは興味深い。それが近藤の仮説的見解の「随時的かつ小規模な製塩」段階であったとみなすことができるのであれば，「灰塩」の存在を含め，土器製塩の成立過程が従来の見解と異なり，比較的スムーズであったと考えられる。

以上に紹介した研究の新たな視点は，他地域および土器製塩の確認できない地域においても有効な手続きであり，製塩研究が新たな段階に入ったものとみなすことができよう。

2　法堂遺跡と広畑貝塚の製塩空間

　関東地方における製塩土器出土遺跡は100遺跡を超える。もはやこれは後晩期遺跡には製塩土器が伴うと判断してよいのだろう。こうした中で海浜部の製塩遺跡の調査例は少なく、製塩遺構も晩期の例が知られるだけである。この一つに茨城県法堂遺跡がある[8]。

　法堂遺跡の「製塩址」とされた晩期前葉の「特殊遺構」は、標高約8mの湖岸低地頂部平坦面で見つかった、灰層・製塩土器ブロック・ピットなどからなる土器製塩の諸痕跡の集合である。報告ではこれらが「具体的にどのような機能を持ち、それぞれがどのように機能的に関連し合っていたかという説明は全くできない」と課題を述べているが、発掘調査の所見からこの点を再検討し製塩空間の成り立ちを考えてみたい。

(1)「特殊遺構」の様相（図2）

　間層を挟んで上下に重なる灰層は「全体に固く、部分によってはコンクリート状とさえいえる状態」であること、断面形状が皿状ないしレンズ状を呈し、下面に製塩土器層（第一灰層は貝殻も伴う）を伴う点など共通する特徴があり、これらは同じ性格をもつものと判断できる。下層の第一灰層では、製塩土器に付着するものと同一の「灰白色の塊状物質がかなり多く入っていた」との所見があり、これが灰層の固化に関わる可能性がある。第二灰層には「やや赤味を帯びている部分があって、そこで火が燃やされた形跡」があることから、近藤義郎が指摘したように2つの灰層が炉跡である蓋然性は高いと考えられる。ただし炉の機能面（火床）の位置や範囲、「灰」の性格や来歴など不明な部分も多い。

　第二灰層は東西約3.2m、南北約2.5mの不整な楕円形を呈し、第一灰層は断面図では約2m×1mの規模を示し、平面形は不明であるが概ね第二灰層の真下に位置する。炉跡としては両者とも大型の部類といえるが、第一灰層が第二灰層と比べ規模が小さいのは、廃絶後の整地などの改変行為によるものであろう。

　第二灰層の上位には黒褐色土層が堆積する。土層は約6m×4mの不規則な楕円形を呈し、厚さは8〜16cmとなる。土層上面には製塩土器片の面的なブロックが広がり、土層中では薄い間層で区別される製塩土器層を形成していることから本層は製塩土器廃棄層と捉えてよいだろう。なお土層は「赤味がかった紫色」を呈する部分と「黒色」を呈する部分があり、後者の方には晩期中葉の土器が比較的多く伴い、特殊遺構の中では新しい製塩関連層になる。ブロックにおける製塩土器は「数個の土器がその場で押しつぶされてしまった状態で、内面を上に向けて」遺存する破片も少なくない出土状態だという。土層は固く締まりあ

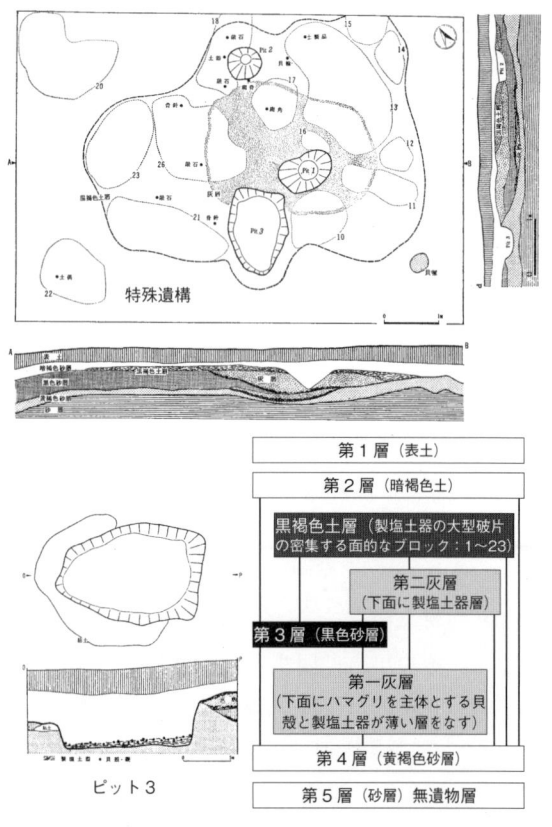

図2　法堂遺跡の「特殊遺構」と層位関係

るいは固い面をなすという所見も加えれば，土層は製塩土器の廃棄だけでなく，その前段の作業空間という側面も指摘できる。

以上の「特殊遺構」の構成要素は，層序から灰層（炉）→灰層（炉）という反復利用と製塩土器廃棄層（に伴う作業場）の形成という3段階の堆積として確認できる。2つの灰層は間層の黒褐色砂層で区切られ，この土層の形成も製塩行為の結果とみなすことは可能である。本砂層の堆積中に調査区外の炉が操業していた可能性は十分に考えられる。

これらの製塩関連層の南側に接してピット3がある。これは土坑状の遺構で，平面形が約1.5×1mの不整な卵形を呈し，深さが30～50cmで地山の第4層（黄褐色砂層）を掘り込んで構築されている。ピットの南側の周縁は黄褐色粘土質土による補強がある。覆土の記述はなく，遺構図では基本土層の第2層（暗褐色土層）が遺構内堆積として示されている。また粘土質土の上に第3層（黒色砂層）の堆積が示されていることから，遺構の構築は黒色砂層堆積以前と考えられる。周囲の状況から覆土に黒色砂層の堆積が認められないのは不自然であるが，堆積土の除去や堆積しない工夫ないし使い方がなされていたと考えられる。

平坦な底面には製塩土器層があり，その上に極めて保存が良好で光沢のある大形の貝殻と小さな礫の堆積がある。このうち北東側に遺存したものは明らかに焼けていたという。底面に製塩土器層を伴うのは2つの灰層と共通し，貝殻を伴う点は第一灰層とさらに類似する。遺構の周囲に焼礫の存在は確認できず，持ち込みや自然堆積が考えにくい状況下で，堆積物の一定範囲が焼けていることは，その場での何らかの燃焼行為があったものと判断できる。

(2) 法堂遺跡の遺構間関係

ピット3は，「特殊遺構」中で独立的に存在する。つまり重複関係のないほかの遺構との組み合わせで，「特殊遺構」を形成しているとの見方ができる。構築から廃絶までの時期幅が，段階変遷する製塩関連層群の時間幅と一致することから，検討すべきはピット3と製塩土器廃棄層および灰層との関係性である。

ピット3と製塩土器廃棄層の関係は，前者を焼成に関連する遺構と考えた場合にわかりやすい。製塩土器はピット3での燃焼を経て，隣接地にて内容物が採取され廃棄に至る流れで理解される。2つの遺構はともに基本第2層で覆われており，「特殊遺構」の最終段階で機能していたことは明らかである。また製塩土器ブロックがピット3を覆わず，この部分を中心に製塩土器ブロックの分布が示されていることも一つの証左となる。なお近藤は，製塩土器廃棄層の形成に関し，灰層との関連性を示唆しているが[9]，筆者は層相の違いおよび層位的な上下関係が明瞭であることからその可能性は低いとみている。

ピット3と灰層の組み合わせは，燃焼系の遺構が並存することになる。共通する要素はあるものの形状の違いが明確であり，複数の炉が同時操業したと考えるよりも，製塩活動の中で別の役割があったものと推定できる。

ここで灰層・製塩土器廃棄層・ピット3の3者の関係を整理しておきたい。「特殊遺構」内では2枚の灰層が反復的に形成され，その第二灰層直上にピット3における燃焼行為に連なる製塩土器層が形成される。この現象は，3期変遷する炉が最終段階に灰層形態から土坑形態への変化を見せるとの見方ができそうである。しかし灰層とピット3も同時存在することから，この3者は製塩工程における時間差を内包したセット関係として把握できる。すなわち灰層と製塩土器層は，間にピット3を介在させて「特殊遺構」を形成していると考えられる。灰層とピット3の機能的な関係は明らかではないが，灰層はピット3における行為の前段を担うものであろう。黒色砂層下に位置

する第一灰層もピット3とセットとなって存在する。このことから「特殊遺構」は黒色砂層により上下に区分され，灰層とほかの遺構の組み合わせに関わる製塩活動が2時期にわたって展開されたとみることができる。

(3) 広畑貝塚の土器製塩空間（図3）

法堂遺跡の範囲は，地形と表面調査の結果から東西約100m×南北56mの範囲に含まれる広さとされる。この中央を横断するトレンチ内に「特殊遺構」が発見された。周囲の状況は不明であるため，法堂遺跡の製塩痕跡はいわば「点」の把握しかできていない。対して霞ケ浦対岸の広畑貝塚は，近藤義郎の調査以外にも多くの発掘があり，内容については断片的ながらも製塩遺跡空間の理解を深めることができる。

遺跡は標高5m前後の微高地に位置し，南側の神社境内地とその北側の水田部に突出した区域からなる。この北側の区域は現況で東西約100m，南北60mの範囲になり，法堂遺跡範囲とほぼ同じ広がりとなる。この部分の北側（霞ヶ浦）寄りに多くの調査区が位置する。

土器製塩段階以前の加曽利B式から曽谷式期の文化層は微高地の中央から南方に形成され，以後その周縁に土器製塩関連土層が展開する。

各トレンチにおける製塩活動の様相は多様で，5つの区域に分けられる。Loc.Ⅰ（'66tB）には晩期前葉の貝層と製塩土器を多量に含む灰層があり，全体での製塩土器の出土量も多い。貝層と灰層の関係については不明である。Loc.Ⅱ（'56tA〜D）では後期末から晩期前半にかけて貝層形成があり，製塩土器は晩期前葉には伴い，中葉では出土量は少ないようである。

Loc.Ⅲ（'56tN・'61t①周辺）は土器製塩の痕跡が濃厚である。'56tNは貝層の形成はなくLoc.Ⅱとは様相を異にする。後期後葉には灰層があり，晩期前半の各層位では多量の製塩土器が含まれている。上層位には，製塩土器が層をなして出土す

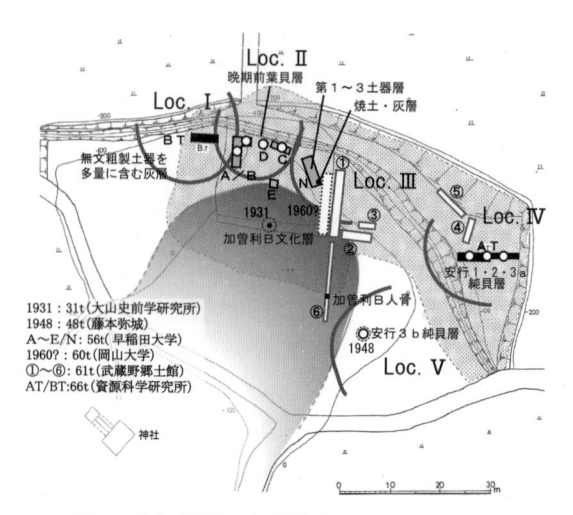

図3　広畑貝塚の空間構成（註11より作成）

る3枚の土器層が存在する。また大洞BC式に伴う焼土と灰の堆積があり，平面図にも「焼土」の位置が示されている[10]。'61t①の南端部の断面図では，後期後半の鹹水性貝層を覆う灰層が堆積している。なおこの箇所の堆積状況から筆者は'60tがこの区域に存在すると考えている[11]。'60tでは後期後葉から晩期前葉の製塩関連層が堆積する。断面図の中央には，安行3b式期の土層下に，下部に土器層を伴う皿状の落ち込みがありその上位には「灰状物質」の堆積がある。報文の写真図版では固化した灰状物質が上面を平坦にして堆積するようすが観察でき，法堂遺跡の「特殊遺構」内にみられた灰層と類似することから炉跡の可能性が高い。'60tが'56tNと隣接する場所にあると推定すると，この灰層と'56tNの灰層・焼土は非常に近い位置にあり，製塩土器層を伴う一定の空間を構成しているとみなされる。

Loc.Ⅳ（'66tA）は後期後葉から晩期初頭まで純貝層が断続的に形成されている。その後は土層に変化するが，各層に製塩土器が伴い，その出土量も多い。Loc.Ⅴ（'48t）では表土から約1m下に厚い灰層があり，その間が3層に区分される。上層の黒色硬土層には安行3c式が伴う。中下層位には安行3b式期で，中層はハマグリ純貝層，

下層は混土貝層となる。製塩土器は各層に伴うが出土状況や量的な傾向については説明が少ない。また中層位では，下層近くに灰をまじえて遺物が出土したとの記述もある。

一概には言えない部分もあるが，Loc. Ⅱ・Ⅳは継続的に貝層が形成されるエリアであるが，中間に位置する Loc. Ⅲ は土器製塩のもっとも重要な区域で，製塩活動の集中と継続性が看取できる。

なお地点が不明であるが，明治年間の江見水陰の発掘では[12]，製塩土器が「煎餅を重ねたる如くに，密に土器の破片が重なり合って居る」地点があり，この貝を伴わない遺物包含層の中位に厚さ「七寸」の「堅牢岩石の如き焼灰の層」が検出されたという。これは法堂遺跡の灰層や広畑貝塚'60t の「灰状物質」と同様の製塩遺構とみられる。ここでは同一地点で製塩遺構の上下で製塩土器層の形成が繰り返されている。

(4)「灰土」と製塩遺構の成り立ち

近藤義郎は広畑貝塚の遺物包含層に灰白色の灰状物質が存在することを認め，それが炭酸カルシウムを含みみ，煎熬の過程に生ずる副産物とであるとの理解を示した。また宮城県二月田貝塚の包含層中に，製塩土器の密集と塊状をなした灰白色の灰状物質を認め，それが広畑貝塚の炭酸石灰を含む灰塊とまったく同じものと断じている[13]。

その後，近藤はこの二月田貝塚の灰状物質を念頭に，法堂遺跡や広畑貝塚にみられた同様の物質を，古墳時代の製塩遺構の調査事例も踏まえ「灰土」という概念で捉え直し，炉の構築材の可能性を示唆した[14]。1984 年からの宮城県里浜貝塚西畑北地点の調査では，確認された晩期中葉の製塩炉の構築材（練り物）を，「山土・灰と焼いて砕いた貝殻を海水で練った漆喰のようなもの」と再定義している[15]。

里浜貝塚西畑北地点は，入江状地形の低地に張り出した標高 2m 程の微高地先端部に立地する。東西 2 つの調査地点のうち，西区からは晩期中葉

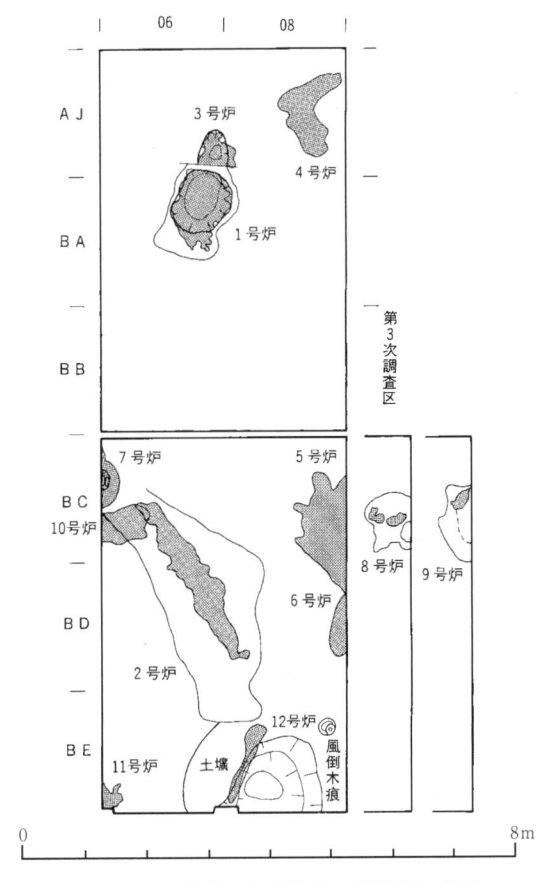

図 4　里浜貝塚西畑北地点の製塩炉の集中

の製塩炉跡が 11 基確認された（図 4）。両地点は浅い谷状地形で区切られることから，限られた地形を利用した製塩活動の展開が読み取れる。

西区の製塩炉跡は 4m × 12m の調査区内に集中して検出され，上下関係から 4 期変遷と最大 4 基の同時存在が指摘されている。炉に張られた「練り物」は受熱による硬化とヒビ割れが観察されている。各炉跡は遺存度が低く，薄い間層を挟んで堆積する関係にある。これは製塩作業の都度に炉を構築し，それを比較的短い間隔で繰り返した結果と理解されている。このため炉跡の周囲には，「練り物」を主体とする層や「練り物」を包含する廃棄層が堆積している。

里浜貝塚の製塩遺構の構造は，法堂遺跡や広畑貝塚の製塩活動の成り立ちを考える上で示唆的で

ある。まず法堂遺跡の灰層は燃料の燃焼灰の堆積ではなく，里浜貝塚で確認された「練り物」のような人工的に造られた炉材で構築された可能性が高く，下面に伴う製塩土器片とともに炉の基礎構造をなしていると考えられる。同様のものが広畑貝塚のLoc. IIIの炉跡や江見の「堅牢岩石の如き焼灰の層」を形成しているのだろう。

また狭い区域での炉の構築の繰り返しは，法堂遺跡の2枚の灰層の重なりにみられる反復的な空間利用として把握され，広畑貝塚Loc. IIIの濃密な製塩関連層の集中も同じ現象と理解される。そして「練り物」すなわち炉の構造体が廃棄されることは，すでに近藤義郎が指摘したとおりであり，先の「結核体」も炉の構造体の一部と思われる。なお炉材の廃棄が包含層の「ほとんどその全体に」あることから，後期末葉以降の製塩炉も「練り物」による構築がなされたとみておきたい。

以上のように製塩炉の構築や操業に関しては，霞ヶ浦沿岸と仙台湾周辺で，地域と時期を隔てながらも通有の技術基盤があることが指摘できる。

3　製塩遺跡を巡る遺跡間関係

霞ヶ浦南西岸の製塩遺跡は，縄文海進以後に陸地化した湖岸低地に立地する。霞ヶ浦北岸の低地部に立地する小美玉市下滝遺跡と下平前遺跡[16]では，近年製塩土器の発見がある。霞ヶ浦を巡る低地部で製塩土器を出土する遺跡分布が更新されたことは，未発見の製塩遺跡がほかに存在する可能性を示唆している。この2遺跡を現時点で製塩遺跡とする根拠はないが，谷底平野を約3km上った台地上に立地し，製塩土器を伴う部室貝塚を中核にした遺跡群を形成していると考えられる。

法堂遺跡や広畑貝塚を取り巻く遺跡間関係は明確ではない。法堂遺跡は，陸平貝塚との関わりで説明されることが多い。少量の製塩土器を伴うことから，法堂遺跡の土器製塩に関与していたことは確実である。しかしながら後期中葉までは貝塚を形成し拠点集落的様相を保持するが，法堂遺跡の製塩活動が活発化する後期末以降は遺跡の規模が縮小し，遺跡規模の点では逆転している可能性もある。この点を踏まえれば，法堂遺跡から同じ距離にある広畑貝塚も法堂遺跡の土器製塩に関与した可能性がでてくる。その場合，土器製塩の拡大に伴う生産拠点の分散といった評価ができるのかもしれない。

霞ヶ浦に注ぐ小野川の右岸台地上に道成寺貝塚がある。広畑貝塚から直線距離で約8km離れている。安行1式から3a式期の層位に製塩土器が集中的に発見されたという[17]。貝塚は汽水性であるが，アカニシ・ハマグリなどを伴っている。これらは広畑貝塚の主要貝種と共通し，霞ヶ浦沿岸をその採取地と考えてよいであろう。同様に製塩土器の出土も霞ヶ浦沿岸における土器製塩活動への参画の結果とみなされる。

霞ヶ浦の「土浦の入」に注ぐ桜川の左右両岸には河口側から小松貝塚・神立平遺跡・上高津貝塚・下坂田貝塚・上境旭台貝塚が分布する[18]。遺跡間の距離は最大で6km程になる。集落形成は中期中葉（上境旭台は後期初頭）から始まり，晩期前半まで続く長期継続型の集落遺跡群である。貝塚は神立平遺跡のみ晩期まで鹹水性貝塚を形成し，ほかは汽水性貝塚となる。生業面では漁具は土器片錘が卓越し，若干の刺突具が伴う。捕獲魚

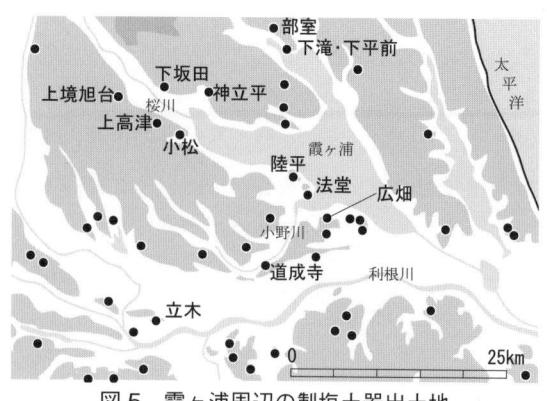

図5　霞ヶ浦周辺の製塩土器出土地

種も共通性が多く認められ，桜川を媒介とした一つの地域社会を形成しているとみられる。住居跡は後期末から晩期では減少する傾向にあるが，遺跡間であまり差はなく，集団の規模も持続可能な程度維持されていたものと思われる。

特徴的なのは製塩土器の出土量である。鹹水性貝塚を伴う神立平遺跡は製塩土器が多量に廃棄される土坑があり，完形に近い製塩土器の出土もある。近くに製塩遺跡が形成されている可能性もあるが，製塩土器の出土量は特別に多いとはいえない。一方遺跡群の中で，霞ヶ浦からより遠くに位置する上高津貝塚や上境旭台貝塚に製塩土器の多量組成が認められることは興味深い。

上境旭台遺跡では発掘調査時の取り上げ単位ごとに粗密があるが，後期後葉から晩期前半まで継続的に製塩土器が伴い，その出現率が約1割から3割の数値を示しており，この数字は上高津貝塚B地点の状況に近い。上高津貝塚については，台地上に製塩遺構を伴い，一定量の製塩土器が出土する汽水性貝塚として霞ヶ浦外郭汽水性貝塚と概念化し，海浜製塩遺跡の形成・操業に深く関与した集団の遺跡と位置づけると同時に，塩の流通にも関与した可能性をかつて指摘した。周辺遺跡の内容が明らかになっても，遺跡群の中で特定遺跡の製塩活動の役割が強調されるあり方は追認される。

土器製塩は高コストな生業と考えられ，その維持のためには一定の集団規模を前提とした労働力の投下が必要になる。松島湾周辺地域は，中核となる貝塚が鼎立し，そこでは拠点集落への集住化を徹底させた様相がみられ，それぞれが拠点集落の周囲に複数の製塩拠点を展開させている[19]。一方霞ヶ浦周辺地域では，桜川流域遺跡群のように集落を分散させながら集団規模を維持し特定の海浜製塩遺跡に関わる状況が看取できる。

註

1) 近藤義郎「原始・古代」『日本塩業大系　原始・古代中世』日本専売公社，1980
2) 近藤義郎「序章―概観と問題」『日本土器製塩研究』青木書店，1994
3) 加納哲哉「微小動物遺存体の研究」『国学院大学大学院研究叢書　文学研究』7，2001
4) 黒住耐二「微小貝類」『浦尻貝塚3』南相馬市教育委員会，2008
5) 阿部芳郎・河西　学・黒住耐二・吉田邦夫「縄文時代における製塩行為の復元」『駿台史学』149，駿台史学会，2013
6) 阿部芳郎「関東地方における製塩土器の出現過程」『駿台史学』150，駿台史学会，2014
7) 阿部芳郎「土器製塩研究の展開と多様性」『研究成果公開シンポジウム　陸平と上高津』明治大学日本先史文化研究所，2013
8) 戸沢充則・半田純子「茨城県法堂遺跡の調査」『駿台史学』18，駿台史学会，1966
9) 近藤義郎「土器製塩の話（3）」『考古学研究』27―1，考古学研究会，1980
10) 高橋　満・中村敦子「茨城県広畑貝塚出土の縄文時代晩期の土器」『茨城県史研究』82，茨城県立歴史館，1999
11) 高橋　満「土器製塩と供給」『縄文時代の考古学6』同成社，2007
12) 江見水蔭『地底探検記』博文館，1908
13) 近藤義郎「縄文時代における土器製塩の研究」『岡山大学法文学部紀要』15，1962
14) 近藤義郎「土器製塩の話（4）」『考古学研究』27―2，考古学研究会，1980
15) 東北歴史資料館『里浜貝塚Ⅶ』1988
16) 常松成人「下滝低地遺跡の製塩土器」『小美玉市史料館報』2，2008，高橋　満「茨城県下平前遺跡の縄文土器と製塩土器について」同6，2012
17) 川崎純徳「道成寺貝塚」『茨城県史料　考古資料編　先土器・縄文時代』茨城県，1979
18) 関口　満「製塩遺跡の分布と製塩活動」『月刊考古学ジャーナル』627，ニューサイエンス社，2012，財団法人茨城県教育財団『上境旭台貝塚2』2012，同『上境旭台貝塚』2013
19) 小林圭一「宮城県北半における後晩期遺跡の立地と動態」『縄文後・晩期の地域と社会Ⅱ予稿集』明治大学学術フロンティア，2008

居住形態と食料資源の選択と構成

須賀博子

　土地という資源を居住地や生業の場としてどのように利用し，それぞれの生業や社会に適した空間構成を構築していくか。遺跡の分布や集落遺跡の形態の変化は，時として生業や文化・社会の盛衰と結びつけて語られることがある。関東地方の中期後葉から末葉にかけての「環状集落の崩壊」として説明される事例は，その一例である。

　しかし，画期とされる時期を挟んだ通時的，そして遺跡群としての悉皆的な分析，集落の構成と広がりの捉え方の問題，食料資源の利用形態など複数の視点を組合せて検討することで，適応形態の変化として説明できるのではないか。ここでは，関東地方南部に広がる下総台地北西部を例としてみてみよう。

1　中期後葉から後期前葉の居住形態の変遷

　関東地方南部において，中期後葉から中期末葉にかけての遺跡分布や集落形態の衰退的変化という見方には，港北ニュータウンの遺跡群分析を行なった石井寛や，称名寺式土器の研究を起点とする今村啓爾の指摘などがある[1]。下総台地においても，中期後葉の大規模な環状集落が中期末葉には崩壊すると説明される[2]。

　下総台地北西部も含めて分析した今村は，人口減少の根拠として，遺跡数の減少，遺構密度の低さと遺跡規模の縮小，遺跡継続の中断とその後に形成開始する遺跡の少なさ，をあげている。さらに遺跡数の変動に人口の増減を読み取ることはできないとし，住居跡数の変動を分析した。そしてその減少などから，中部～西関東における中期末葉の人口減少を改めて指摘した[3]。また鈴木保彦も，この時期の集落の小規模化という点において，神奈川や埼玉県でみられる遺跡数の増加は人口の増加を示すものではない，とした[4]。

　その背景も視野にいれて人口変動を検討する場合に重要なのは，住居跡数とともに，その地域において各時期に遺跡群がどのように形成され，各集落がどのように展開し，そして変遷したのか，という点の具体的な把握である。

　1970年代の当時はまだ当地の発掘調査例は限られており，遺跡群としてや遺跡の広がりといった視点からの分析は十分にできる状況にはなかった。その後，調査を積み重ねた現在，そのような視点を踏まえて検討すると，どのような像が描けるのであろうか。

(1) 集落の変遷と増減

　下総台地北西部は，東京湾に南北に開くやや大きな谷と，奥東京湾の中川低地に向かい西方に開くやや短い谷により，複雑に開析された地形を呈する。ここで分析の対象とするのは，その中でも国分谷中程の西岸から奥東京湾東岸の，直径2km程度の比較的狭い任意の範囲であるが[5]，近年調査成果の蓄積が進んだ所である（図1A地点）。

　この区域では，中期末葉の遺跡は減少せず，むしろ増加する。

　中期後葉の加曽利EⅠ～Ⅱ式期の集落には，通源寺遺跡のほか，多量の遺物が出土したという馬乗場遺跡にその可能性が指摘されている。通源寺遺跡は未調査部分が大部分を占めるが，地表観察で地点貝塚が環状に分布することから，環状集落

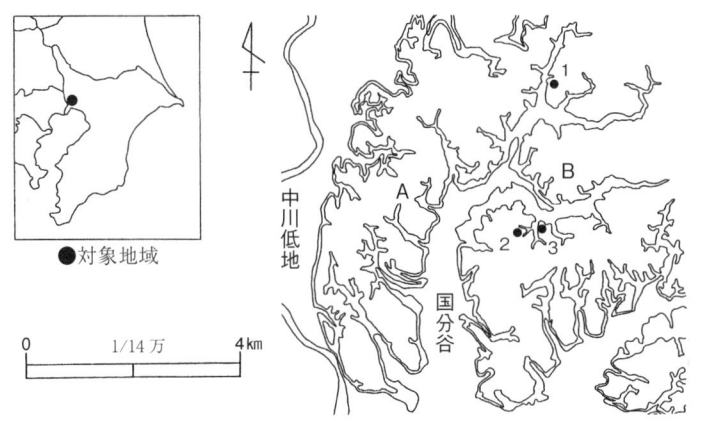

分析対象の遺跡と地点
1：子和清水　2：中峠　3：紙敷
A地点（図1右）　B地点（図2右）

遺跡の内容と変遷

	加曽利EI・II	加曽利EIII	加曽利EIV	称名寺Ia,b	称名寺Ic	称名寺II	堀之内1	堀之内2	加曽利B1	他参考
1 陣ヶ前		○	○	●	●	●	●	●		
2 七畝割I						◇	●			
3 相模台		○	●		?●	●	●	●	●	
4 柿ノ木台		■	■	■	■	■	■	●	■	
5 下水		○	■	■	◆	●	■	●	■	
6 通源寺	■	●	?●	●	●	●	●	?●		
7 諏訪原	●							?●		
8 白幡										
9 和名ヶ谷溜台			■	●	●	●	●	●		加EIV・称I ■
10 内山		●	◆	●	●	●	●	?●		
11 馬乗場										
12 台畑						○				
13 南台		--中期--			●	●				称・堀 □
14 南台畑		?●			●	◇	●			□
15 大塚越		●	○	?●	●	●	●			
16 大橋向山		●	●	●	●	●	●	●		
17 彦八山		?●	●		●	●	●			加EIV・称 ■

■ ＝ 集落A（住居跡検出）。
◆ ＝ 集落B（住居跡は未検出だが，土坑や貝層の存在から集落と考えられる）。
● ＝ 遺物包含地。？付は，同定不確実な土器が存在することを示す。
白抜き ＝ 未資料化または未実見。破線 ＝ 未資料化で型式細別の記載がない。
型式項目の称名寺I式a,b,c は，（今村1977）の称名寺I式a～c類を示す。

右の分布図は，集落と，確実な遺物包含地を図示（上記表の■◆□◇●）。
■ ＝ 集落A,B　□ ＝ 集落A,B（未資料化）　● ＝ 遺物包含地
図中の番号は，上記表の遺跡番号に対応する。

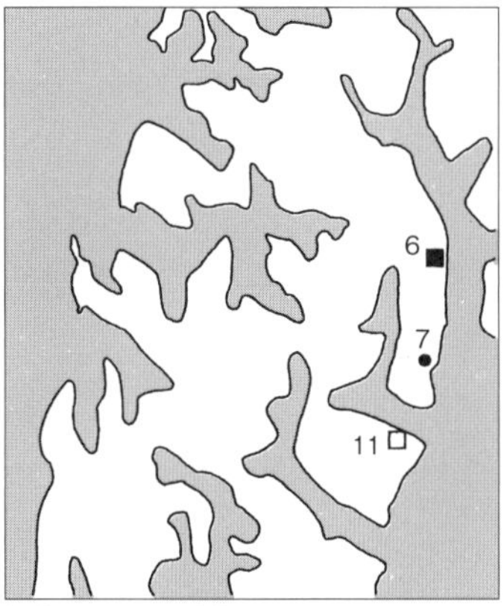

加曽利EI～II式期

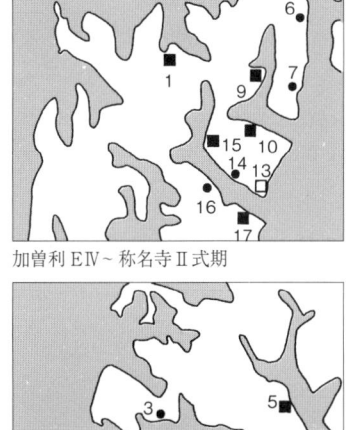

加曽利EIV～称名寺II式期

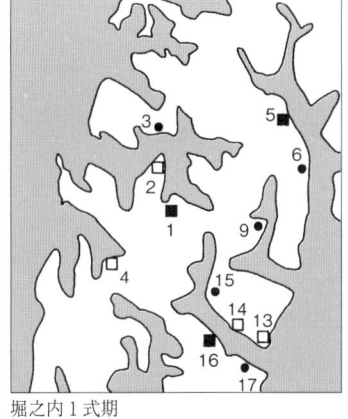

堀之内1式期

図1　中期後葉～後期前葉の遺跡群の変遷

と推測される。

　加曽利EIV式期には，従来の環状集落（通源寺遺跡）に隣接する地点（下水遺跡）に加え，それまで居住地としては利用していなかった地点（陣ヶ前・和名ヶ谷溜台遺跡など）に集落を設けることで，遺跡数が増加するのである。

　下水遺跡では，加曽利EIII式期の住居跡と貝層が検出されており，この時期にはすでに集落の選地に変化が生じている。当時期の住居跡が検出されているのは，現在の所，下水遺跡だけである。

居住形態と食料資源の選択と構成　67

しかし，詳細が不明な馬乗場遺跡をおくと，中期後葉の集落は通源寺遺跡だけであるから，集落数としては減少を指摘することはできない。

では，加曽利EⅢ～Ⅳ式期に形成が開始された集落は，その後どのような継続性，遺跡数の変動をみせるのだろうか。

陣ヶ前と下水遺跡では，後期初頭を経て前葉の堀之内1式期以降まで継続することが明らかになっている。一方，内山や大塚越遺跡といった，大橋台と呼称する1つの支台に点在する個々の遺跡は，主体となる時期がやや限定されているようにみえる。しかし，それはこの時期の集落の構成および展開のしかたと関わる問題であることを次にみていこう。

(2) 集落の構成・広がりと規模

集落遺跡の広がりを規定する要因としては，施設の配置法，居住単位の構成と位置関係，それらの再構築時の選地法などが想定される。

中期後葉の「環状集落」は，基本的には同心円的な方位と区画を基準にして施設が配置される。

一方，中期末葉から後期初頭の集落は異なる。下水遺跡では，1軒の住居が，その周辺の比較的広い範囲に貯蔵穴を構築し単位をなすようにみえる部分がある。また，求心的な構成をとらず，方向はおくとして，いわば線状に居住地点を選択していくために，累積性が低く，より広域的な展開が生じたと考えられる。

さらに集落の広がり方からみると，この地域における中期末葉から後期初頭の集落は，相対的にせよ2大別して捉えることができる。1つは径200m程度の比較的狭い範囲で面的に広がる台地上に展開する類型である。陣ヶ前遺跡や下水遺跡（図2左）が相当する。もう1つは，谷に面して，距離的にはより長い範囲に，帯状に居住地点を展開する類型である。その1例として，国分谷の別地点，より谷奥に位置する北岸での例をみてみよう（図1B地点，図2右）。

この地点は，やはり中期末葉の時期に新たに居住地として利用されはじめる場である。中期末葉～後期初頭の「遺跡」が，1500m程の間に連綿

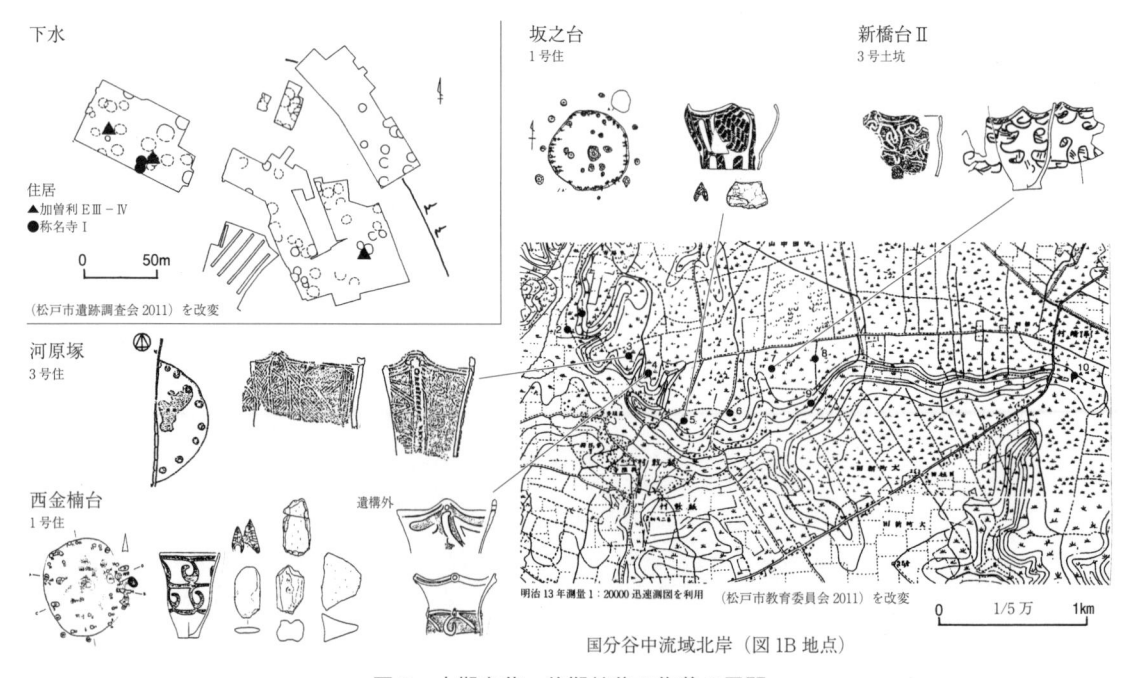

図2 中期末葉～後期前葉の集落の展開

と形成される。当初は広域に広がるが，称名寺Ⅰ式期の後半以降，西側に分布を狭めていく。そして最終的には，後期前葉堀之内式期の馬蹄形貝塚を形成する河原塚遺跡に収斂する。

これらの遺跡を個々別々の「遺跡」としてみたり，部分的な調査しかなされていない時点でみるならば，住居跡の軒数は少なく，また，遺跡の継続性は短いものにみえてしまうだろう[6]。先ほど見た，内山・大塚越遺跡などの分布する地点も，長軸600m程の1つの支台に5つの遺跡をかぞえる「遺跡数」の多さや密度の高さから，このように谷に面して長距離にわたり集落を継続的に展開したタイプと推測される。

中期後葉の通源寺遺跡の地点環状貝塚は径110mほど，また同じ国分谷の程近い地点に分布する環状集落の子和清水遺跡（図1）は200×150mほどの範囲に広がる。中期末葉～後期初頭の集落は遺構の累積性が低いことに加え，集落の展開がこのように中期後葉よりも広い例がある。この点で，限られた範囲の調査で住居数を比較した場合，同じ面積ならば中期後葉の環状集落の方が，住居軒数が多くみえてしまうということである。

当地域では調査例が蓄積されてきたとはいっても，未調査部の存在などにより，まだ住居跡数の変動を詳細に分析できる段階にはない。その方面からの議論ができない点では，検証性に問題が残る。また，比較的広域に調査されている下水遺跡でも，遺構の遺存性などの問題はあるものの，中期末葉～後期初頭の検出住居跡の軒数が，現状では決して多いとはいえないことは，事実である。しかし，遺跡群としてみたときに，中期末葉期に居住地点がこのように多地点，広域に広がっているのをみるならば，人口の減少は，例えあったとしても，大幅なものではなかったのではないだろうか。

またその現象の背景の理解には，表裏一体の問題である生業面からの検討が必要である。

2　食料資源の利用形態と食料構成

中期後葉の社会が衰退していくという理解におけるその背景については，気候の寒冷化による自然環境の悪化[7]や，増加した人口を支える生産力や資源の不足[8]，といった大別2種類の説明がある。要因を自然とするか人為とみるかで違いはあるが，どちらも食料資源が不足していくという変化を想定している点では共通している。

生業に関わる遺物の分析から，その食料資源の不足化という仮説を具体的に検討した例はそれほど多くはない。今村は打製石斧の組成率の低下などから，寒冷化によりその対象物であるジネンジョが減少したと解釈した[9]。

食料資源が不足化したという事象が，実際の考古資料や自然環境の分析により，遺跡分布の変化とは別に，どこまで独立的に検証，反証できるかという点が，1つの課題となろう。

ここでは食料資源の不足化という問題について，貝類資源の利用形態の面から検討を加える。ある食料資源の利用形態と食料構成の関係について，先ほど分析した遺跡群の資料を中心にみてみよう。

（1）食料構成に占める海洋資源の評価

すでに通年の計画性が存在した社会において，食料資源が不足した時に問題となることの1つは，通年の食料構成をどのように計画，維持するかということである。人口に対する一定の総量が必要であるから，従来主体的に利用していた特定の資源量が大きく減少したときには，領域を広げるなどその資源の異なる獲得・利用方法を採用するか，または別の資源で補填するなどの必要が生じる。例えば植物質食料資源が減少した時には，動物質資源で補填するという方法も，想定される1例である。

下総台地北西部が位置する奥東京湾～東京湾東

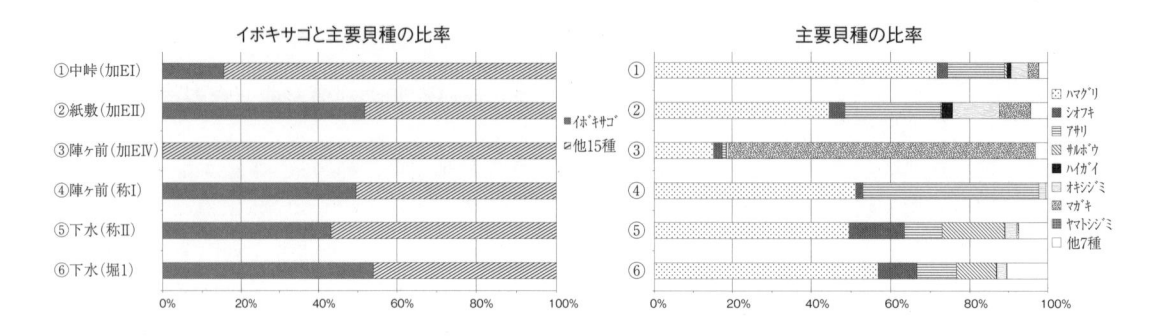

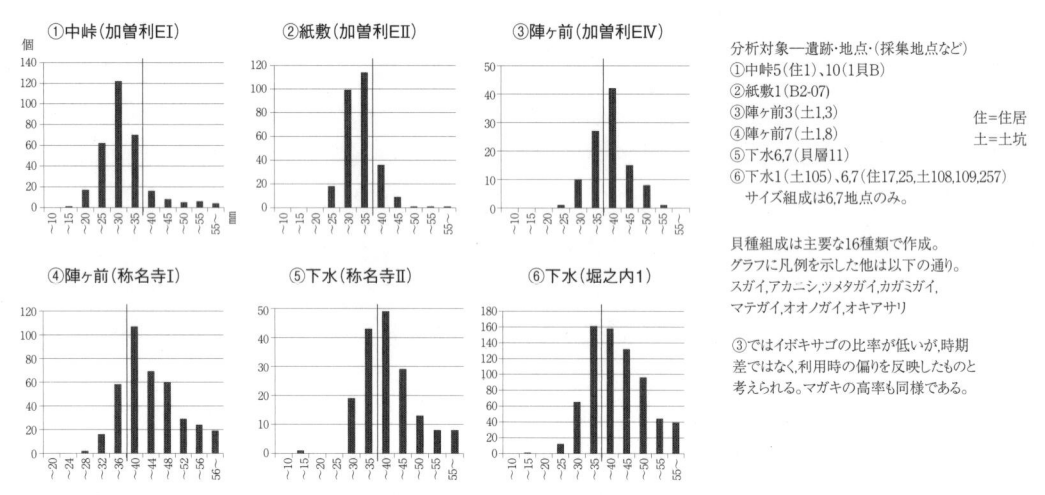

図3 中期後葉〜後期後葉の貝種組成とサイズ構成の変遷

岸地域は，海洋資源に恵まれた地域として，環境悪化時におけるその有用性が古くから指摘されてきた。

その1つに，中部から関東西部域と関東東部域の中期と後期の遺跡数の変動を比べた議論がある。後期になると遺跡数が激減する中部に比べ，関東東部で遺跡数が増加するのは，海洋資源に恵まれていたからである，と説明される[10]。また同様の資源環境的な要因が，西部域と異なり関東東部で後期後葉に至っても集落を継続させたという[11]。

ところで，資源の補填的利用形態には，長期的な変動に対するものと，年単位の短期的な変動に対するものが想定される。その違いは結果として，貝類資源ならば，貝種の選択のしかたや，貝層の規模や形成過程，その資源分布への影響などに，差異が生じるであろう。

先にあげた中期から後期の変化に対する説明は，長期的な変動に対する例である。短期的変動に対応する例には，前期だが，茨城県原町西貝塚の分析から導出された説があげられる。そこではヤマトシジミの断続的な利用形態などから，食料不足を補う臨時の生業と位置付けられた[12]。中期末葉に指摘されている環境悪化には，長期的な変動が研究者により想定されていることになる。

長期的な環境変化に対するある動物資源の継続的な補填的利用とは，従来よりもその利用する種の種類や，利用するサイズの種類，および獲得量の総量などを増大させることなどにみいだせる。中期末葉〜後期初頭の時期に海洋資源が補填的な

利用をなされていたのかどうか，ここでは貝類資源の利用形態をみてみよう。

(2) 貝類の利用形態の変遷

当地域の中期後葉から後期前葉の時期には，集落において貝層が形成されるのがほぼ常態である。貝種組成をみると（図3上），巻貝ではイボキサゴ，二枚貝ではハマグリを主体とし，時々によってほかの鹹水種の特定的な貝を利用する形態である。図3の加曽利EⅣ式期の陣ヶ前遺跡の例では，イボキサゴの比率が低くマガキが高率になっている。しかし，これは時期差をあらわしているのではない。貝層は土坑内に形成された比較的小規模な貝層であり，先述したように，貝利用時の特定種の利用状況を反映したものである。

このような利用形態は，中期後葉から後期前葉を通じ，一貫している。海域に分布する貝種を悉皆的に利用するのではなく，選択性が働いているのである。また，当地域の領域内には汽水種であるヤマトシジミが一定量，生息していたはずである。しかし，その利用は皆無に等しい。より谷奥だが比較的近隣に位置する貝の花貝塚の後晩期貝層にみられるように，時期や地域によっては恒常的に利用される，利用性が高い食料資源でありながら，中期末葉以降も利用対象として選択していない点は重要である。

さらに，ハマグリのサイズ組成をみると（図3下），サイズのピークや構成は中期後葉よりも，中期末葉から後期初頭の方がむしろ大形化している（図3下）。このことは，中期後葉の東京湾東岸の貝塚遺跡で指摘されているような[13]，最低限，資源の再生を維持する程度に，利用可能なサイズは限界まで利用する，といった採集形態ではなかったことを示す。

実際の年間の獲得量の増減を比較するのは難しい。

当地において，中期末葉～後期初頭の貝層は，住居跡内や土坑内に比較的小規模に形成される例が多い。中期後葉や後期前葉のような，比較的規模が大きな面的に広がる貝層は，例がないようである。中期末葉～後期初頭の時期は，遺構などと同様に，廃棄の場の累積性が低いという点も大規模な貝層が形成されない1つの要因であるかもしれない。

しかしながら以上のような状況から推測するならば，中期末葉～後期初頭の時期に，貝類資源の獲得量が大きく増加したという利用形態は捉えづらいようにみえる。

中期後葉においては，資源回復の限界に近いサイズを利用しているにしても，樋泉も指摘しているように，加曽利EⅠ～Ⅱ式期を通じて貝層を形成しているという点で，資源を枯渇させないように利用形態を管理・維持しているといえる。またヤマトシジミという利用可能な資源がほとんど手つかずに残されているという点で，当地においては，小形サイズの利用はハマグリの食料構成上の決定的な不足を示すものではなく，サイズより数という，あくまで選択された利用形態なのであろう。

中期末葉には，資源維持のための限界値に近い殻長20～30mmのハマグリのサイズの利用は低下する。利用可能な資源はすべて利用するという選択とは異なっている。持続可能な利用形態を維持するという点では，中期後葉と共通するが，サイズの選択性という点では利用形態が変化しているのである。

そして，このような中期末葉～後期初頭の時期のサイズの選択性は，中期後葉よりも後期前葉における選択性と，より共通性が高いことが指摘できる（図3下）。

同じ貝種でも自然界での分布数が少ない，より大形の個体を利用するという利用形態の変化にどのような背景が存在したのか，という点の説明は今後の課題である。

このように中期末葉～後期初頭において貝種の

居住形態と食料資源の選択と構成　71

選択性，およびサイズの選択性の両面において，他種の食料資源の不足を補塡するような利用形態とは乖離している。

むろん，人口が減少したために，利用総量が減少し，逆に資源が回復して選択性の幅が広がったとの解釈や，貝類資源の量的な必要性が低下したとの解釈もあげられるかもしれない。また，貝類の単純なエネルギー源，補塡資源としての価値の問題もあろう。しかし，いずれにせよ，貝類資源を補塡的には利用していないという点を，まずは確認しておこう。

3 居住形態と生業

中期末葉に集落を形成する地点を移動するわけであるが，遺跡間の距離を単純に測るならば，その移動距離は1～2km程度と比較的短く，また中期後葉に比べ対象地域内での遺跡分布密度はより高い。それは従来と食料資源の生育・分布環境が大きく異なる地域への大移動ではない。また，例えば千葉県余山貝塚の貝輪生産集落や茨城県広畑貝塚の製塩集落のように，特定の資源の集中的な加工・生産と結びつくような選地[14]ではない。そして，ある種の資源や製品の流通形態や交通と新たに結びつく様相も，見出し難い。集団構成との関係などほかに検討するべき要因もあるものの，そのような中で予測される1つの要因は，食料資源の利用形態との関係性である。そうであるならば，その利用形態のどのような部分との関わりなのであろうか。

まず，資源分布地との距離関係を基準として考えた場合，海洋資源の利用を第1の選地要因とした選択ではない。なぜならば，先述した国分谷中ほど北岸の遺跡群（図2右）など谷奥地点の選択にみるように，海洋域により近いという点だけを条件に移住しているわけではないからである。また奥東京湾に近い陣ヶ前遺跡にしても，その立地は谷奥である。この点は，貝類を補塡的に利用していないこととも符合する。

このような状況の中で想定される1つの仮説は，植物質食料資源の利用形態との関係性である[15]。

植物資源の利用については，従来の内容をそのまま小規模化し，広域化・多地点化しただけなのか，利用種の構成や利用技術・技法などに変化があったのか，という点が検討課題となる。

当地域において，中期末葉から後期初頭の集落地の選地は，陣ヶ前や下水遺跡など後期前葉以降に継承されていく選択を含んでいる。また中期末葉～後期初頭の貝類の利用形態は，サイズ選択性の点において中期後葉よりも，むしろ後期前葉の利用形態に類似性が高い。その点では，従来から指摘されているように，いわば中期後半的な適応形態から，後晩期的な適応形態へと変化していく大きな画期にあたる。

中期末葉から後期初頭にかけての自然環境の変化については，食料とする資源の生産量，植生の構成，谷や水辺地形の変化などの面において，議論がなされている。

一方で，今回検討した範囲では，人口の極端な減少という変動は捉えられない。また貝類の利用形態からは，他種の食料資源が極端に減少したり不足するという変化は読み取りがたいものであった。

このような点から，中期末葉期の居住形態の変化は，生業・文化や社会の崩壊という説明からではなく，適応形態の変化の一部を構成する，土地の利用形態の変化の問題としてまずは検討するべきものであることを指摘したい。そしてある種の食料資源の利用形態とは，食料構成における他種との，そして選択しなかったものとの関係性の中で位置付けられる部分があることを確認しておこう。

今回の分析例は極狭い範囲に限られている。同様の視点による分析を広げ，関東・中部の比較的

広域で同時期的に生じる遺跡分布の変化と集落展開の内容を，比較検討していくことが求められる。また，食料資源の利用形態の解明には，獲得具や加工具，食料残滓の分析に加え，人骨の食性分析や低地の利用形態など，多視点からの分析をあわせて検討していくことが必要である。

註

1) 石井　寛「縄文時代における集団移動と地域組織」『調査研究集録』2，港北ニュータウン埋蔵文化財調査団，1977，今村啓爾「称名寺式土器の研究（上）（下）」『考古学雑誌』63—1・2，日本考古学会，1977 ほか
2) 加納　実「第一編第八章　縄文社会崩壊のプロセス」『千葉県の歴史　通史編　原始・古代1』千葉県，2007 ほか
3) 今村啓爾「縄文時代の住居址数と人口の変動」『住の考古学』同成社，1997
4) 鈴木保彦「縄文集落の盛衰」『考古学ジャーナル』293，ニューサイエンス社，1988
5) 堀越が，古市川湾水系の遺跡群分析の中で設定した，「西群北部」にほぼ相当する。堀越正行「縄文時代中・後期の古市川湾水系の集落と遺跡群」『地域と文化の考古学Ⅰ』六一書房，2005
6) 「遺跡」の区切り方と実際の広がりの間の問題については，阿部の指摘がある。阿部芳郎「第一章第二節　台地上の大きなムラ跡と海辺での活動」『北区史　通史編　原始古代』東京都北区，1996
7) 前掲註1 今村1977，鈴木保彦「Ⅲ　関東・東海地方の縄文社会と集落」『集落の変遷と地域性』雄山閣，2009
8) 山本暉久「東日本における縄文時代中期大規模環状集落の崩壊要因をめぐって」『縄文時代』24，縄文時代文化研究会，2013，小林謙一ほか「武蔵野台地東部における縄文中期集落の分布」『セツルメント研究』3，セツルメント研究会，2002
9) 今村啓爾「群集貯蔵穴と打製石斧」『考古学と民族誌』六興出版，1989。今村は環境変化に対する適応性の問題として，特定種への高率依存と，多種への分散的な依存という，生業の構成の形態に注目している。
10) 坪井清足「縄文文化論」『日本歴史』1，岩波書店，1962，戸沢充則「3 縄文時代の地域と文化」『日本考古学』5，岩波書店，1991，ほか。八幡の見解なども，その基底となる論考であろう。八幡一郎「縄紋式文化」『新修日本文化史大系　原始文化』誠文堂新光社，1943改訂増補第二刷版
11) 鈴木保彦「南関東における縄文集落の西と東」『縄文時代』22，縄文時代文化研究会，2011
12) 鈴木素行・張替いずみ「第7節　貝塚の形成に関する問題」『原町西貝塚発掘調査報告書』古河市，1985
13) 樋泉岳二「加曽利貝塚における貝層の研究」『貝層の研究Ⅰ』千葉県立加曽利貝塚博物館，1999
14) 阿部芳郎「縄文時代の資源利用と地域社会」『考古学ジャーナル』627，ニューサイエンス社，2012
15) 今回は検討できなかった，貝採取の季節性や動物遺存体の集落間での偏在性などの視点からみた，海洋資源の利用形態と居住形態や集落間の関係性という論点には，以下のような論考がある。樋泉岳二「貝殻成長線からみた縄文集落の形成」『考古学ジャーナル』563，ニューサイエンス社，2007，植月　学「海生魚類」『縄文時代の考古学』4，同成社，2010

引用・参考文献

中山真司「多摩川流域における縄文時代後期前葉集落」『東京考古』12，東京考古談話会，1994
松戸市遺跡調査会『下水遺跡第6・7地点発掘調査報告書』松戸市教育委員会，2011
松戸市教育委員会『河原塚遺跡第3地点発掘調査報告書2』2011

挿図に関わる参考文献は多数に上るため，今回は割愛させて頂いた。

関東地方縄文時代後・晩期の
集落と木組遺構

宮内慶介

1 はじめに

　水場遺構とは，水辺での様々な活動痕跡や活動に対応した施設，もしくはその痕跡の総称といえる。そもそも「水」は人間が生きていく上で必須の資源といえ，その利用は人類が存在するすべての時代・地域に想定される。それにもかかわらず，縄文時代の水場遺構をみてみると，大多数は東日本に分布し時期も後・晩期に集中するという顕著な偏りが存在する[1]。こうした事実は，縄文時代という枠組みの中においても，水資源や低地の利用に地域や時期によって異なる実態が存在したことを示唆するものといえるだろう。

2 本論の目的

　関東地方の縄文時代後・晩期には水場遺構，とくに「丸材や分割材で構築された井桁状の木組や板材で構築された箱状施設，さらにそれに付帯」する各種の痕跡からなるいわゆる木組遺構[2]の検出事例が増加する。代表的な事例として，栃木県小山市寺野東遺跡では，集落下の谷部から後期初頭〜晩期中葉の木組遺構が15基も検出されている。貯水部が存在し水を一定量貯え流下させるという構造が複数の木組遺構に共通して認められる[3]という点で，定型化・型式化した遺構といえるだろう。

　さて，木組遺構の機能・用途については，渡辺誠の提唱する「水さらし場遺構」，つまり堅果類のアク抜きなどの加工処理施設とする考えが一般的である[4]。渡辺の研究は民俗例を参照しながら進められてきたが，大型の木組遺構の傍らから大量の破砕したトチノミの種皮が集積した「トチ塚」が埼玉県川口市赤山陣屋跡遺跡西側低湿地で発見されて以降，その機能が堅果類のアク抜き処理に特化したものとの見方が定着した。

　これに対し栗島義明は，木組みの構造と民俗事例との相違を指摘した上で特定の用途に限定する考えに疑問を呈し，木組遺構の機能を湧水や河川の水を利用するための施設とした[5]。

　今回の分析はこうした木組遺構の機能・用途研究とはやや距離を置き，分析範囲を関東地方の縄文後・晩期に限る。そして，この時期の集落変遷とともに水場遺構の形成過程を確認することで，地域的動態という文脈の中で水場遺構が後・晩期に増加する意味について考えたい。また関東地方内部での地域性についても，木組遺構の構成や利用形態からみていくことにする。具体的には，先述した寺野東遺跡および赤山陣屋跡遺跡の2遺跡を中心に考えていく。

3 寺野東遺跡の集落変遷と水場遺構

　寺野東遺跡は鬼怒川の支流，田川の右岸に延びる台地の東端に立地する。東側は田川・鬼怒川低地に面した崖となり，崖下には近世に掘削された用水が南流する。遺跡東側はこの時の工事により破壊されてしまったようだ（図1）。

　遺跡中央には南北に浅い谷が入り，縄文時代には滞水環境下にあったことが珪藻分析によって推定されている。この谷をのぞむ東西の台地および斜面部から縄文時代中〜晩期の居住施設が検出さ

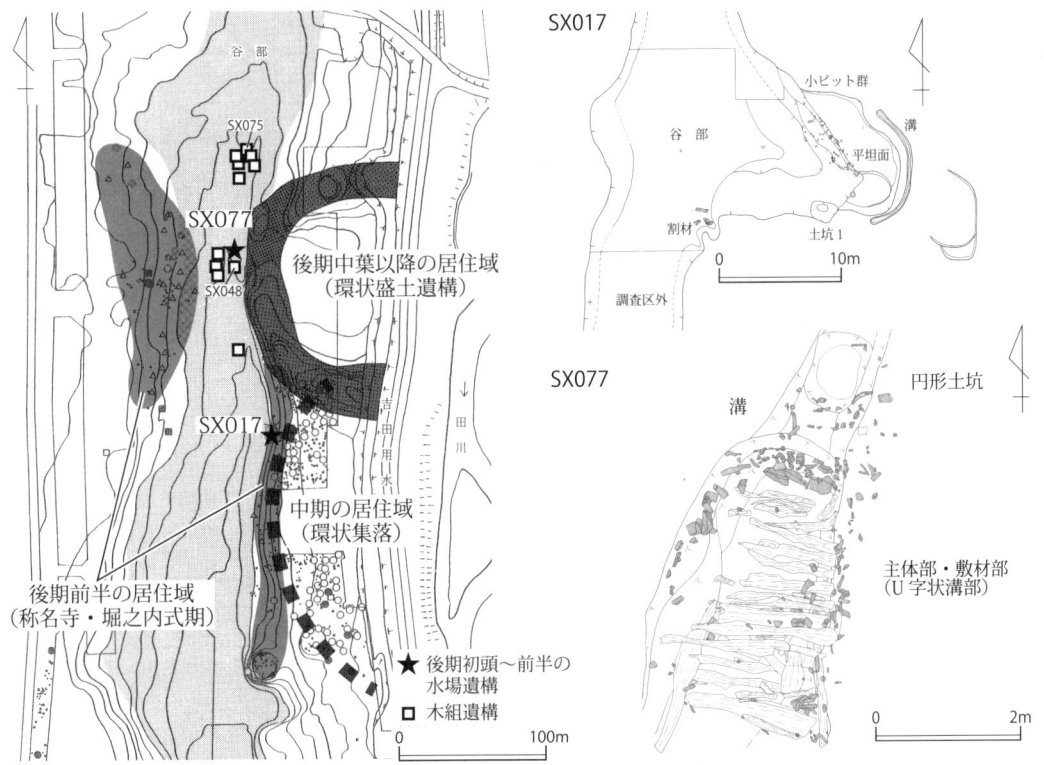

図1 寺野東遺跡の遺構分布と縄文時代後期初頭～前葉の水場遺構（註3・6文献をもとに作成）

れ，集落の変遷が明らかにされている[6]。

　寺野東遺跡では，縄文時代中期中葉の阿玉台式期後半から住居の構築が認められる。中期後半の加曽利E式期には，谷の東側南半で遺構が密集してみつかっており，住居跡の分布から環状集落を形成するものと推測される。また，貯蔵穴を含む土坑群は住居より内側に分布する傾向が認められる。

　後期初頭の称名寺式期には，谷を挟んだ東西の斜面に住居が構築され，中期後半に比べると遺構分布は分散した状況を呈する。谷の東側の台地平坦面には貯蔵穴が構築され，つづく堀之内式期にも住居の分布に同様の傾向が認められる。

　そして堀之内式期以降加曽利B式期を画期として，谷の東側に環状盛土遺構の形成がはじまる。これは寺野東遺跡ではじめて認識されその後類例が増加しているもので，現在では関東地方における後・晩期の集落跡の一形態とする見方が定着してきた[7]。高まりを形成する厚い土層は後期中葉から晩期の生活面の累積によって形成されており，同一地点で反復的・継続的な居住活動が行なわれたと推測される。寺野東遺跡でも加曽利B式期以降の遺構・遺物は環状盛土遺構内にほぼまとまることから，実質的な居住域はこの盛土遺構およびその内側の範囲と考えられる。

　このように寺野東遺跡は中期後半の加曽利E式期／加曽利E式末～堀之内式期／加曽利B式期のそれぞれに集落変遷上の画期が存在し，環状集落→分散居住→環状盛土遺構（長期継続型集落）という，関東地方の中期から晩期の集落変遷がおえる貴重な遺跡といえる。

　さて，台地上およびその縁辺や斜面で居住施設が検出される一方，谷部でも多くの遺構が検出されている（図1）。木組遺構だけでなく，湧水箇所や谷自体を掘削・改変した痕跡，土坑も多数みつかり，重複関係をもつ遺構も存在することから，施設の更新を繰り返しながら谷部および湧水箇所

を管理・利用していたことは明らかだろう。縄文中期の水場遺構は検出されておらず，木組遺構の大半は後期後葉から晩期中葉に比定され，環状盛土遺構の範囲に居住域が固定される時期と重なる。湧水の恒常的な管理が，環状盛土遺構の形成中（居住期間中）に行なわれていたことは確実といえる。

ここで注目されるのは，後期初頭もしくは前葉に比定される水場遺構が検出されていることである。ひとつは，称名寺式期に比定された，谷部に向かって台地縁辺をU字状に掘削した遺構（SX017）で，河川の流水を引きこんで利用した施設と推定された。（図1右上）。もうひとつはSX077とされた，円形土坑（貯水部）とそれにつづく敷材（作業部）をもつ木組遺構で，称名寺式から堀之内式期の所産とされている（図1右下）。

集落が中期的な集住形態から分散的な居住形態へ変化する後期初頭から前葉の時期に，土地の改変を含めた低地への積極的な働きかけが認められることは，その後の長期継続化する集落変遷と無関係とは考え難い。この時期に集落下の湧水を開発し，以後の長期に継続する集落の基盤を形成したものと考えられる。

4 赤山陣屋跡遺跡の集落変遷と水場遺構

赤山陣屋跡遺跡は大宮台地南端の鳩ヶ谷支台に所在し，台地を樹枝状に開析する浸食谷の奥部に位置する。周辺は荒川水系と綾瀬川水系の分水嶺にあたり，半径1km弱の中に，石神貝塚，宮合貝塚，猿貝貝塚という後・晩期の集落遺跡が密集する地域である（図2）。赤山陣屋跡遺跡は東京外環自動車道の開発に先立つ調査によって，台地平坦面－斜面－低湿地が横断的に調査され，草創期から晩期にわたる遺構や遺物が検出されている。

この中で縄文人の低地利用の様相が明らかとなったのは，西側低湿地と呼称された最大幅約120mの浸食谷の谷頭に近い場所である（図3W）。遺跡の形成過程は金箱文夫により詳述されているが，それをもとに中期以降の変遷を概観してみることにしよう[8]。

西側低湿地周辺では中期には少量の土器片が検

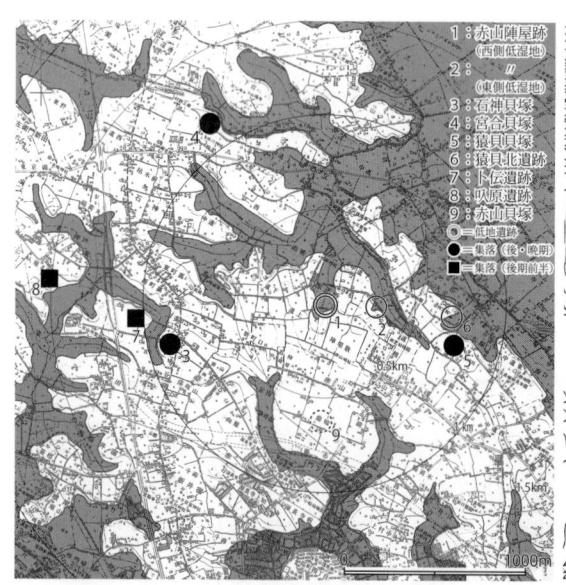

図2 赤山陣屋跡遺跡周辺地形と遺跡分布

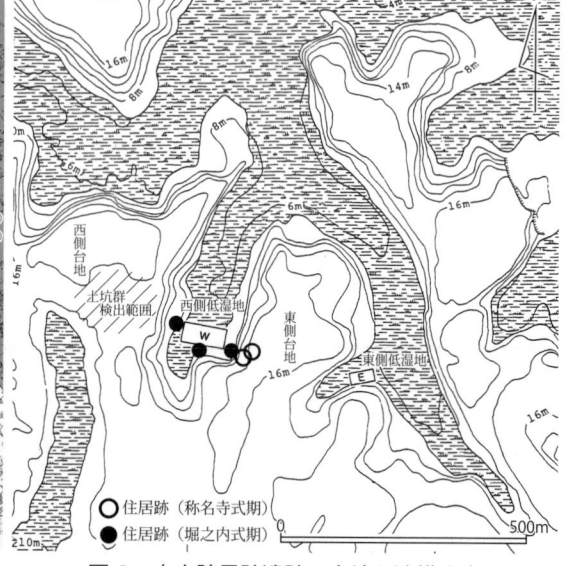

図3 赤山陣屋跡遺跡の立地と遺構分布
（称名寺・堀之内式期）

（金箱文夫・吉川純子『赤山 古環境編』1987をもとに作成）

図4　赤山陣屋跡遺跡西側低湿地の遺構分布
（金箱文夫・吉川純子『赤山　古環境編』1987・金箱文夫『赤山　本文編』1989 から作成）

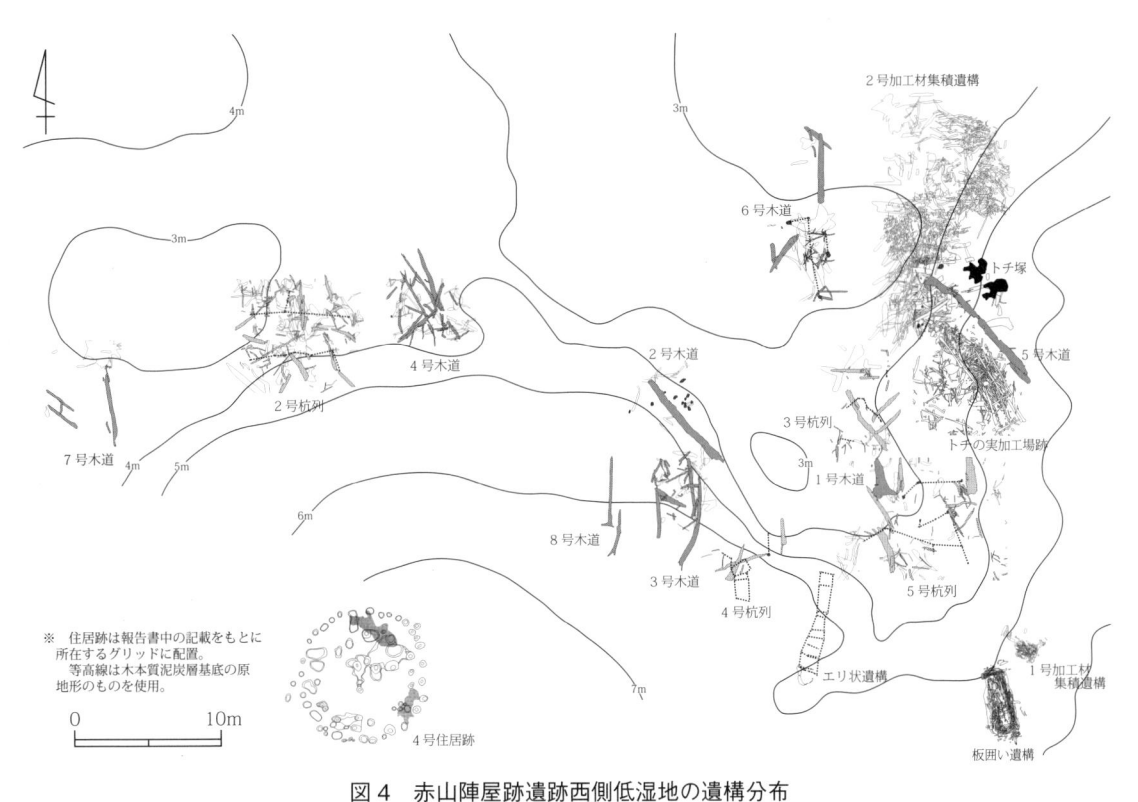

出されているのみで遺構の構築は認められず，低地の利用は低調だった。台地上に集落は営まれておらず，寺野東遺跡とは異なる状況といえる。

後期初頭の称名寺式期には西側低湿地をのぞむ台地縁辺および斜面に住居跡が2軒，後期前葉の堀之内式期には斜面部および西側低湿地で住居跡3軒が検出された（図3）。台地平坦面には貯蔵穴を含む土坑群が形成され，寺野東遺跡の同時期の景観と似た様相といえる（図1）。またこの時期から低地での施設の構築が活発化し，4号住居跡に加え，低湿地からみつかった杭列や木道は後期前葉もしくは堀之内式期に比定されている（図4）。

さて，こうした遺構分布の特徴は周辺のほかの遺跡でも確認できるのだろうか。称名寺式期から堀之内式期に赤山陣屋跡遺跡周辺では，住居跡数軒程度の集落遺跡が複数報告されており，小規模な集落が分散して営まれていたようである。住居跡は台地縁辺から斜面に立地する傾向にあり，なかでも叺原遺跡や卜伝遺跡では広い面積の調査が行なわれたため遺構の分布がつかみやすい（図6）。

叺原遺跡では台地縁辺に沿って後期初頭〜前葉の住居跡が12軒と貯蔵穴2基，卜伝遺跡では称名寺式期の住居跡1軒，堀之内式期の住居跡4軒が斜面に形成されていた。また台地平坦面では貯蔵穴4基を含む土坑が検出されている。

卜伝遺跡と谷を挟んだ対岸の台地には著名な石神貝塚が所在し，後期前葉の遺構も確認されている。別々の遺跡として扱われているが両遺跡を合わせて考えると，赤山陣屋跡西側低湿地および寺野東遺跡の同時期の景観と非常によく似た立地と構成となる（図1・4）。さらに興味深いのは両遺跡間の谷部で行なわれた石神貝塚第14次調査において，晩期の木組遺構2基が検出されていることである。以前より指摘されてきた当該期の遺跡立地

図5　エリ状遺構

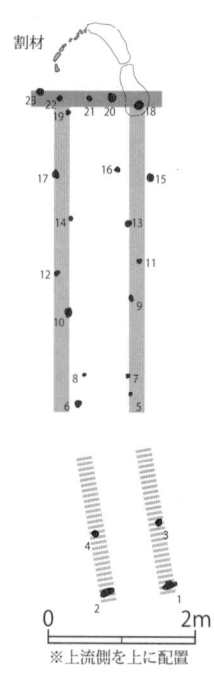

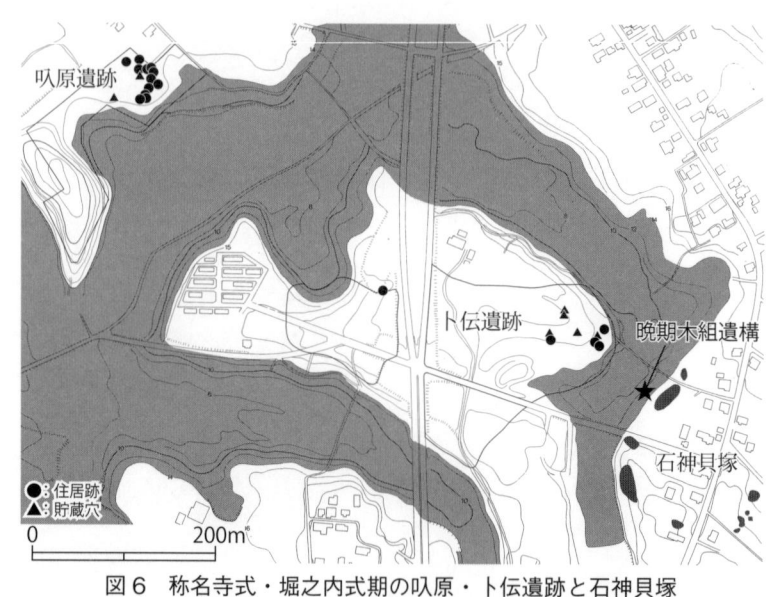

図6　称名寺式・堀之内式期の叺原・卜伝遺跡と石神貝塚
（宮崎朝雄ほか『卜伝』1980・吉田健二『叺原遺跡（先土器・縄文時代編）』1985 から作成）

の特徴，台地縁辺から斜面にかけて集落が展開するようになるのは，水場として利用しやすい谷との関係が縄文人によって重視されたためだといえる[9]。大宮台地の低地遺跡として著名なさいたま市寿能泥炭層遺跡も堀之内式期に低地へわたる木道の形成が認められており，この時期に低地への積極的な働きかけが存在したことは間違いない。

さて，視点をもう一度赤山陣屋跡西側低湿地に戻してみよう。注目されるのは「エリ状遺構」とされた9対23本の杭列である（図4・5）。堀之内式期に比定されたこの遺構は，検出状況から当時の水際に設置されていたと推測されている。

杭列の長軸は等高線に直行し，斜面上方側にはクリの割材による半月形の「囲い状の施設」が設けられている。杭以外に構成材はみつかっていないが，木材の固定に杭が使われていたとすると，長方形に組んだ木組遺構が存在した可能性が高い。この構造は，先述した寺野東遺跡のSX077（図1右下）とよく似ており，また囲い状の施設と木組みとの接続部分に多くの杭が打ち込まれる

という点でも共通する。こうした特徴から「エリ状遺構」は縄文時代後・晩期の木組遺構と同様の施設であったと思われる。栗島義明は本遺構について，基本的には湧水を利用した木組遺構のひとつと指摘している[10]。ここで重要なのは赤山陣屋跡遺跡において後期前半にはすでに定型化した木組遺構が構築されていた可能性があるということである。

つづく加曽利B式期の様相が不明瞭だが，西側低湿地では安行式期に板囲い遺構とトチの実加工場跡と呼称された木組遺構が構築される（図4）。周囲から当該期の居住施設は検出されておらず，少なくとも縄文時代晩期には場の性格が集落から離れた作業場的なものへと変容する。近接する石神貝塚，宮合貝塚，猿貝貝塚は晩期中葉まで続く長期継続型集落であり，これらの集落の共同作業・管理が行なわれた場と考えられている[11]。

5　長期継続型集落の形成と木組遺構

関東地方の縄文後期中葉から晩期中葉には，中期の環状集落に比べても継続期間の長い集落が東部および北部を中心に営まれた。寺野東遺跡およ

び赤山陣屋跡遺跡周辺の縄文時代の集落の動向で注目すべきは，長期継続型集落形成の前段階にあたる称名寺式～堀之内式期に低地への積極的な働きかけが認められ，木組遺構の形成もほぼこの時期から確実視できる点にある。これ以降木組遺構の検出事例が増加するが，安定した集落の維持と相関関係があることは間違いないだろう。

関東地方の後・晩期の木組遺構は，水の湧出する地点を掘り込み木枠で囲うなど，積極的に湧水環境に手を加えている。寺野東遺跡では木組遺構以外にも湧水箇所を掘り込んだ跡や谷部の地形を改変した跡が多く検出されている。一定空間に継続して居住するためには，水資源を恒常的に管理する仕組みが必須条件だったのだろう。こうした点を前提とすると，木組遺構は湧水地点の維持・管理＝清潔な水の恒常的な確保を第一義とする施設と考えられる。

さらに別の側面として木組遺構には貯水部の下流側に木組みや木敷きなどを併設する例が圧倒的に多い。寺野東遺跡の木組遺構を分析した江原はこの部分を作業部と定義している[12]。こうした構造，つまり固定的な作業場を設置するということは水を用いた作業が定型化したものであったことを示唆している。集団内もしくは地域内において湧水箇所での作業が，生業活動の中で確固とした位置を占め組織化されていたことを木組遺構の存在は端的に示している。湧水地点での「水資源の維持・管理」と生業システムにおける「水を利用した生業の定型化と普遍化」，この両方が長期継続型集落の形成と維持の基盤となったといえる。

次に少し木組遺構から視点をずらして，この時期の石器組成を報告書のデータから概観してみよう。赤山陣屋跡遺跡の称名寺式・堀之内式期の石器組成は，磨石・敲石・石皿といった植物質資源の加工具が主体を占め，分銅型打製石斧が一定量伴うようになる。また寺野東遺跡では漁労網のおもりとされる石錘の激増，磨石類の増加傾向がこの時期に認められる。石器組成にみられるこうした変化は，両地域の後期中葉以降の石器組成の特徴といえ，この時期にそれぞれの地域のいわゆる後・晩期的な道具組成が整えられていったとみるべきだろう。土器に関しても，精製・粗製土器という土器群の構造変化が堀之内２式期に認められる。

後期中葉以降の長期継続型集落の形成を射程に入れた場合，木組遺構の存在が示す「水資源の維持・管理」と「水を利用した生業の定型化と普遍化」が長期に集落を営む上での基盤であり，生業における重要なシステムの一部であったと考えた。さらに上述したような生産用具に表われた変化もこれと連動したもので，安定した定住生活を維持する基盤となったのだろう。

6　木組遺構の構成と地域性

最後に，木組遺構の構成に地域性は存在するのか，寺野東遺跡と赤山陣屋跡西側低湿地の晩期の木組遺構を比較しながら考えていくことにしよう。

図７は寺野東遺跡，赤山陣屋跡西側低湿地から検出された晩期の代表的な木組遺構である。図７左上は寺野東遺跡のSX075で，谷部の中央を隅丸方形に掘り，主に板材によりほぼ正方形をなす井戸枠状の木組みが設置された遺構である。図７右上は赤山陣屋跡西側低湿地の板囲い遺構で，長方形状の掘方の壁面を板材による木枠で囲っている。ちなみに先述した石神貝塚の西側の谷でみつかった晩期の木組遺構は，正方形を呈する井戸枠状の木組遺構である[13]。集落か否かにかかわらず必要とされた基本形態と考えてよいだろう。

次にSX048（図７左下）は規模の大きな木組遺構で，木枠が３つ連結した形状を呈する。図７右下は赤山陣屋跡西側低湿地のトチの実加工場跡で，木枠内が５つに区切られた形状となっている。SX048と比べると材の組み方や規模が全体的に小振りな点など差異があるが，よく似た構造といえる。隣接した場所からトチ塚が検出された

ことから，トチノミのアク抜き処理を行なった遺構と考えられた。

さて，SX075と板囲い遺構，SX048とトチの実加工場跡というように，寺野東遺跡と赤山陣屋跡西側低湿地から検出された晩期の代表的な木組遺構を比べると，よく似た対応関係を示し両遺跡で保有する木組遺構のセットに大きな違いは認められない[14]。では木組遺構からみた場合，地域的に離れている寺野東遺跡と赤山陣屋跡遺跡の間に違いは存在しないのだろうか。

赤山陣屋跡遺跡を調査・分析した金箱は，赤山陣屋跡西側低湿地からみつかった水場および木組遺構は周辺集落が共同で管理する協業の場であると考えた。その根拠が，西側低湿地近辺から当該期の居住施設が検出されないこと，周囲1km弱の圏内に当該期の長期継続型集落である石神貝塚・猿貝貝塚・宮合貝塚が密集して存在すること（図2）などがあげられた[15]。

これとは対照的に寺野東遺跡では当該期の集落が水場直上の環状盛土遺構に求められる反面，周囲4km圏内に縄文時代後・晩期の長期継続型集落は認められない。寺野東遺跡を調査・分析した江原は，上記の理由から寺野東遺跡の木組遺構が複数集団による共同管理とすることには慎重である。

金箱のあげた状況証拠から，赤山陣屋跡西側低湿地の水場遺構が複数の集落（集団）により共同作業の場として管理された可能性は高い。その一方で石神貝塚直下の谷部から木組遺構が検出されたことは，同一遺跡群内の集落には，寺野東遺跡のようにそれぞれに付随する水場が基本的に設けられていることを示している。赤山陣屋跡西側低湿地が集落から分離独立した特徴的な水場であることがこのことからより鮮明となる[16]。

これとは異なり，寺野東遺跡では集落の構成員が単独で水場を管理し，赤山陣屋跡西側低湿地のトチの実加工場跡と共通するSX048のような大型の木組みを使った生産活動も行なったのだろ

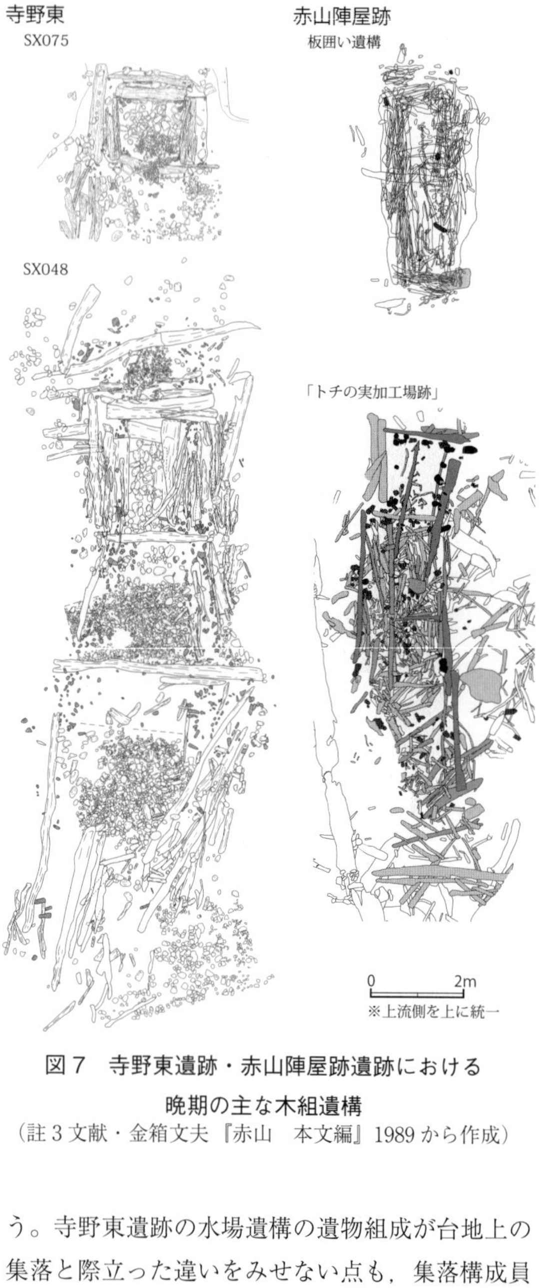

図7　寺野東遺跡・赤山陣屋跡遺跡における晩期の主な木組遺構
（註3文献・金箱文夫『赤山　本文編』1989から作成）

う。寺野東遺跡の水場遺構の遺物組成が台地上の集落と際立った違いをみせない点も，集落構成員が日常的に水場周辺を利用したことを端的に示す状況証拠と言えそうだ。赤山陣屋跡西側低湿地では祭祀的な遺物が集落と比べて極端に少ないことや，土器の器種組成も集落とは異なっている[17]。

すなわち木組遺構の構成というハード面からみた場合には共通性が認められるが，木組みを用いた生産活動に関わる集団関係といった運用面にお

いては，赤山周辺ではその一部を複数集落で協業し，寺野東では集落単独で行なっているという地域性が想定されるのである。

7 まとめ

以上，水場遺構，とくに縄文時代後・晩期に東日本で急増する木組遺構の歴史的意義と地域性について考えてきた。歴史的意義については，長期継続型集落の経営を支えた仕組みのひとつとして，水資源の恒常的な維持・管理および水を利用した生業の定型化と普及（一定の時空間的な広がりの中で生業システム内に定着し様式化した）が重要であったことを木組遺構の存在が示していると考えた。また長期継続型集落を支える仕組みとしての共通性を示しつつも，木組遺構を用いた生業に関わる集団編成に地域による違いが存在することを，寺野東遺跡と赤山陣屋跡遺跡を比較することで指摘した。

冒頭に戻るが，縄文時代の枠組みの中でも時期や地域によって低地の利用形態も様々であり，同じ木組遺構を用いていても周辺の社会環境により上述のような地域性が存在する。木組遺構のみを切り取って議論するのではなく，こうした前提に立って各時期・各地域の歴史的脈絡のなかに正しく位置づけていくことが，今後の水場もしくは木組遺構の研究にとって重要と考える。地域研究の重要性がこうした点からも指摘できるであろう。

なお，紙面の都合上取り上げるべき多くの先学の研究を紹介できなかった点，無礼をお許し願いたい。またそれぞれの発掘調査報告書については大部分省略させていただいた。

註

1) 佐々木由香「水場遺構」（『縄文時代の考古学5 なりわい』同成社，2007）において，水場遺構は全国49遺跡100基，関東地方で16遺跡52基があげられている。小論で扱う木組遺構は青森県岩渡小谷遺跡や近野遺跡で前期や中期の事例があり初源はさらに遡るが，関東地方で後・晩期に検出例が多いことは間違いなく，地域的な特徴と考えている。
2) 栗島義明「縄文時代の湧水利用」『埼玉考古』46，埼玉考古学会，2011
3) 江原 英「第5章 成果と問題点」『寺野東遺跡Ⅳ（縄紋時代谷部編）』栃木県教育委員会・小山市教育委員会・㈶栃木県文化振興事業団，1998
4) 渡辺 誠「水場研究の問題点」『考古学ジャーナル』405，1996
5) 栗島を中心にシンポジウム「縄文時代の資源利用―民俗学と考古学から見た堅果類の利用及び水場遺構―」（2012）が開催され，筆者も発表の機会を得た。小論はその際の発表内容を再構成したもので，明治大学大久保忠和考古学振興基金による研究成果の一部である。
6) 江原 英・初山孝行『寺野東遺跡 環状盛土をもつ関東の縄文集落』同成社，2007
7) 阿部芳郎「縄文のムラと「盛土遺構」―「盛土遺構」の形成過程と家屋構造・居住形態―」『歴史手帖』24―8，1996
8) 金箱文夫「水の確保と利用」『季刊考古学』64，雄山閣，1998
9) 宮内慶介「4. 福田貝塚・椎塚貝塚の現地踏査」（『共同研究報告書6』大阪歴史博物館，2012）で後期中葉以降の集落の選地条件として指摘したことがある。
10) 前掲註2に同じ
11) 阿部芳郎「食物加工技術と縄文土器」『季刊考古学』55，雄山閣，1996，金箱文夫「埼玉県赤山陣屋跡遺跡―トチの実加工場が語る生業形態―」『季刊考古学』55，雄山閣，1996，前掲註8に同じ
12) 前掲註3に同じ
13) 佐々木由香・山崎真治「川口市石神貝塚（第14次）の調査」『遺跡発掘調査報告会』34，埼玉県考古学会，2001
14) 後期初頭～前葉ではSX077とエリ状遺構が対応するが，寺野東遺跡ではこの形態が晩期までみられる。赤山陣屋跡西側低湿地では晩期に同様の木組みはないが，あるいは場の変容と関わるのかもしれない。
15) 前掲註11金箱に同じ
16) 前掲註1文献に同じ
17) 前掲註11阿部に同じ

第Ⅲ章　装身の技術と社会

貴石利用からみた縄文社会

—— ヒスイ・コハク製大珠が製作された意味 ——

栗島義明

1　はじめに

　縄文時代には様々な資源利用が図られているが，とくに注目すべきものの一つとして多種多様な石材資源の利用がある。石鏃や石匙，石錐など精巧な小型品を製作する時に用いた黒曜石や頁岩・チャート，石斧や礫器用として多用された硬砂岩・粘板岩・ホルンフェルス，石皿や石棒の素材となった緑泥片岩・安山岩など，縄文人たちは石器の形状や大きさ，性質や機能などを熟慮したうえで，厳密且つ執拗な石材選択・獲得を決して怠ることはなかった。事実，自らの生活用具・生産用具の生産に不可欠な石材獲得に費やした縄文人の情熱は，遺跡から出土する様々な石器石材に如実に反映されており，生活圏や隣接地域を中心として道具製作に欠かせない各種石材を入手するのが一般的であった。そのような背景が在ったからこそ，石器に用いられた石材は地域ごとに文様を違える縄文土器と同等か，それ以上に多様性に富む結果となったのである。

　そうした縄文社会のなかで，代替が困難な石材の代表が，装身具などの製作に用いられていた貴石＜ヒスイ・コハク＞であった。縄文時代を通じて身体各所を飾った装身具類の盛行には目を見張るものがあるが，その素材の多くは牙や骨・角，貝などであり，ヒスイとコハクのように産地が限定的且つ産出（採集）量が極めて少量の希少性に裏付けられたものはほとんど見当たらない。この希少な石材をどのような理由で特定の装身具の素材として採用したのか，限定された産地からどのように広域分布を形成したのか，本論ではこの2つの課題について検討を進めてみたい。

2　縄文人にとっての貴石

　ヒスイとコハク。この2つを貴石と捉える最大の理由はその希少性に由来する。言うまでもなくヒスイは新潟県糸魚川市（小滝川・青梅川）周辺にのみ産出し，一方のコハクは千葉県銚子市の犬吠崎（君ケ浜・酉明浦海岸）が代表的産地である。ヒスイもコハクも全国的にはいくつかの小規模産地が報告されているが，縄文時代の中部日本地域での貴石利用は，現状の研究成果から判断してこの2つの産地に限定して間違いない。

　ヒスイとコハクは，共に大珠と呼ばれる略楕円形状の垂飾りとして製品化されることが一般的である。この大珠は縄文時代中期に盛行し，不思議なことに後期へと続くことはなく，コハクもヒスイも丸玉・小玉など単体ではなく連珠へと変化しているようである。大きな珠として単体で機能した中期から後期への移行は，単に形態的な変位ではなくそれを用いた社会の変化であろうが，ここではその問題に立ち入る余裕はない。

　さて，第一に注目すべき現象が大珠という遺物製作に際し縄文人が選択した石材素材が，日本海側にのみ産出するヒスイと太平洋側に産出するコハクであったという事実にある。同一形態で同じ機能を担ったと考えられる大珠が，希少性に貫かれたこれらの貴石を利用した事実は極めて重要となろう。何故ならば，周知のようにヒスイとコハクは，その岩石学的性質が対極にあるからであ

コハク製大珠（長野県梨久保遺跡）　　　　　　　ヒスイ製大珠
（左より山梨県天神山，神奈川県東開戸遺跡，群馬県高崎情報団地Ⅱ遺跡）
図1　中期に製作された大珠

る。色調について言えばヒスイは白色を基調とした翠色，一方のコハクは橙色や真紅。硬度ではヒスイが7であるのに対し，コハクはわずかに硬度2である。また比重に関してはヒスイが3.0をやや上回るのに対してコハクは1.04～1.1を示し，「漂着コハク」という名が示すとおり，それは海水に浮く程に軽い。

仮に色調や硬度などを基準としたならば，透明や白色，紫などの色調を持つ水晶や，乳白色から橙色，赤色までと変化に富んだメノウの方が寧ろヒスイと比較し易く感じる。とくにメノウは硬度・比重共にヒスイに類似し，加えてその色調はコハクに近い。だが，縄文時代中期に水晶製・メノウ製の大珠は存在しないばかりか，これらを素材として用いた装身具も皆無と言って良い。我々の目からすれば，ヒスイ・コハクにも見劣りしない貴石とも言える水晶・メノウの美しさに縄文人は見向きもせず，寧ろその硬度と劈開性に注目してか，石鏃や石錐など小型石器の素材として利用されていた事実がある。その最大の理由について著者は，産地が複数地域に存在することと共に比較的多くの素材採取が可能であり，明らかに水晶もメノウも希少性という観点から判断すれば，ヒスイやコハクと比べると遥かに劣る石材であったからだと理解している。

ヒスイとコハク。中部日本の脊梁山脈を挟んで分布する日本海側の糸魚川と太平洋側の銚子という2つの原産地では，それぞれ長者ケ原遺跡と粟島台遺跡という採取・加工に係わる製作遺跡の存在が認められている。ヒスイ・コハクが原産地で採集された後に地域の拠点的遺跡に集積され，そこで粗割・整形されていたことは，これらの遺跡の出土品を見ても間違いあるまい。ただし，従来から指摘されているように「研磨・穿孔」までの製品化工程のすべてを原産地で遂行したとする確たる証拠はなく，各地への交易用として原石から未製品状態への加工のみをこれら製作遺跡が担っていたと評ずべきであろう。近年，原産地を離れた遺跡からヒスイ原石や未製品の出土事例が増加していることは，こうした理解を裏付ける具体的な証拠と言える。

ところで，関東甲信越地域で数百事例を誇るヒスイ製大珠の出土事例を概観すると，不思議なことに原産地周辺の新潟県西部や長野県北部での分布は極めて希薄となっている。その一方で原産地を離れるに従いその密度は増し，200kmから300kmの距離を隔てた関東地方西部（東京・神奈川）や北東部地域（栃木・茨城）では，一転して濃密なヒスイ製大珠の分布が確認される。同様な現象はコハク製大珠でも認められており，原産地であ

新潟・福島ルート

糸魚川

長野・山梨ルート

ヒスイ製大珠の分布

ヒスイ・コハク製大珠が希少性を増幅させ最高位の威信表示を担った地域

銚子

コハク製大珠の分布

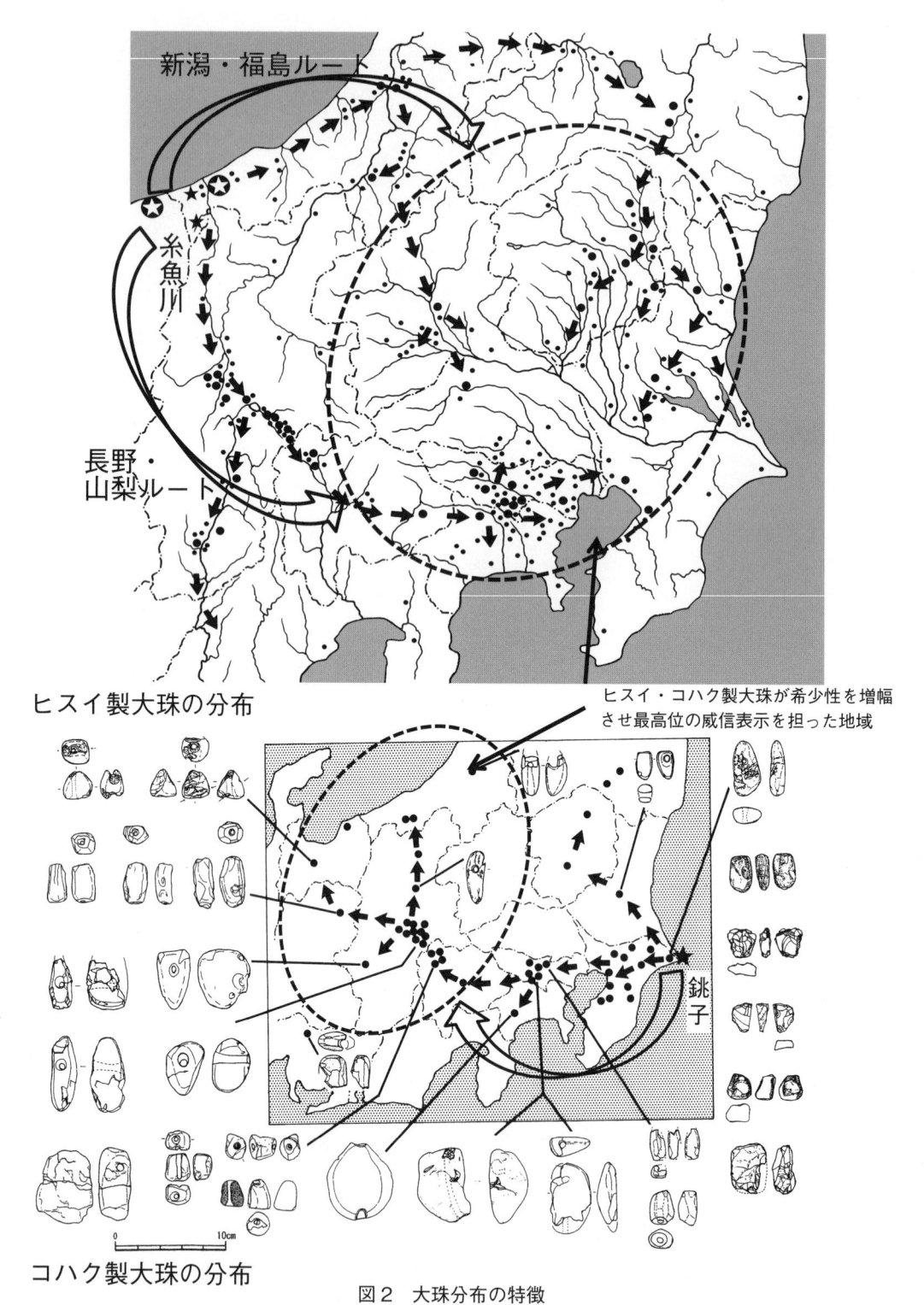

図2 大珠分布の特徴

ヒスイやコハクなどの貴石を用いた大珠は酷似した分布状況を示す。石材を違えながらも希少素材が絶対的条件として成立した，威信財の社会的背景と機能を明示している。原産が限定され，その産出も少ない貴石は，原産地から300kmを超えた地域では希少性が増幅し，地域社会にとって最高位ランクの財として認知されていたらしい。

る銚子犬吠碕から200km以上離れた山梨県北部から長野県にかけての地域から，最も多くのコハク製品が検出されているのである。

ヒスイもコハクも採集・製作に係わる原産地周辺には製品がほとんどなく，遠く離れた場所へと製品が運ばれた事実は，一体何を物語っているのだろうか。その答えを解くキーワードこそが「希少性」にあると著者は考えている。

縄文時代中期社会に盛行した大珠という特異な形態の遺物は，実は素材となった貴石の色調や硬さ，質感や光沢などよりも寧ろその希少性にこそ価値が見出されていた可能性がたかい。次に，何故に大珠という遺物がヒスイとコハクという貴石との親和的関係を構築したのか，その意味・背景について考察してゆこう。

3　交叉する社会的な財

ヒスイ原産地が日本海側に在り，一方のコハクの原産地が太平洋側に在ることは単なる偶然であろうか。無論，それは単に石材産地の空間的配置のことではなく大珠という遺物素材に選択された貴石が，脊梁山脈を挟んだ中部日本地区の南北にそれぞれ唯一産出する希少石材であったという事実にある。その点で硬度・色調が酷似するメノウや水晶などは，複数の産地を有することを主な理由として，縄文人にとっては石器石材としての評価に留まっていた点は注視されてよい。

著者が中部日本地域でのヒスイ製大珠の集成を進めてゆく過程でまず気付いた点が，大珠出土例が環状集落などの地域における拠点集落にほぼ限定されるというその偏在的分布にあった。それ故にこの遺物が個人や特定世帯との対応関係を持つものではなく，集団や地域社会との結びつきを持つ蓋然性のたかいことが理解された。加えて当該遺物の特徴として，通常の装飾品などとは相違して遺構内出土事例が極めてたかいという事実が浮かび上がってきた。環状集落での出土，しかも土壙内出土事例が多いという事実から，ヒスイ製大珠を佩用した人物が環状構成をとる墓域内で，どの場所に埋葬されているのかを明らかにすることが可能となった。遺物と遺構との関係から，その社会的背景や機能性を追研する道筋を得られる可能性が開けてきたのである。

ヒスイ製大珠は関東地方では環状集落の中央空間を構成する墓域，とくにその中心部に設けられた土壙内に副葬される傾向が強い。しかも概してそれは環状集落形成の初期段階に帰属する時期であることから，著者は集落の始祖や長（オサ）が葬られた蓋然性がたかいものと判断した。企画性の高い，従って極めて計画的な構成を持つ集落構造を鑑みるまでもなく，その基点とも言える中心部へと埋葬される人物の社会的地位は自ずと想像されてこよう。逆説的に言えばヒスイ製大珠は，そうした集落（集団）内での唯一無二の人物に対する位階表象を担った遺物であったと見做すことも可能となってくるのである。環状集落内でのヒスイ製大珠の出土例については，群馬県三原田遺跡，栃木県八剣遺跡，茨城県坪井上遺跡，埼玉県北塚屋遺跡，東京都滑川遺跡などをその典型として挙げることができよう。

しかし原産地に近い甲信越地域では，ヒスイ製大珠が環状集落から出土するものの，関東のように中央部の土壙ではなく，その周辺部の墓群内から，しかも複数点検出される傾向が顕著である。山梨県甲ツ原遺跡，長野県聖石遺跡・中ツ原遺跡・梨久保遺跡，新潟県中道遺跡，馬高遺跡などがその好例と言える。何故，同じヒスイ製大珠でありながらもその出土位置，換言するならば副葬された墓壙の空間的位置が著しく相違しているのであろうか。

こうした様相の相違点に注目した著者は，以下のような解釈を提示した。即ち，ヒスイ製大珠は関東地方ではその希少性を背景として環状集落内の唯一無二の人物，集落の始祖なり長（オサ）を

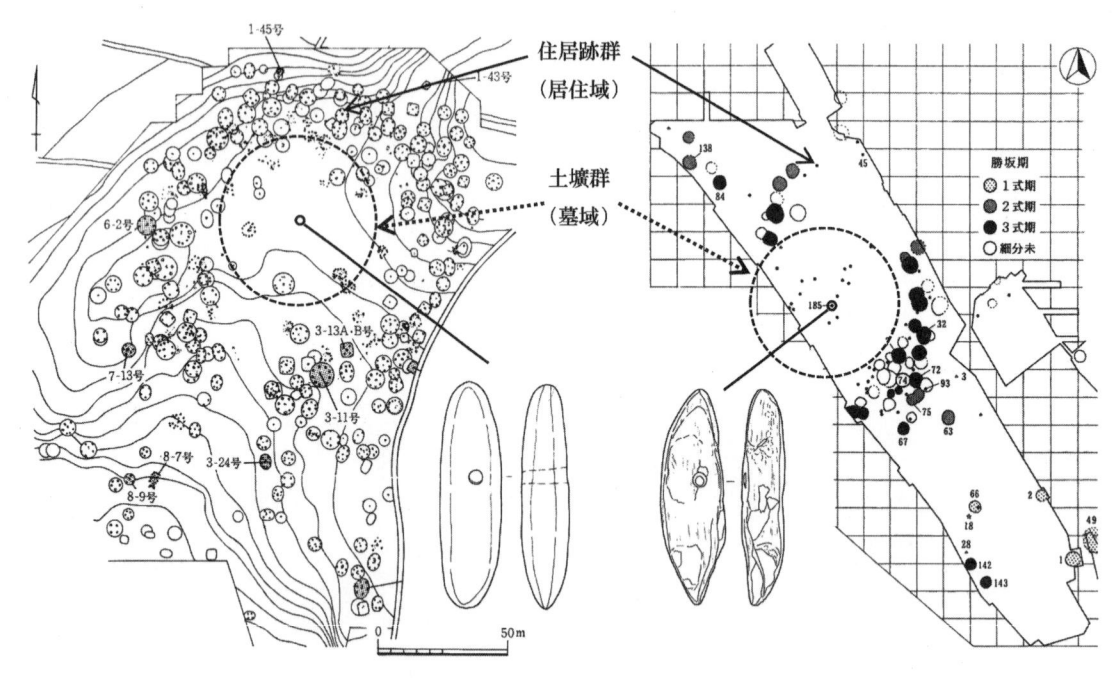

図3 環状集落の墓域中央土壙から出土するヒスイ製大珠
（左：群馬県三原田遺跡，右：東京都忠生遺跡）

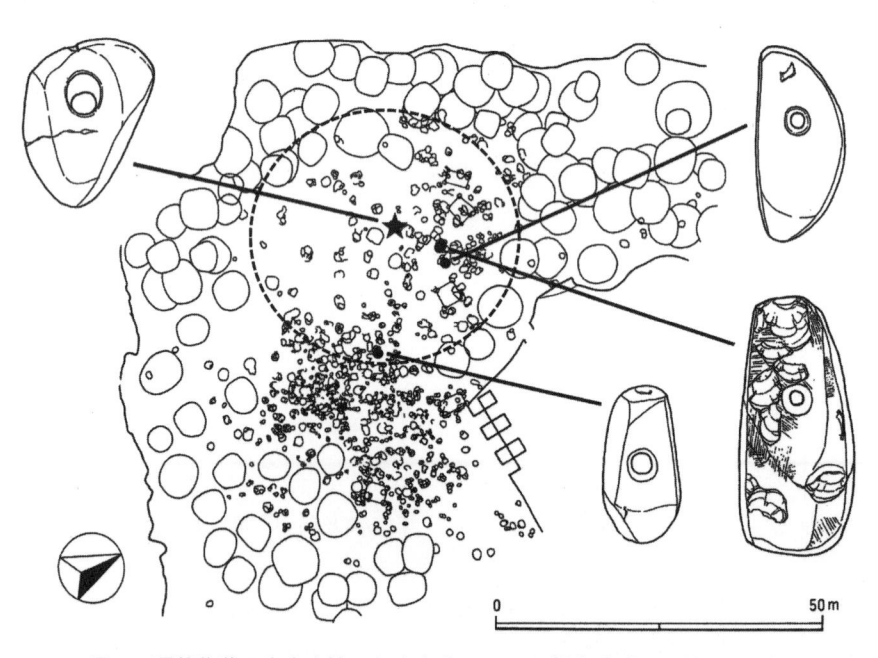

図4 環状集落の中央土壙から出土するコハク製大珠（長野県棚畑遺跡）

★印がコハク製大珠　●はヒスイ製大珠
中部地方ではコハク製大珠の方が希少・貴重だったことが埋葬空間から判別可能となる。

表示する財として見做されていたものであり，環状集落での保有数やその出土位置がそのようなヒスイ製大珠と集落内の高位位階との結びつきを明示している。一方で甲信越地域では，明らかにそれよりも低い社会的扱いが明瞭に見てとれる。それは集落における大珠の出土点数から見ても疑う余地はなく，原産地周辺ではヒスイ自体が人々の見慣れた希少価値の低い社会的財と見做されていたからに他ならない。

如何に美しく硬くて比重があっても，それが社会的に評価されず，価値を付与されないことは先の水晶やメノウなどに対する縄文人の扱いからも肯首されよう。原産地から離れるに従ってヒスイはその希少性が増幅し，社会的な価値が高まってゆき，結果として関東地方では最高位ランクに位置づけられる財素材となるに至ったと考えたいのである。

さて，こうしたヒスイ製大珠に対する著者の仮説は，コハク製品の分析を通じて検証可能となった。中部日本地域におけるコハク製大珠の出土点数は未だに少ないものの，その原因は脆弱なコハクの検出方法に由来するものと考えられ，潜在的にはヒスイと同様広域的にしかも数多く分布していたものと考えられる。興味深く且つ看過できない点は，コハクについてもヒスイ製品と同様に原産地周辺（銚子市周辺や千葉県域）よりも寧ろ200km以上の距離を隔てた，山梨から長野県南部地域にかけて多くの製品，とくに大型品が濃密に分布しているのである。資料点数の多いヒスイ製大珠でも10cmを上回る大型品については，原産地周辺にはほとんど見出せず，関東や東北地方に目立って多く分布する傾向がある。それらは大型であると共に優品であるという共通性に貫かれ，ヒスイもコハクも大型の優品は，原産地やその周辺にではなくより遠くへと運ばれていったようである。それは遠くに運ばれることで，希少性を背景にその社会的価値が増大することと決して無関係ではなかったからであろう。

コハク製品の集落内での分布も見逃すことができない。甲信越地域での検出件数は決して多くはないものの，そのほとんどが集落内の墓壙内出土事例である。それらを見ると，環状集落の中央部土壙内にコハク製大珠が副葬されている事例（山梨県甲ッ原遺跡，長野県棚畑遺跡・太田垣外遺跡）が確認されている。関東地方におけるヒスイ製大珠と同様に，コハク原産地から離れた甲信越地域ではその希少性を背景として，コハク製大珠が集落の唯一無二の人物位階と結びつき，社会的にその人物を表示する機能を負っていた蓋然性がたかい点が指摘できるのである。

4 選択された財

縄文時代を代表する石器である石鏃。小型の両面加工石器，しかも薄く左右対称形に仕上げられるこの石器製作には，硬く劈開性に富んだ黒曜石や頁岩，チャート，サヌカイトなどが好んで用いられている。地域ごとに入手が容易な石材を中心に数種の石材構成を持つのが通有であるが，その割合は原産地からの距離と相関関係を成立させている場合が多く，関東ではチャート製を主体に黒曜石製が補完的に組成し，長野・山梨などではその逆となる傾向が顕著である。関東ではそこに安山岩や頁岩，凝灰岩，メノウなど，地域ごとに産出する在地系石材を交えた石鏃構成が確認されており，逆説的には出土石鏃の石材構成比を見れば，どの地域の遺跡であるかを大凡特定することも決して困難ではない。こうした背景には石鏃素材として不変な機能的属性（硬度・緻密さ・劈開性）が深く関わっており，それを基準として縄文人たちが地域ごとに石材選択を進められていたからに他ならない。

先に見た通り，大珠の素材となった2つの貴石＜ヒスイ：コハク＞は，その色調・硬度・比重が著しく相違し，ある意味では対極に位置している

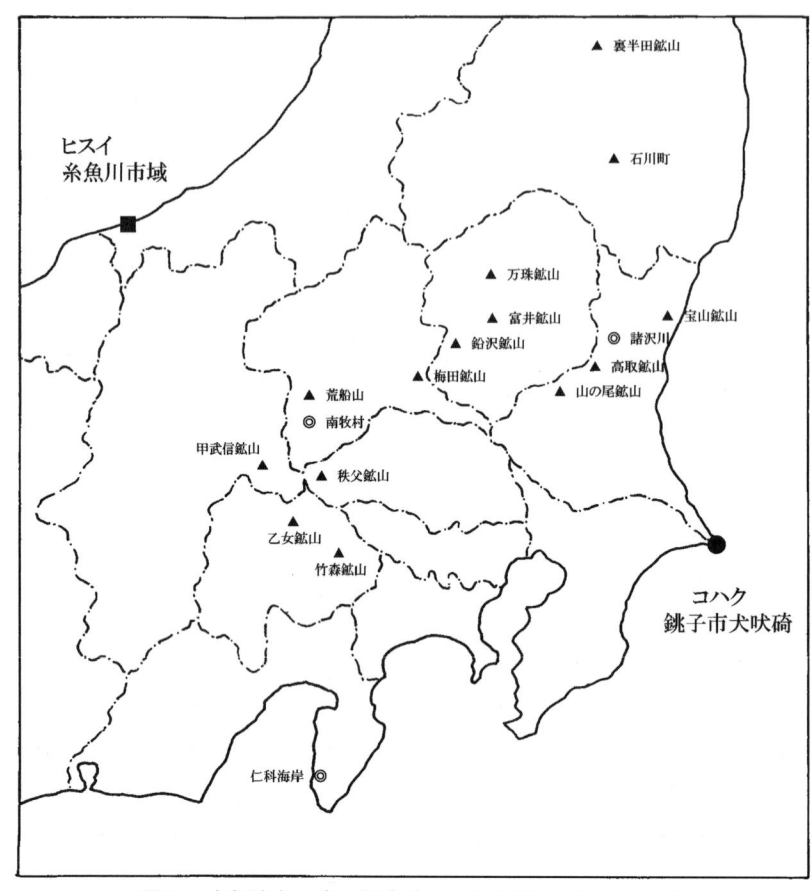

図5　中部地方の貴石類産地　▲水晶産地　◎メノウ産地

の産地は糸魚川周辺と銚子市犬吠碕周辺に限定されており，しかもそこでの産出・採集量は極めて少ない。ヒスイとほぼ同じ硬度を持つ水晶やメノウ，とくに後者のメノウは真紅の色合いなど決してコハクに勝るとも劣らない貴石と言えるが，いずれも大珠素材どころか装身具素材としても利用されていない事実がある。黒曜石やチャートなどとは比べようもないが，水晶は山梨・長野両県下に大きな産地があり，埼玉県・群馬県・栃木県・茨城県下にも小規模ながら産地が存在する。

メノウについては茨城県下に大規模な産地があり，ほかにも栃木県や群馬県・長野県下で小規模な産地が知られており，さらには周知のとおり日本海側の各県下に中規模の産地が複数存在している。こうした中核的な産地に加えて中・小規模な産地が各地に存在すること，即ち水晶もメノウもヒスイ・コハクに劣らず硬くて美しいものの，希少的な価値という観点からすれば，縄文人にとって比べようもない馴染み深い石材資源に留まっていたものと推察されてくるのである。

そもそも大珠は長楕円形の極めて単純な形態であり，穿孔はなされるものの列点や線刻，加工などは一切施されることがない。ほかの装身具とされている各種の遺物，鹿角製の髪飾や土製耳飾，鹿角・骨製の腰飾など精緻な文様の施された資料

と言っても過言ではない。だが，両者は同じ形態の考古遺物へと仕上げられ，一種の「装飾品」として研磨・穿孔を経て特定人物の胸部を飾ることとなる。何故，同じ考古遺物である大珠が，ヒスイとコハクというまったく性質を違えた石材を素材として採用したのであろうか。

著者はその最大の理由・背景を知るキーワードが希少性にあり，素材として用いられた貴石そのものの性質にではなくて，少なくとも石材が有する硬さや色調，比重などの属性ではなく，希少性こそが最も重要な要素であったものと推察している。言うまでもなくその希少性とは第一に限定的な産地にあり，第二点としては原産地における産出・採集可能な数量に由来していたと考えている。その意味でヒスイもコハクも中部日本地域で

と比較した場合にその差は一目瞭然で，大珠という遺物が素材となるヒスイ・コハクという貴石自体に大きな意味を付与していたことが再認識されるであろう。メノウや水晶，玉髄や碧玉などは固くて美しく，しかも比重も2.5を上回ってはいるものの，決して大珠素材に選別されることはなかった。何故ならば，大珠という遺物がそもそも集落内の特定位階の人物を表示するための財（威信表示具）としての社会的機能を担ったものであり，特定の位階に結びつくには地域社会の構成員すべてが共通して認める希少財でなくてはならなかった。その点で水晶やメノウ，碧玉・玉髄などは確かに美しいかも知れないが，縄文人たちが大珠に込めた意味は見た目の美しさばかりではなく，並外れた希少性にこそ在った。はるか遠方に由来する希少石材であったヒスイは，人々が目にする機会の無いがために集落内の最高位階に結びつき，その人物を表示す財としての地位が付与されたものと考えられる。集落内における唯一無二の人物，その表象を担うには構成員が普段決して目にすることのない希少性に由来する貴石でなければならず，そのために関東ではヒスイ，甲信越ではコハクが，それぞれ最高位の人物表示の威信財として社会的に受け入れられていたに違いない。

こうした社会的背景があったからこそ，数ある貴石のなかでもとくにヒスイ・コハクを素材とした大珠が，地域を違えて環状集落の墓域内中央墓壙に副葬されることになったものと推察する。奇しくも両者は中部日本の脊梁山脈を隔てて，南北に対峙した海岸沿いに産地を持ち，その距離は直線で300km以上，道程として約400kmを測る。産出地が限定され，しかも互いの産地が遠く離れていたが故に両者は交叉的に価値を違え，結果的に互いが交換対象となっていたのであろう。このような財交換のシステムを確立した縄文人の知恵には，感服するしかないというのが著者の偽らざる心境でもある。

5 流通ルートの姿

ヒスイとコハクを用いた大珠製品の分析から得られた成果は，縄文人たちが広範な交易活動をお

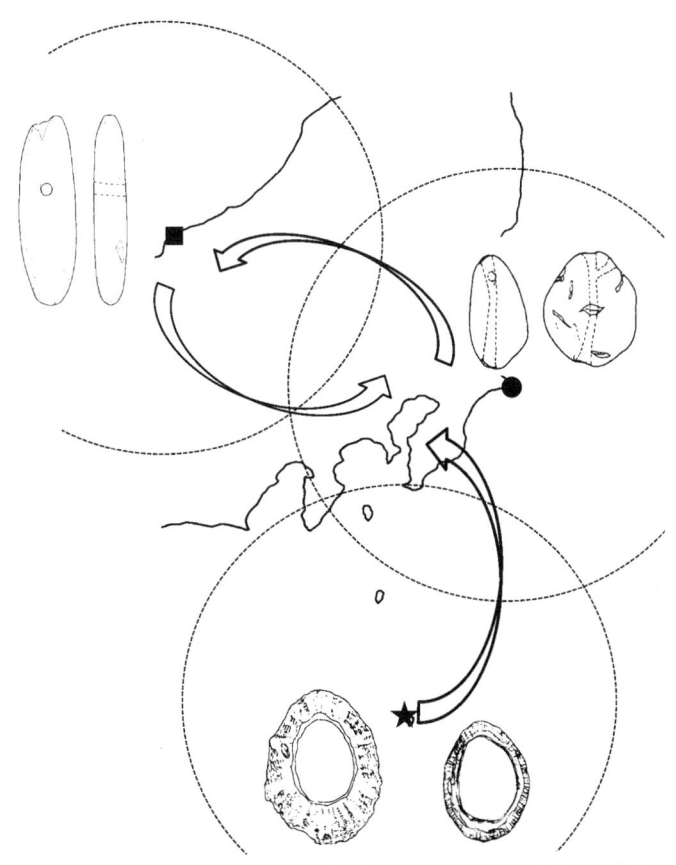

図6　ヒスイ（■）・コハク（●）・オオツタノハ（★）の産地
限定的に産出・採取される希少資源が，その価値を増大させる遠位地への交易を目的として地域集団によって積極的に開発されていた。こうした交換価値を持つ資源の開発が中期以後に活発化していったものと推察される。破線は200kmの範囲を示す。

こなっていたという単純な理解にとどまらない。確かにヒスイ製大珠は東北北部から北海道北部に至る地域に分布するが、それらが「交易」された実態については不問とされたままで、具体的分析が試みられたことはなかったとの印象は強い。最大の盲点は、ヒスイ製大珠の分布実態の把握が不十分であったことと、分布解釈に際しての有効な比較研究を見出せなかった点にある。その反省を含め、同一の考古資料がコハクを素材として製作され広く分布していた点に着目し、両者の比較研究を進めることで交易実態の研究へとに迫ることが可能となった。

いくつかの成果を確認しておこう。ヒスイ製大珠は「原産地を離れて遠くに分布する」のではなく、「原産地周辺には疎らであるが、200km以上離れるに従って分布密度がたかくなり、しかも大型品や優品が目立つ」のがその内実であり、しかもその分布には明らかな流通ルートの形成が介在している。この社会学経済学的な要因には、財を巡る需要と供給との関係性、貴石を素材とした財が計画的に地域社会を単位として頻繁に交易されていた実態を反映しているのであろう。

中部日本地域で確認された「新潟・福島ルート」・「長野・山梨ルート」などは、決して大珠交易に限られたものではなく、否、寧ろヒスイ・コハクという遺物存在によって可視化されたものであって、その実態は中期社会における物流の大動脈であった蓋然性がたかい。事実、これが山間部から丘陵部、平野部、そして海浜部を結ぶ経路をなぞるように形成されていることは容易に推察されるのである。

著者がヒスイ・コハクに注目するのは、この分析・検討を通じて縄文社会の物流経済に関する一つのモデル構築が可能との見通しを得ているからである。八丈島など南海の孤島にのみ生息するオオツタノハなど希少貝の獲得も、実は貴石利用と同じ社会的意義を有していた可能性が高い。各種の貝製品や動物骨などの分布についても、貴石分析から得られたモデルを足掛かりとして、従来とは相違した評価・解釈が視野に入ってくるに違いない。

6 まとめ

最後に確認しておかなくてはならない点がある。縄文時代に見られる各種装身具は、前期以後に著しい発達を遂げて中期・後期・晩期へと存続してゆく。本論で再三指摘したように、各種の装身具を集団内での特定個人がその位階や集団内で担うべき役割を表示するという社会的機能を負っていたとすれば、各種装身具の発達が前期以後の集団化（拠点集落の形成：定住化）と機を同じくしていることは決して偶然ではあるまい。

分散して遊動した世帯が寄り添って集落形成が図られ、定住化と共に促進される集団の社会化・組織化が引き金となって生成した構成員の役割や、各世帯の来歴、さらには集落群を交えた地域社会での類別・差別化は、各種装身具の発達を促した原動力こそであったのだろう。ならば、社会的な必要性こそが基底にあり、その結果として各種装身具が生み出されたと考えるべきである。前期以後の縄文社会が複雑化・組織化する過程で生み出された各種の装身具類や威信財を検討することは、従来の型式学的研究では見えてこなかった集団と個人との相関関係を追究する有機的視点を内包している。著者らがこれらの遺物研究を進める意図は、まさにこのような明確な背景と理由を持つからなのである。

引用・参考文献

相京和茂「縄文時代に於けるコハクの流通（下）」『考古学雑誌』91-3、2007

栗島義明「ヒスイとコハク～翠と紅が織りなす社会関係～」『移動と流通の考古学』雄山閣、2010

栗島義明「コハクの利用と縄文社会～粟島台遺跡とコハク～」『考古学ジャーナル』627、2012

寺村光晴『日本玉作大観』吉川弘文館、2004

土製耳飾りのサイズと着装

吉岡卓真

　考古遺物一般において，土器や石器などの実用的利器からその使用者を直接知ることは難しい。その点，非生産用具である装身具は，その使用者を絞り込むことのできる数少ない遺物の一つである。

　中でも土製耳飾りは，その出土量，および土製という性質上，石や骨，貝，木などの材質から作られたほかの装身具よりも，型式学的研究に優れている。さらに着装の目的や役割を考える上で考古学黎明期より注目されてきた視点も重要である[1]。それは初めから大きいサイズの着装はできず，小さいものから徐々に大きなものへとサイズ変更を行なわなければならないこと，そのサイズ変更の過程は不可逆なものであるという事実は，着装者のライフステージと継続的な身体装飾の関係性を考察する上で留意すべき点であろう。

　本論では関東地方における縄文後晩期の土製耳飾りについて，時期ごとの様相を概観し，とくに形態装飾の発達する晩期前葉の耳飾りに焦点をあて，形態・装飾・サイズの観点から着装の選択性およびその果たした役割について考察を行なう。

1　各時期の耳飾りの様相

(1) 後期前葉

　堀之内式期における耳飾り出土事例は決して多いとはいえないが，各地で散見される（図1-1～5，以下（ ）数字は図1の番号を示す）。この時期の耳飾りは文様の無い小型品が多い。

　千葉県市原市武士遺跡は，堀之内式期の住居址が207軒検出された大規模な集落遺跡であるが，耳飾りを出土した住居址はわずか3軒にとどまり，その出土数の少なさが際立つ（1）。また，酒々井町伊篠白幡遺跡も20軒の住居址が検出された堀之内1式期を主体とする集落遺跡であるが，包含層中から1点のみの出土である（2）。

　そのほかに，千葉市加曽利北貝塚で堀之内1式期主体の貝層中から1点（3），埼玉県加須市修理山遺跡（4），東京都小金井市武蔵野公園低湿地遺跡（5），茨城県大洗町大貫落神南貝塚からも各1点の出土がある。

　当該期の資料は，武士遺跡の出土事例からもわかるように，その数は極めて少なく，集落内での着装者が限られていた可能性が高い。

(2) 後期中葉

　加曽利B式期になると，堀之内式期に比べ出土数が若干増加するが，引き続き無文で小型のものを主体とする（6～13）。

　千葉市誉田高田貝塚からは，堀之内2式～加曽利B1式期の住居址内から検出された1号人骨付近から1点（6），さいたま市南方遺跡では加曽利B2式期主体の第6号住居址から2点（8・9），千葉県君津市三直貝塚からもSX-038人骨頭部の耳の位置から二個一対で検出された（10・11）。

　続く加曽利B3式期として茨城県鹿嶋市片岡Ⅱ遺跡SB14号住居址から1点（12），千葉県印西市馬場遺跡第5地点でも加曽利B3式～曽谷式期を中心とした20号住居跡から1点出土する（13）。

(3) 後期後葉

　曽谷式～安行2式期になると，耳飾りの出土遺

S=1/4

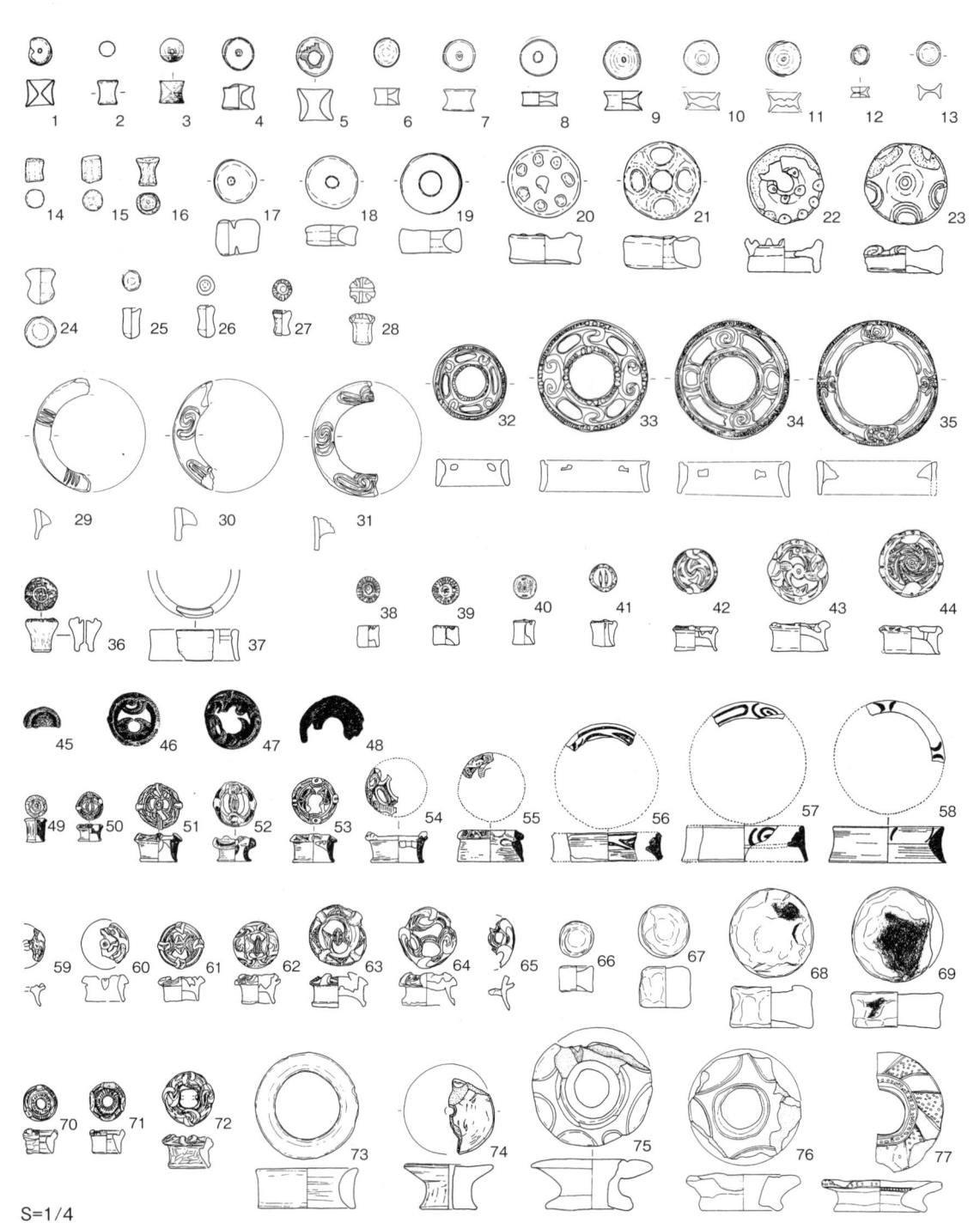

図1　後期前葉〜晩期中葉の土製耳飾り

（千葉県）1：武士　2：伊篠白幡　3：加曽利北　6：誉田高田　10・11：三直　13・29〜35：馬場
（茨城県）12：片岡Ⅱ　22・23・24：神立平　25・26：本田　27・28：上境旭台
（埼玉県）4：修理山　8・9：南方　17〜21：原ヶ谷戸　49〜58：馬場小室山　59〜65：東北原　66〜73：加能里
　　74：前窪　75：入耕地　76・77：後谷　（神奈川県）36・37：華蔵台
（東京都）5：武蔵野公園低湿地　7：西ヶ原　14〜16：吉祥山　38〜44：なすな原　45〜48：中宿

跡数や一遺跡における出土点数そのものが増加する。また，文様装飾を伴うものが一般化するとともに，大型品が加わり，サイズの多様化が見られる（17～35）。埼玉県深谷市原ヶ谷戸遺跡では，高井東式と安行1式を伴う第4号住居址から有文品と無文品が5点（17～21），茨城県土浦市神立平遺跡SI11住居跡でも原ヶ谷戸例と類似した有文品が2点検出された（22・23）。これらはいずれも前時期には見られない大型サイズである。

一方で小型品にも注目すべき形態変化が見られる。神立平遺跡の曽谷式～安行1式期のSI01住居跡のものは，逆「Ω」形を呈する無文品（24）で，同形品は，茨城県境町本田遺跡の安行1式期の第4号住居跡（25），第207号土坑（26）からも出土し，有文品は，つくば市上境旭台遺跡の第17B号住居から出土する（27）。

これらの小型品は後期中葉のものに比べて，縦軸の長さを増し，重量感のある作りに変化している点が注目される。

ちなみに後期中葉までの鼓形からの形態変化と重量増化の開始は曽谷・高井東式期に遡る可能性がある。東京都武蔵村山市吉祥山遺跡第2次調査の2号住居址からは，後期中葉のものとは形状の異なる無文小型品が3点出土する（14～16）。

続く安行2式期は，上境旭台遺跡第280号土坑から有文小型品が1点（28），大型品は，馬場遺跡第5地点で安行2～3a式期の第2号住居跡から環状のものが10点以上出土する（29～35）。

(4) 晩期前葉

安行3a～3b式期になると，文様装飾がさらに発達した耳飾りが登場し，出土遺跡数や数量がピークに達する（36～73）。

この時期に特徴的に見られる小型でキザミ装飾を施した有文品の事例として，神奈川県横浜市華蔵台遺跡の42号住居址から環状品と共に1点（36・37），東京都町田市なすな原遺跡の第134号住居址で7点（38～44），東京都青梅市中宿遺跡の第1号住居跡から4点（45～48），群馬県桐生市新屋敷前遺跡の1号住居跡から3点，同6号住居跡から11点，栃木県足利市神畑遺跡から1点出土する。また安行3a～3c式土器を出土する，さいたま市馬場小室山遺跡第5次調査の第51号土壙で9点（49～55），東北原遺跡第6次調査の第2号住居跡から7点（59～65），飯能市加能里遺跡第8次調査の1号住居跡から4点（70～72）出土しており，安行3b式期を中心に安行3a～3c式期の遺構で確認できる。そして，各遺跡ではこれらの有文品と共に俵形や円盤状を呈する無文品や着装部径が5cmを超える環状の大型品などが加わる。

(5) 晩期中葉

安行3c～3d式期には中央に穿孔を施し，文様施文面が広がる作りで，沈線や刺突を施した簡素な装飾を伴う資料が見られる（74～77）。ただし，出土数は晩期前葉に比べて大きく減少し，この時期以降，耳飾りの出土は低調になる。

埼玉県白岡市入耕地遺跡第1地点の安行3b～3c式土器を伴う第7号住居跡から有文品が1点（75），さいたま市前窪遺跡第3次調査の安行3c～3d式期の第1号住居跡から無文品が1点（74），桶川市後谷遺跡ⅠB区の安行3c～3d式期主体の包含層中より2点出土する（76・77）。後谷遺跡の2例は無文部を削りだし，穿孔部周囲の円文部や，弧線文内側，刺突施文面を隆起させる特徴が見られる。

2 耳飾りの着装者

耳飾りの着装者を推定する場合，人骨共伴例や耳飾り表現を伴う土偶などから検討することになる。

とくに頭部付近に耳飾りを伴う人骨共伴例が有効となるが，人骨多出地域の千葉県を含む関東地方でも，そのような好条件を示す例は中期を含めても少ない（表1）。中期では3例が確認され，そ

表1　土製耳飾り人骨共伴事例

都道府県	遺跡名	遺構名	人骨名	時期	埋葬形態	出土位置	性別	年齢
千葉県 市原市	草刈遺跡B区	480号住居址		加曽利EⅠ式	横臥屈葬	頭部左側	女性	壮年
千葉県 松戸市	中峠遺跡 第3次	2号住居址	6号人骨	加曽利EⅠ式	仰臥伸展葬	頭部右側	女性	壮年
千葉県 千葉市	蕨立貝塚	1号竪穴	第Ⅱ号人骨	加曽利EⅠ式	横臥屈葬	頭部左側	不明	不明
東京都 北区	西ヶ原貝塚		6号人骨	加曽利B2式	仰臥伸展葬	頭部右側	女性	壮年

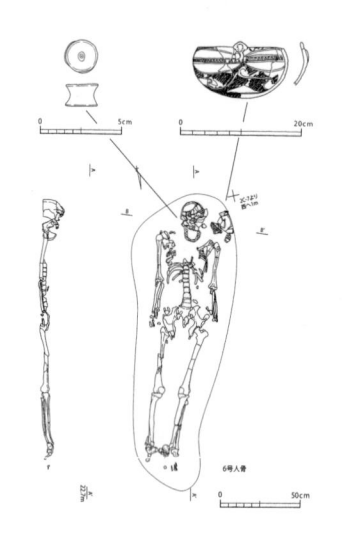

図2　西ヶ原貝塚　第6号人骨

のうち性別のわかるものは2例ある。これらは何れも片側のみの出土であり、性別不明の蕨立例を除く、草刈例、中峠例は共に壮年の女性例である。

近年、東京都北区西ヶ原貝塚から、後期中葉の事例が1例、新たに報告された（図2）。本例は、頭部右側に魚椎骨形の小型無文品を1点伴う。頭部左側には加曽利B2式の丸底の鉢が副葬されており、耳飾りの形態と時期的に整合する。この着装者は30～40代にあたる壮年の女性である。

このように関東地方における人骨出土例は、いずれも壮年の女性例であり、着装者の傾向を示している可能性が高い。

ただし、こうした着装傾向をすべての時期、地域に当てはめるつもりはない。なぜならば材質を問わず集成された全国的な人骨共伴事例によると、後晩期の西日本を中心に獣骨製の耳飾りには、男性の着装例も見られるからである[2]。

さて、西ヶ原例で着目すべき点は耳飾りの着装サイズと年齢の関係にある。それは壮年というある程度の年齢を重ねているにもかかわらず、2cmに満たない小型品を着装しており、後期中葉までの出土数の少なさを考える上で示唆的である。

おそらく後期中葉までの耳飾りの出土数の少なさは、集落内で着装者が限られていた点に加え、着装者自体が、年齢を重ねてもサイズ変更を伴う頻繁な付け替えを行なっていなかったことに起因するためであろう。

また、当時の習俗を反映するであろう、この時期に登場する山形土偶には、耳飾り表現を伴うものと伴わないものが併存し、耳飾り表現が定着していない様相が窺える。そして、耳飾り表現を伴う場合も、穿孔や刺突、瘤状の貼り付けを伴うが、いずれも数mm程度の控えめな装飾表現であり、極端に大きな表現が見られないことも、当該期の耳飾りの様相を表わしているといえよう。

さて、土偶の耳飾り表現が定着し、強調されるようになるのは、続く後期後葉安行1式期以降に登場するミミズク土偶からであり、安行2式期には、目や口と同サイズのボタン状の貼り付けで耳飾りが表現され、耳飾りの多様なサイズ構成の開始時期と連動した変化が見られる。

土偶とは一般的に、妊娠した女性を表現したものであることは古くから指摘されており[3]、両土偶に見られる妊娠表現から、少なくとも妊娠した女性が耳飾りを着装していたことが想像される。そしてその表現は、山形土偶では数mm程度の控えめな表現が多いのに対して、ミミズク土偶では1cm前後の大型の装飾表現に変化する。

こうした変化の背景には、従来の指摘にあるよ

うな耳飾りに対する社会的な需要の高まりだけでなく，それに加えて，後期後葉以降，妊娠した女性が着装する耳飾りのサイズそのものが大型化した可能性を指摘したい。

つまり後期後葉における大型品の登場は，着装開始年齢の変更や壮年期以降のさらなる大型品への着装を見据えた新たな着装習俗への開始を想像させる。また大型品の登場と連動した土偶への耳飾り表現の拡大と常態化や，耳飾りそのものの出土数の増加は，集落内における限定的な着装から，着装者の広まりの結果として理解できよう。

3 晩期前葉の様相

かつて筆者は後期安行式期の土製耳飾りについて，当該期に文様装飾とサイズに相関関係が見られ，それが土器の製作環境と親和的であることを論じた[4]。今回は，最も装飾の発達する晩期前葉の文様装飾とサイズに着目してみよう。

晩期前葉の土製耳飾りは，形態および文様装飾から4類型に分類できる（図3）。ただし，これが一時期のすべてを示しているわけではないことはいうまでもない。

（1） A 類

無文で文様装飾を伴わず，重量感のある作りをなす。側面形状は小型品では臼形や俵形などをなすが，大型品になると円盤状になる。周囲はナデないしミガキ調整が施される。

（2） B 類

側面形状が着装部から文様装飾面に向かって垂直に立ち上がり，文様装飾面が最大径となる。また裏面は着脱防止のため縁辺が突出する。中心部には透かしが施され，着装径が大きいものには様々な透かし形状が見られる。文様装飾面の縁辺には四単位の突起を配置し，その間に三叉状の沈刻が充填され，その周囲や透かし部分に細かなキザミを施す。表面の色調は，黒色を呈するものが多く，その上に赤彩が施される。

本類は中心部の透かし形状や，縁辺の突起の単位数により3類型に分かれる。

B1類は文様装飾面の縁辺にある突起が通常4単位の所，0～2単位以下となるもので，中央の透かしも円孔やアーモンド形などの単純な形状となる。

B2類は，中央部の透かしがB1類同様，円孔ないしアーモンド形をなす一方，文様装飾面にある縁辺部の突起が4単位となり，B1類とB3類の中間形状をなす。

B3類は文様装飾面の縁辺部の突起が4単位をなし，中央の透かしがより複雑な形状をなす。

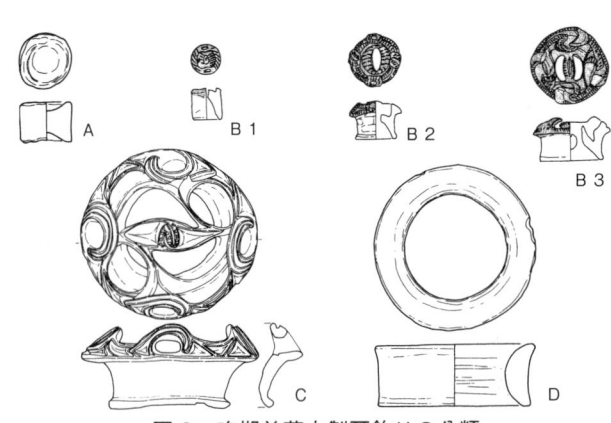

図3 晩期前葉土製耳飾りの分類
A・D：加能里　B類：後谷　C類：赤城（S=1/3）

表2　A～C類のサイズ構成

着装径 (cm)	A類	B1類	B2類	B3類	C類
0～0.5					
0.6～1.0	10	5			
1.1～1.5	30	10	10	10	
1.6～2.0	57	3	8	21	
2.1～2.5	52		1	50	
2.6～3.0	42			38	
3.1～3.5	34			19	
3.6～4.0	22			4	1
4.1～4.5	19				2
4.6～5.0	8				1
5.1～5.5	4				
5.6～	2				2

栃木・茨城・千葉・埼玉・東京・神奈川44遺跡465点

(3) C 類

　C類は一見するとB類と似ているため同類として認識されることもあるが，側面形状，文様装飾，色調，サイズ，いずれの点においても異なる特徴が見られる。側面部はB類が文様装飾面に向かって垂直に立ち上がるのに対して，C類では朝顔形に開く形状をなす。

　装飾はリング状の隆帯と沈刻を基本とし，キザミを多用せず，胎土には緻密な白色粘土が使用されることが多い。また薄手の作りにもかかわらず硬質で，その多くは白色ないし明褐色といった明るい色調をなし，その上に赤彩を施す。

(4) D 類

　環状を呈し，側面が緩く窪む。沈線により4単位や1単位の文様を施文するもの，素文のものなどが見られる。表面の色調は褐色や黒褐色のものなど様々だが，黒褐色を呈するものには赤彩や漆状の塗膜を確認できるものもある。

4　各類型とサイズ構成の関係

　形態・装飾・色調による属性で分類した晩期前葉の各種の耳飾りは，サイズで見ると一部重複しながらもそれぞれ独自の分布傾向を示す（表2）。つまり，各類型はそれぞれ予め規定されたサイズを基に製作されたことを示している。

　それは着装する場合も，自身が着装できる形態・装飾は，その時々にある耳朶の拡張段階に強く規制されていたことを意味していよう。

　文様装飾を伴うB類は，B1類からB3類にかけて重複しながらも着装径のサイズピークが徐々に大型化していく傾向が見られる。

　その中でB1・B2類は，その数量や，サイズの分布幅がよく似ているのに対して，B3類は数量も多く，サイズ構成の分布にも広がりが見られる。こうした各類型間の差異は，単に着装人数の多寡を示すだけでなく，着装期間や着装変更の要因がそれぞれの類型間で異なっていた可能性を示

唆していよう。

　続くC類は，B3類の出土数が少なくなるのと入れ替わるように，より大型サイズに分布が見られる。本類は，B3類に比べて圧倒的に数が少ない。その要因として，薄手で破砕しやすいという作りの問題や，分布も関東地方の北部に偏る点も関係していようが，その点を考慮しても，本類は少ない。おそらくC類は集落内での着装者が限られていた可能性がある。

　一方で，D類も破損しているものが多く，実数を算出することは難しいものの，4cm以降の大型サイズは，本地域では圧倒的にD類が主体を占めている。したがって，本地域におけるB3類から次の大型サイズへの着装は，C類ではなく，D類への変更が一般的であったと想定される。

　さて，各類型の中で最も特徴的なサイズ分布を示すのは，A類である。本類は，文様のあるB・C類のサイズ分布を網羅し，なおかつ数量の分布構成も両者を合わせたものとよく似た傾向を示す。

　これまでにも，A類に相当する無文品が有文品のサイズ構成と重複していることは指摘されてきた[5・6]。その役割を考えるにあたり，筆者はその重量に着目したい。

　つまりA類は基本的に透かしや裏側を削るなどの軽量化を行なわない，各サイズ構成の中で最も重量のある作りとして存在する。またその分布が，B類における頻繁な着装サイズの変更が予測される1.6～3cmを中心とした範囲に集中する点に大きな特徴がある。

　A類は言わば耳飾り着装習俗の前半段階にあたるサイズに多く分布しており，その装飾性の乏しさや，重さに着目するならば，耳朶穿孔の拡張を促すことを目的とした役割が想定される。

　それは，多様なサイズ構成が見られる安行1式期以降にA類が登場するという点や，耳朶穿孔の拡張がある程度完了したであろうC・D類が主体を占める4cm以降にその数が減少していくとい

う事実もこうした考えに整合的である。

5　晩期土製耳飾りの役割

関東地方の晩期前葉における耳飾りの中で文様装飾を伴うB1～B3類・C類は，形態装飾とサイズが密接に関係した装身具である可能性が高い。

それは各類型の中に形態装飾を拡大ないし縮小コピーしたような，各類型がまとまるサイズの分布を大きく逸脱するものが一点も見られない点からも窺える。

この点において，小さい穿孔を維持しつつ着装するという違いは見られるものの，自身の趣味嗜好やその日の気分により，自由に形態装飾を変更することのできる現代人のピアスとはその着装の目的や用途が本質的に異なることが理解できる。

つまり，縄文時代における耳飾りの役割としては，単に身体を飾ることのみを目的とするものではなく，自身の耳朶の拡張段階に応じて，決められた形態装飾を身につけなければならない，極めて社会性の強い装身具であったことが想定される。

以上の点を踏まえ，各類型と着装の関係を想定するならば，それは着装者のライフステージと密接な関わりを有する着装方法が想定される（図4）。

ただし，ライフステージごとの着装に関して，いつから着装が開始されたのか，その開始時期や，予測されるライフイベントとの対応関係に関する詳細は現状では不明と言わざるを得ない。

とくに着装の開始に関しては，幼年の人骨共伴例が見られないことから成人以降とする見解がある一方[7]，幼年期から生涯にわたる着装を想定する見解[8]もある。いずれの論考にも共通する点は，成人・婚姻を中心とした時期の着装を想定している点にある。筆者も土偶の着装事例などから

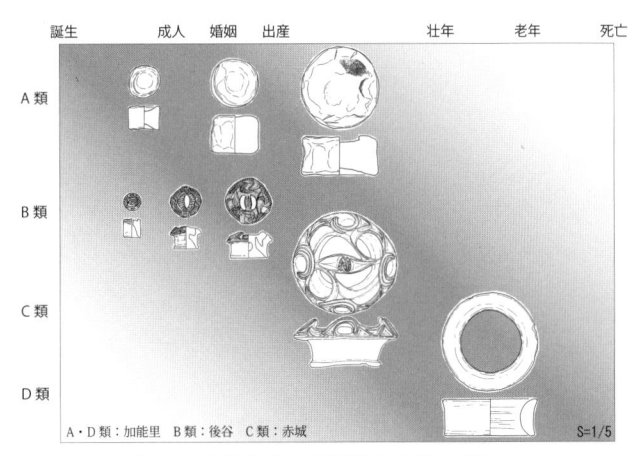

図4　晩期前葉土製耳飾り着装モデル

少なくとも妊娠期における着装は確実であると判断する。

それに加えてほかの装身具，とくに貝輪の内周長を検討した分析によると，子供の着装を想定できる資料の存在が指摘されており，本稿が分析対象とする縄文時代後晩期には様々な装身具において着装の多世代化が存在したものと認識する[9]。

ここで着装の開始時期を考えるにあたり土製耳飾りのサイズを改めて見てみると，現状で5mm以下のものは確認できない。現代人によるピアスの着装は，針の孔程度の大きさから開始されることを考えると，これまで"土製"という枠組みの中で検討されてきた着装時期に関する考察も，木や骨・魚骨などの有機質の素材を視野に入れた極小品の存在にも留意する必要があるといえよう。その場合，土製では確認できない5mm以下の極小品から6mm以降の土製品への材質転換は，各類型間の着装変更と同等か，それ以上に着装変更の画期となった可能性がある。

さて，耳飾りが着装者のライフイベントと関わりを有すると考えた場合，女性は誕生してから生涯を終えるまでに，生殖機能の発達・妊娠・出産など，男性に比べて生理的なライフイベントをより多く経験することになる。これに加えて成人儀礼や婚姻などの文化的なものも組み合わさるなら

ば，実に多くのイベントを経験することになるだろう。しかもこれらのイベントの多くは人生の前半部分に集中していたものと推察される。

興味深い点は，繊細な文様装飾を伴うB1～B3類の各種のサイズが，着装の前半段階に相当する0.6～3cm前後の小型の範囲に分布を集中させるという事実である。

この事実は，各B類間の着装変更が生理的・文化的ライフイベントをより多く経験することになる思春期以降の時期との結びつきを強く想像させる。

以上の点から，縄文時代の耳飾りは，着装者のライフステージを他者に視覚的に表示するための役割に重点が置かれていたものと考えられる。

ただし，その表示装置としての視覚効果は，耳飾りのみで完結しているわけではなく，耳飾りよりも表示性が高く，現在では確認することができない髪型や入れ墨などのより視覚効果の高いものの存在やそれらと組み合わせて着装されていた可能性にも留意しておく必要があるだろう[10]。

6　まとめと課題

これまで後晩期としてくくられて検討されることの多かった土製耳飾りは，出土事例を基にした時期ごとの様相を確認することで，より詳細な動態を明らかにすることが可能となる。

すなわち，後期前葉堀之内式期から，後期後葉曽谷式期前後にかけては，装飾性が低く，遺跡からの出土数も少ない状況なのに対して，後期後葉安行1式期以降に有文品が登場し，さらに大型品も加わることで，遺跡からの出土数が大幅に増えることになる。ここに集落内での限定的な着装から集落内での着装者の拡大や着装習俗の多世代化が進行したことが予想される。

その中で本論では，最も形態装飾の発達する晩期前葉の耳飾りに着目した。その結果当該期は，以前筆者が分析を行なった後期後葉に引き続き，形態装飾とサイズに強い相関関係が見られることが明らかとなった。

こうした関係性を有する耳飾りの用途や着装の目的は，着装者のライフステージを他者に視覚的に表現するための表示装置としての役割が重要視されていたことを指摘した（図4）。

ただし，今回提示したモデルは，あくまで大枠を示したにすぎない。関東地方の内部でも各遺跡や分析地域によって，保有状況は異なる。

今後はより狭い地域や各遺跡における耳飾り保有状況を重視した検討により，耳飾り着装習俗に関する一層の理解を深めていく必要がある。

註

1）　坪井正五郎「土製滑車形耳飾り」『東京人類学会雑誌』24—274，1909
2）　吉田泰幸「土製耳飾の装身原理」『縄文時代の考古学』10，同成社，2008，pp.180-193
3）　前掲註1に同じ
4）　吉岡卓真「関東地方における縄文時代後期後葉土製耳飾りの研究」『千葉縄文研究』4，2010，pp.21-38
5）　春成秀爾「縄文時代の装身原理」『縄文社会論究』塙書房，2002，pp.397-419
6）　設楽博己「群馬県前橋市上沖町西新井遺跡の土製耳飾り」『日本先史学考古学論集―市原壽文先生傘壽記念―』六一書房，2013，pp.101-129
7）　山田康弘「装身具の着装意義」『縄文時代の考古学』10，同成社，2008，pp.167-179
8）　吉田泰幸「縄文時代における土製栓状耳飾の研究」『名古屋大学博物館報告』19，2003，pp.29-54
9）　阿部芳郎・金田奈々「子供の貝輪・大人の貝輪―貝輪内周長の計測と着脱実験の成果から―」『考古学集刊』9，2013，pp.43-56
10）　前掲註7に同じ

貝輪の生産と流通

―― 着装習俗の変革と社会構造 ――

阿部芳郎

1 はじめに

　縄文時代は，貝殻や骨・石製の各種の装身具が発達した時代である。その中でも貝輪は早期中葉においてすでに出現し，以後縄文時代を通して広く使われた。一方長く使われた道具は，必ずしもその性質が不変であったわけではなく，時代や地域の中で様々に変化することがあり，その変化の要因に人間社会の仕組みが反映することも多い。

　そのため，装身具の変化の要因にも，それを用いた人間集団の文化的な特質が映し出される可能性がある。本論ではこのような観点から，ベンケイガイとサトウガイやサルボウなどのフネガイ科を中心とした本州沿岸で採取できる素材を用いた貝輪の生産と流通，そして利用形態の変化と社会的な背景について検討する。

2 着装の性別と年齢

　貝輪を着装した人骨は現時点で50体ほどの出土例があり，その大半は女性であることがわかっている[1] 男性の着装例は極めて少ないため，縄文時代において貝輪は女性の身体装飾の道具と考えることができる。

　ところで，各地の遺跡から出土する貝輪には大小のサイズの違いがあることが古くから指摘されている[2]。また貝輪を着装した人骨は全体の中で極めて少ない事実から，貝輪を着装する女性は日常的な労働を免除された，いわゆるシャーマンなどの特殊な人物であったという指摘がある[3]。つまり選ばれた個人が幼少期より貝輪を腕に嵌めて，労働を免除されて成長したとする考えである。しかし，わたしはこの考えには反対である。成人人骨の腕に時として小さな貝輪が嵌められていると指摘される事実は少なくはないが，筆者らによる貝輪の着脱実験によって，一見小さく見えても，貝輪の着脱方法として第3者に手の甲を強く押して窄めることによって，かなり小さな貝輪を嵌めることが可能であることが明らかにされた[4]（図1）。こうして一見小さく見え，またこれまでの着脱実験によって腕に通すことができなかった貝輪は成人でも着脱可能なものであることがわかった。ただし，出土貝輪の中にはそれでも大人が着装できない小型品があることも確かだ。筆者はこうした貝輪は，子供の時だけ用いたものだと考えている。

　さらにまた，縄文時代に階層化社会があったか否かを検討した山田康弘は，子供の厚葬が認められないことからも，階層化の存在を否定している[5]。つまり，生まれながらにして認知された特殊な人物はいなかったのである。

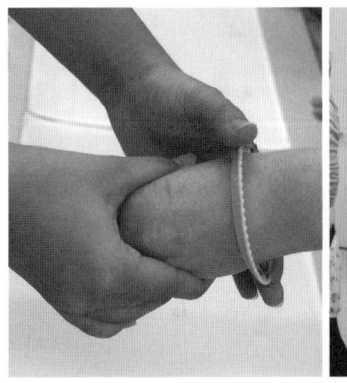

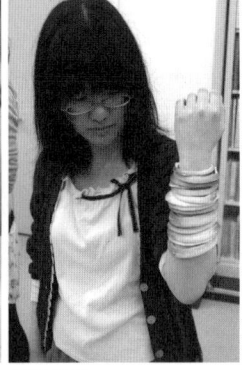

図1　補助着装と着装状態

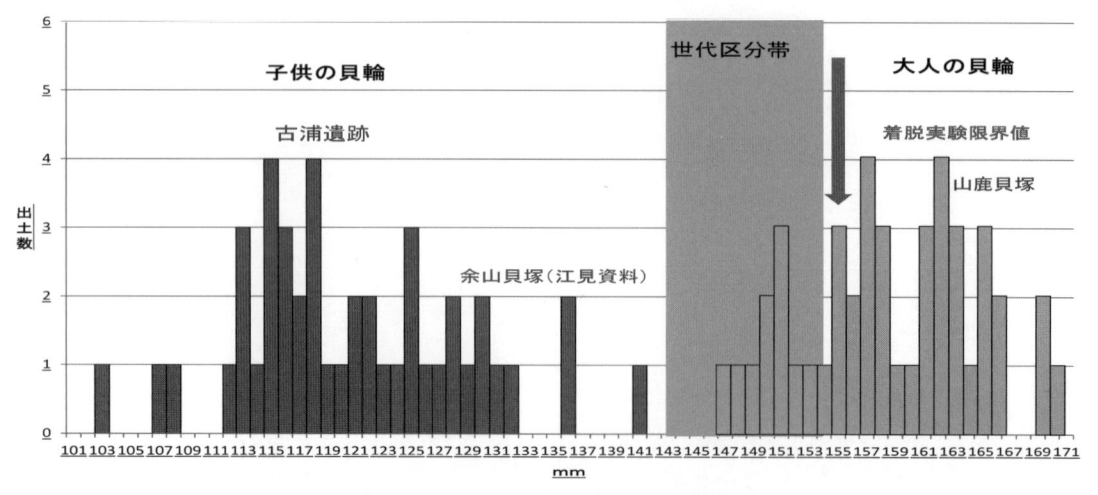

図2 貝輪の内周長と着装世代の関係

このことは，幼少時から特定の人物だけが貝輪を嵌めていたことを否定する根拠の1つともなる。

一方，貝輪の着装実験によれば，貝輪を腕に通す場合，もっとも重要なのは，手の甲を細く窄めることができるか否か，という点であり，手首自体の太さはあまり問題にはならない。そして手の甲を強く第3者に押してもらいながら，手の甲を細く窄めることで内周長146mmの貝輪まで着装することができた（図2）。

当然，人間には個体差があるためこの数値を一律的に用いることはできないものの，図2に示したように福岡県山鹿貝塚の著名な貝輪着装人骨の計測値とも整合的である。

これに対して，成人用としてはとても小さいサイズの貝輪が存在する。銚子市余山貝塚ではフネガイ科二枚貝製の小型の貝輪20点が土器の内部に収められた状態で出土しているし，古作貝塚第2号土器内に収納されたフネガイ科の貝輪も18点のうち1点を除いて残るすべてが子供の貝輪の数値に収まる。子供の明確な着装例は秋田県柏子所貝塚の事例があるものの，現状では計測できないため，これらの事例より類推すると，縄文時代後期以降では，貝輪は少なくとも子供と大人という広い世代にわたり着装されたことがわかる。こ のことを示すかのように貝輪の内周長は103mmから171mmまでのサイズの幅が存在するから，着装者の年齢や個体差に合わせたように，サイズの異なる貝輪が生産されたのである。このことは貝輪が一生のうちで1回だけしか腕に通さないのではなく，身体の成長に応じて適切なサイズに順次着け替えて使われたことを意味する。

そして全国の貝輪着装人骨を見た場合，着装数の増加が後期をピークとしている点からみて，後期以降に貝輪着装の習俗に何等かの変化があったことが推測できる。その背景を探るため，まず貝輪の製作技術や流通形態に着目してみよう。

3　貝輪の大量生産と技術

貝輪の大量出土遺跡は，全国各地に存在するが，秋田県柏子所貝塚（晩期）や宮城県里浜貝塚（晩期），千葉県余山貝塚（後期中葉～晩期），愛知県の渥美半島に位置する伊川津貝塚，保美貝塚，吉胡貝塚（共に晩期）など，いずれも後期から晩期に限定されるようである。

これらの遺跡の貝輪をみると，ベンケイガイを主体とするものの，必ず一定量のフネガイ科二枚貝を用いている特徴がある。両者は貝輪作りに適した大きさをもつが注意しなければならな

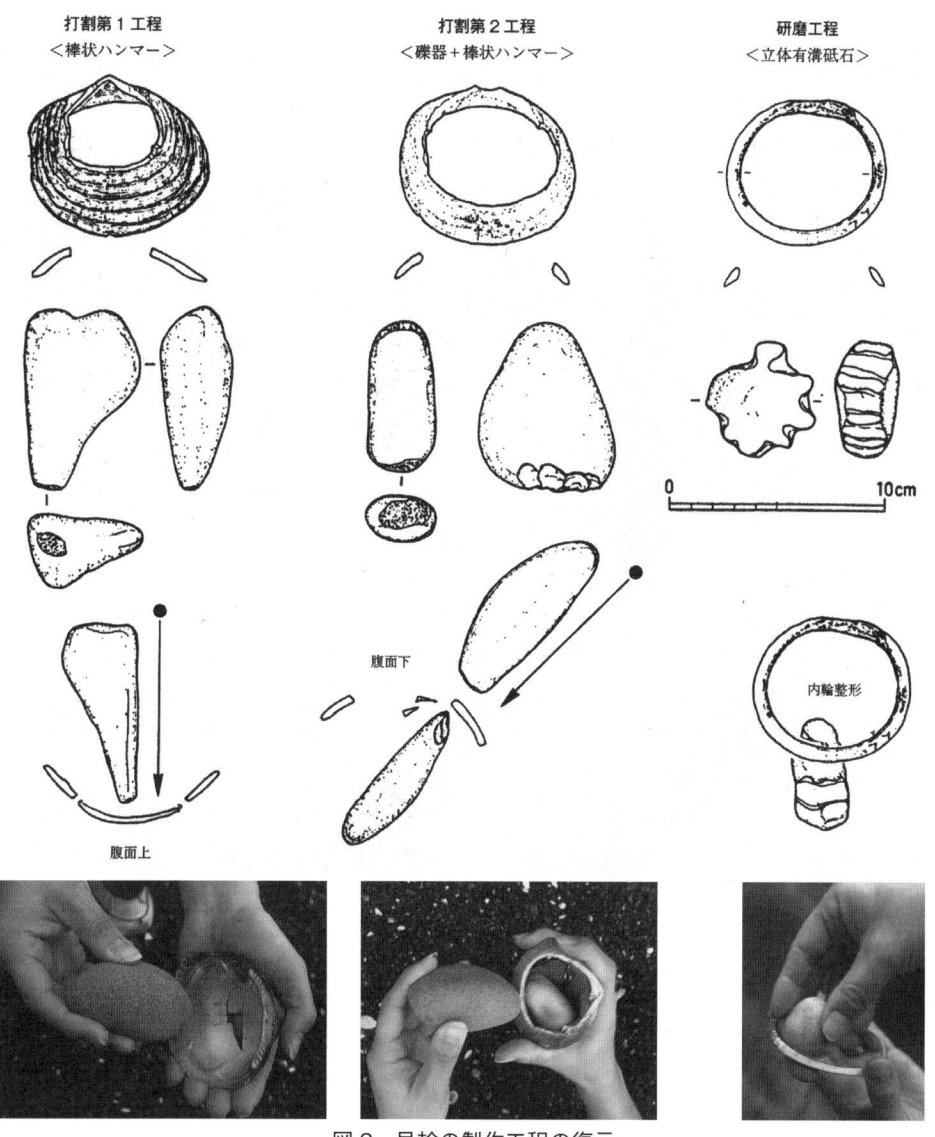

打割第1工程　　　　　打割第2工程　　　　　研磨工程
＜棒状ハンマー＞　　＜礫器＋棒状ハンマー＞　＜立体有溝砥石＞

腹面下

内輪整形

腹面上

図3　貝輪の製作工程の復元

いのは，両者の形態と色調である。ベンケイガイは正円に近い形態で色調は淡紫褐色であるのに対して，フネガイ科は片方にゆがみをもつ楕円形であり，色調は純白である。両者には際立つ違いがあるのであり，これを同一視することはできない[6]。事実両種を併用した着装事例は極めてまれであることからみても，それぞれの貝輪はまず貝種ごとに使い分けられていた可能性が高い。

ちょうどこの時期は人骨の着装事例と着装数が増加する時期にあたり，着装習俗の変化が大量生産遺跡の出現に関係することを示唆している。

やや細かな点ではあるが，先の貝輪貯蔵土器として著名な古作貝塚や，再葬墓内からの着装例である青森県薬師前遺跡，福岡県山鹿貝塚例などは後期前葉〜中葉の時期であり，貝輪の大量生産遺跡の出現時期よりは幾分古い時期である。しかも，これらの遺跡の貝輪は輪幅が15mm以上もあり，まだ細型化していない。ちなみに後期中葉以降に出現する細型化した貝輪は，輪幅が5〜7mm程度に成形されたものも出現する。

貝輪の生産と流通―着装習俗の変革と社会構造―　101

これらの事実を踏まえるならば，貝輪は着装数の増加という社会的な現象が後期前葉にまず起こり，需要の増大に応じた形で後期中葉以降に大量生産遺跡が出現したことになる。地域によって大量生産遺跡の出現時期に若干の時期的なズレが認められるのは，各地域の社会的な状況を示唆するが，いずれも後晩期に収まることは重要であろう。

その中でも余山貝塚は古くから多量の貝輪が出土することで知られる。その大半はベンケイガイとサルボウやアカガイなどのフネガイ科の二枚貝である。また余山貝塚で重要なのは，これらの貝輪とともにその製作に用いられたと考えられる石器が多く出土していることである。

出土資料の大半は成品ではなく，加工の途中段階のものである。したがって，これらの加工途上の資料と石器の機能面や形態とを対比することによって貝輪の加工工程と道具立てを復元することができる（図3）。

それによると，まず，素材貝の内面を上にして手に持ち，上からハンマーで殻頂部付近を打ち抜く。次にこの孔を拡張するために打ち割りを行なうのであるが，はじめに1つの石器を使い打ち割る部分の下に石器を当て，その上からハンマーでこの部分を打ち割ると比較的簡単に打ち割ることができる。

ちなみにこの方法による製作実験では，100個のベンケイガイで94個を完成させることができた。この方法は一般に実演される貝輪製作よりも成功率が高く，また遺跡から出土する道具の組み合わせや石器の機能面の特徴と整合的である。

さらに同じ石器を腹縁部の打ち割りに用いることにより，細型化も容易となる。こうした加工技術は余山貝塚出土の貝輪においても確認できる。

余山貝塚の貝輪の特徴は，ベンケイガイとフネガイ科の二枚貝ともに輪幅が細いことであり，とくにベンケイガイにその傾向が顕著である。ベンケイガイ製貝輪はそのために腹縁部の打ち割りを施し，先述したように内輪側からだけでなく，外側からも加工を加えて，もっとも殻厚の厚い部分を貝輪に利用している。なお外縁部の加工は地域によって時期的な違いがあり，たとえば富山県小竹貝塚では前期後半に細型化した貝輪が存在する。こうした時期差は，各地域で求められる貝輪の形態に違いが存在したことを示している。

貝輪の大量生産遺跡は，いずれも海浜部に形成されており，渥美半島を除く地域では群集する傾向は認められず，基本的には1地域に1遺跡という関係が指摘できる。それでは貝輪はこれらの大量生産遺跡から一元的に流通し，需要のすべてを賄ったのであろうか。

4　生産と流通構造の変革

ここでは内陸部における貝輪のあり方を考えるために，千葉県八木原貝塚の事例を紹介しよう。

この遺跡は印旛沼南岸の後晩期遺跡群の中の遺跡であり，貝塚が形成されていることもあり，内陸では豊富な資料が出土している。これまでの調査で出土した貝輪は27点あり，内訳はオオツタノハ1点，イタボガキ1点，ベンケイガイ11点，フネガイ科二枚貝14点である。主体を占めるのはベンケイガイとフネガイ科二枚貝である。半割されたオオツタノハ製貝輪以外はすべて破片であるが，注目されるのは，これらの中に製作の途中段階での破損品やまったく未加工の素材貝が存在することである（図4）。

また間接的な情報ではあるが，酒詰仲男による『日本貝塚地名表』などに記載されている貝塚の情報の中で，貝製品以外に貝種のなかにベンケイガイなどの貝輪素材貝の名がみられるのは，素材貝として出土した資料が記載された可能性が高い。

とくにベンケイガイなどは外洋の水深の深い海に生息し，生貝を採取して食料とすることができないため，外洋地域でも打ち上げ貝の採取が中心

であったことが指摘されている[7]。それに加え，八木原貝塚の近隣の佐倉市吉見台遺跡からは貝輪の内輪を研磨する「有溝立体砥石」（図3上段右）が出土している。また晩期でも，ベンケイガイの素材貝と「有溝立体砥石」が出土する遺跡がある。

この事実は余山貝塚においてすでに貝輪の大量生産が行なわれている時期においても，海から遠く離れた内陸部の集落において自給的な貝輪生産が行なわれていたことを示す事実である。素材貝や砥石の出土から見た場合，霞ヶ浦西南岸の土浦市上高津貝塚や，つくば市旭台貝塚，印旛沼水系最奥部の船橋市金堀台貝塚，関東平野最奥部では埼玉県加須市長竹遺跡などにも出土が確認できる。

これは太平洋に近い余山貝塚から実に100km以上も離れた内陸地域に，これらの資源が未成品のままの状態で持ち込まれていたことを示す証拠である。

ところで，集落における貝輪の自給的製作のあり方を考えた場合，貝輪が多量化する以前の前期や中期の状況を見てみると，貝輪自体の出土量は少ない反面で，逆に内陸地域を含む多くの遺跡で貝輪の未成品や失敗品が出土していることは，後期以降の貝輪生産体制の成り立ちを考える場合，見逃せない事実である。つまり，中期の人々は必要分を自給的に生産するのが常態であったのだ。着装数自体が少ないため，素材や道具はかなり広く流通するシステムが存在したのであろう。また貝種もベンケイガイはまだ少なく，サルボウやイタボガキを素材としたものが多いため，内湾域での素材の採取も容易であった。八木原貝塚で1点のみ出土しているイタボガキ製貝輪は，そうした伝統の名残を示すものであるかもしれない。

そしてこの伝統的な生産体制とは異なる形で，余山貝塚の貝輪の大量生産と内陸部への流通ネットワークが形成されたとみるべきだ。

こうした貝輪生産の二重構造とでも呼べる体制は，個々にどのような意味をもったのだろうか。筆者は，着装習俗の初期的な段階で1～2点の着装を賄うための伝統的で自給的な生産とは別に，後期になると着装数の増加が示すように多数着装のために必要なまとまった数の貝輪は大量生産遺跡からの流通によって賄われたものと考えている。

余山貝塚で生産された大量の貝輪は，このような着装習俗の変革によって大量に必要とされた貝輪の需要を賄う役割をもっていたのだ。

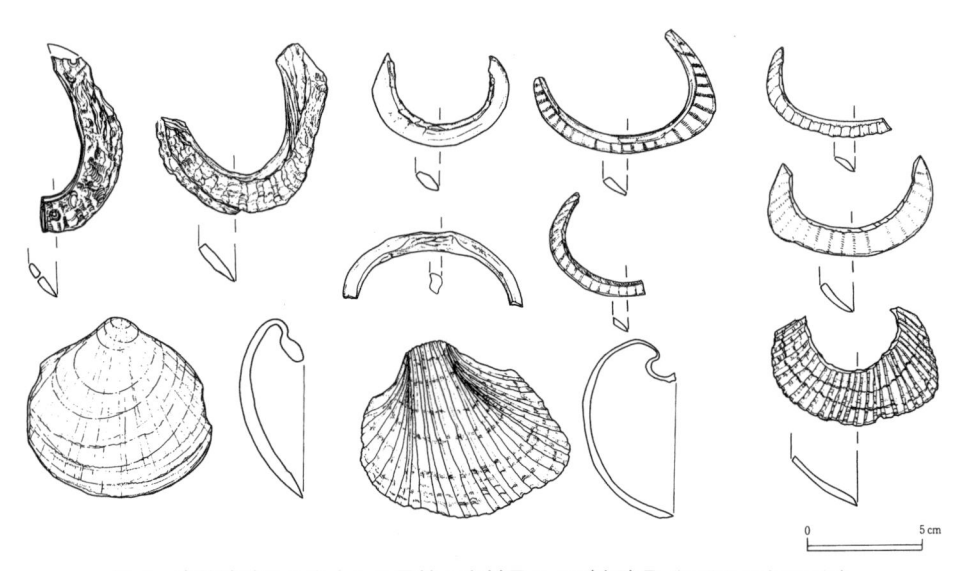

図4 内陸遺跡から出土した貝輪と素材貝および失敗品（千葉県八木原貝塚）

大量生産遺跡である余山貝塚の場合は，現利根川を4kmあまり遡った砂帯上に形成されている。貝輪生産で必要な砥石やハンマーは，太平洋岸の犬吠埼周辺の古生層の崩落礫から豊富に採取が可能であり，砥石素材の原産地と考えることができる。ベンケイガイも外洋に面した浜辺で，打ち上げ貝が豊富に採取できる環境があったに違いない。

ところが，余山貝塚はこれらの素材と加工用具の原産地に直面しない。筆者はその理由は，現利根川につながる古鬼怒湾と呼ばれる広大な内水面を通じて，内陸地に貝輪を流通させる流通起点としての役割を意識した立地であったからだと考えている。

余山貝塚はこれまで出土した土器から見る限り，堀之内式期に形成がはじまり，加曽利B式期から安行3a式期に盛期を迎え，この時期に貝輪の大量生産が行なわれたものと考えられる。重要な点は，過去の調査のなかで住居址や炉跡が複数発見され，その周辺から夥しい貝輪が出土していることである。

余山貝塚は一時期的に人々が参集するような加工場（たとえば黒曜石の採掘跡のような遺跡）ではなく，原産地の近くに集落を構えて，集落の内部で貝輪生産が行なわれたことを示す点で重要である。余山集落は少なくとも加曽利B式期から安行式期にかけて，貝輪製作の専業集団が占地し，大量の貝輪がここで生産され，内陸地へと流通したのである[8]。

筆者はこうした集落を「原産地型生産集落」として概念化したが，こうした現象はこと後晩期では貝輪だけにとどまらず，たとえば関東地方を例とすると土製耳飾では桐生市千網谷戸遺跡や，石棒では埼玉県関場遺跡など，それぞれ関東地方の各所に点在している[9]。

このような特定集団の生産活動は，貝輪の流通をめぐって形成された集団間のネットワークの存在によって関係づけることが可能である。これらの品々は遠く離れた集団同士を結ぶネットワークによって結び付けられ，個々の集落の集団はこのネットワークの交点となり，多種多様な品々が流通したのである。

5　多数着装にみる象徴性

すでに述べたように，貝輪の着装数の増加は後期以降に顕著になる。そこには数的な違いによって表示される，着装者の社会的な位置づけの違いが表示されているものと考えることができる。

ここで再び山鹿貝塚の人骨に注目してみると，

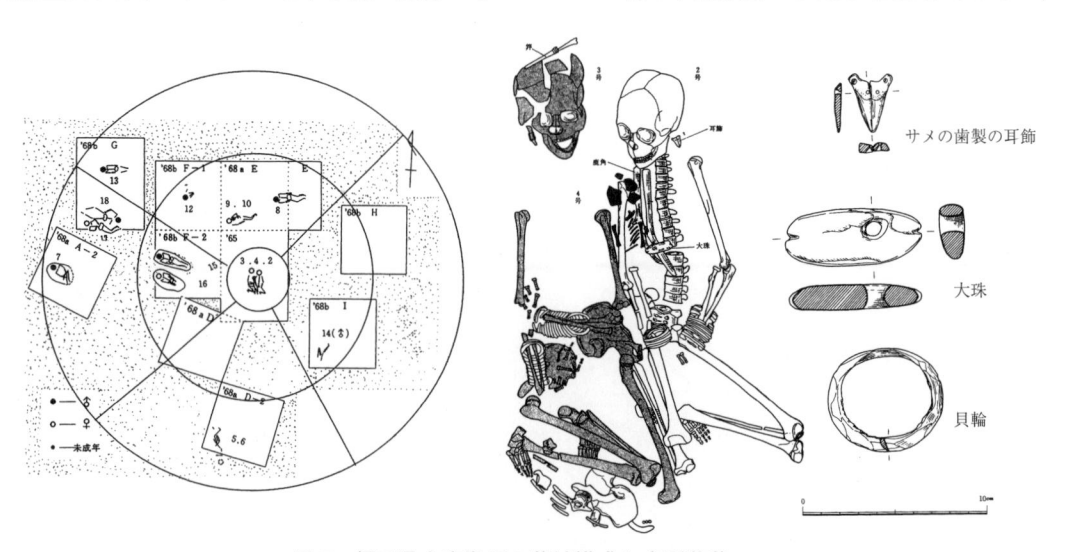

図5　福岡県山鹿貝塚の墓域構成と多副葬墓

2体の女性のうちの1体の胸部には大珠が発見されている。大珠は集落の集団のリーダー的な人物の威信財であることを前提とするならば，この人物は墓域の中心部に埋葬されたことも素直に理解できる（図5）。そしてこうした人物に多数の貝輪が着装されていたことは，貝輪着装を通じて表示され女性の位階表示の中でも突出した地位にあったことを意味している。

山鹿貝塚の人骨群で貝輪の着装数は1点から26点とばらつきがあるが，それは1点刻みの違いとして読み取れるものはない。つまり，次に述べるように貝輪は5点程度が1つのまとまりとして着装されていた可能性がある。この単位数の違いが本来の着装数の示す意味と考えることができる。

後期前葉に関東地方に出現する腕輪形土製品も，オオツタノハを模倣したものは単品の形態で作られるのに対して，ベンケイガイ製貝輪を模倣したと考えられるものは横位に7本程度の沈線が描かれており，ベンケイガイ製貝輪を連着した状況を表現したものと考えられる（図6）。中には貝輪を緊縛したかのような文様が描かれるものもある。

このように多数着装には単位性が認められ，それらを身に着けた女性に数的な差が認められることは，成長の過程の時々で威信を獲得した経過を階級的に表示したものと考えることができよう。大珠の土坑出土例などからみた場合，一人が他を圧倒するような多量性をもつ事例は存在せず，二極的なあり方を示す。これは貝輪とは異なる威信の表示形態である。

ところが，関東地方ではヒスイ製大珠は遅くとも後期中葉でほぼ消滅し，かわりに勾玉や小玉に変化することが古くから指摘されている。大珠から小型の珠類を組み合わせた連珠への変化には先に指摘した貝輪の多数着装との同種の意味が考えられないだろうか（図7）。

また小玉類は後晩期では原石自体が流通し，各地での自給的な生産が開始されることも重要であり，仮に原産地からの製品の流通と自給的な生産が存在したとすれば，出現順序は逆であるが，貝輪と同様に生産の二重構造が存在したことになる。すなわち，大珠は保有者が結果として得た威信の表示装置であったのに対して，連珠は貝輪と同様に数個がまとまる単位で存在するものと考えられ，それらの単位数が威信の獲得ランクを階級的に表示した可能性が指摘できる。

そうであるならば，貝輪の多数着装や大珠から連珠へという変化を生み出した背景に，集団内における個々人の来歴や位階の位置づけを表示する表現装置としての役割の多様化を読み取ることも可能となる。それはまた，中期までの着装の有・無という二極的な表示ではなく，着装者の中に，より細分化された位階区分が発生したことを意味しよう。

これに対して東海地方以西の地域では大珠が晩期にまで継続して用いられている例があり，大珠による威信表示伝統がその後も残存する。これらの地域では耳飾りの多様化も低調であり，地域社会の構造的な違いを反映しているみるべきであろう。

千葉県余山貝塚における貝輪大量生産が後期中葉であることは，関東地方において大珠が消失する時期と無関係ではないことも次第に明らかになる。

位階表示の細分化という観点では後期後半に多量化する土製耳飾も同様に理解できるが，耳飾の場合は，着装数ではなく耳飾のサイズから指摘できる着装の多世代化や文様装飾や塗彩といった点

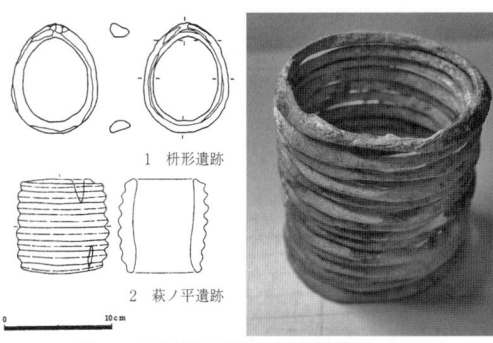

1 枡形遺跡
2 萩ノ平遺跡

図6　貝輪形土製品と連着状況の復元

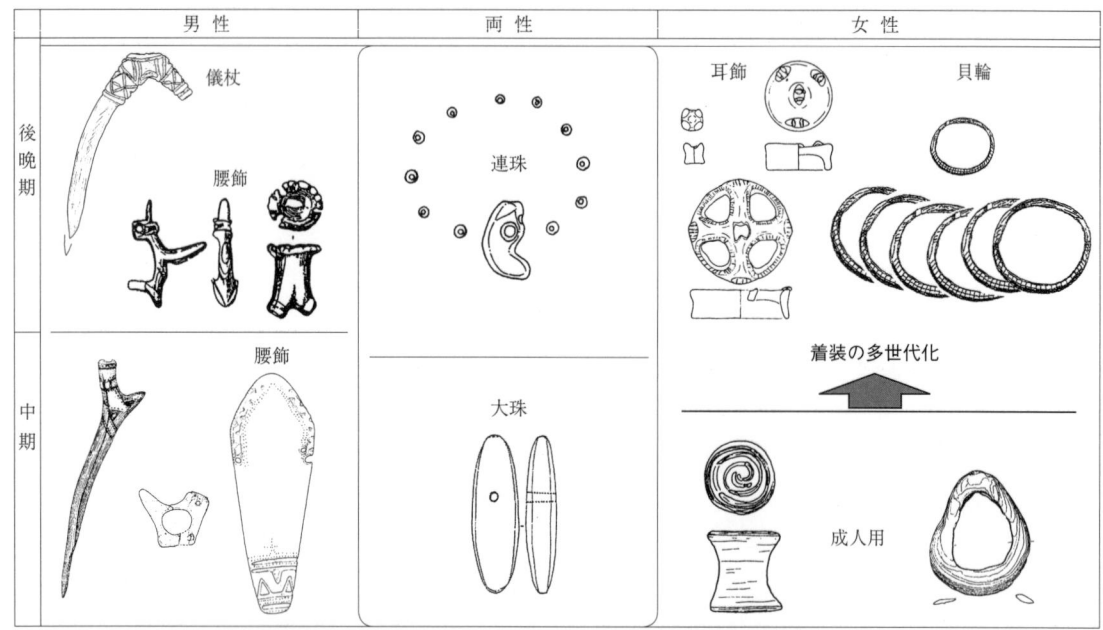

図7 中期から晩期にかけての身体装飾技術の変遷

で同世代間での差異化が図られたのである。

　このように，貝輪や大珠，そして耳飾などにみられる装身具類の時代的な変化は，集団内における細分化された位階構造の発達によって生じた現象と考えることができる（図7）。このような現象が各地で異なるあり方を示すのは後晩期社会の多様性と考えるべき部分でもあるが，より大きな枠組みの中では社会の複雑化における地域間格差の一端として理解することができる。

　ひとまず，貝という自然物の資源化をめぐる諸問題としてこれらを整理するならば，貝輪が後半期の縄文社会のなかで多量化するという現象は，単に貝輪の形態や製作技術の変化だけにとどまらずに，その根本的な要因は多数着装という習俗が制度化し，より直接的には集団内にそうした社会的な役割を担う人物が出現したことを意味する。そう考えた場合，中期と後期とでは装身具の社会的な意味機能に大きな変化が生じていたことを見通すことができる。

　これらの社会変容が，貝輪生産の二重構造を生み出し，その一端を担うようにして各地に貝輪の原産地型生産集落が登場するのである。こう考えると，貝輪という装身具が社会的な性質を内在させて複雑に変化を遂げていたことの一端が理解できる。

　各地の貝輪の生産構造と製作技術の相関的関係，流通範囲とそれを成り立たせる遺跡間関係の検討が今後の貝輪研究の重要な課題となろう。

註
1) 片岡由美「貝輪」『縄文文化の研究』9，1983
2) 江見水蔭「余山貝塚の大発掘」『地中の秘密』1909
3) 高倉洋彰「右手の不使用―南海産巻貝製腕輪着装の意義」『九州歴史資料館研究論集』1，九州歴史資料館，1975，pp.1-28
4) 阿部芳郎・金田奈々「子供の貝輪・大人の貝輪」『考古学集刊』2013
5) 山田康弘『人骨出土例にみる縄文の墓制と社会』同成社，2008
6) 阿部芳郎「内陸地域における貝輪生産とその意味」『考古学集刊』3，2007
7) 忍沢成視『貝の考古学』同成社，2011
8) 栗島義明「緑泥片岩製石棒の生産・流通」『駿台史学』150，2014
9) 阿部芳郎「縄文時代の資源利用と地域社会」『考古学ジャーナル』627，2012

第Ⅳ章　植物資源の獲得技術史

植生と植物資源利用の地域性

佐々木由香

1　はじめに

　本稿では，縄文時代の植生を概観した上で，植物資源利用の空間的な広がりを時系列にそって検討し，植物資源利用の地域性を明らかにしたい。

　種実と木材は，人間が利用した植物遺体としては別個に出土するが，本来ともに母体となる樹木に由来する。しかし，食用となる「種実」と用材となる「木材」では，使用部位と利用場面が異なり，また分析手法も異なるため，両者は個別に論じられる場合が多かった。本稿では，種実と木材をともに研究対象として，縄文時代の植物資源利用を検討する。

2　植物資源利用の研究

　縄文時代の植物資源利用については，酒詰仲男が1960年前後にクリの管理利用を指摘している[1]。西田正規は，集落の定住化に伴って，二次植生と人為的環境が生まれ，そこに生育する有用植物の選択や保護によりクリやクルミを含めて栽培化が促進されたことを指摘した[2]。西田の指摘は，当時実証的な証拠に乏しかったものの，その後のクリやウルシの研究や，ダイズ属・アズキ亜属のマメに注目した研究などで実証されてきている[3]。ただし，植物利用の研究は，木本と草本といった分類群の違いや，木材と種実といった器官の違いに分けて議論される場合が多かった。このため，植生や地形の変遷を把握した上で，総合的に出土資料に基づいて植物の利用状況を整理する時期にきている。とくに，木本植物の利用が顕

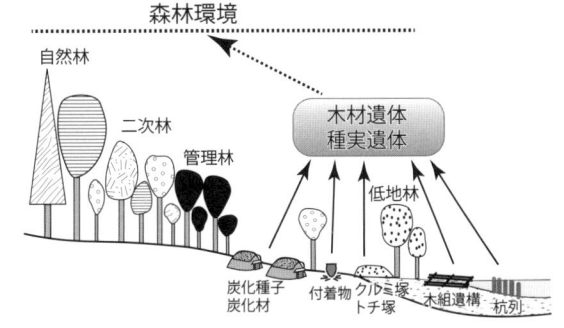

図1　縄文時代の森林環境を読み取れる種実遺体と木材遺体

著な縄文時代においては，森林資源を縄文時代の人々が収奪するだけでなく管理していたのかどうかは，集落周辺の生態系を考える上で重要である。一方，人が関わった植物遺体には，植物自体に人為的な打撃痕を持つオニグルミ核などの種実やクルミ塚，トチ塚といった人為的に割られた種実の集積，土器に炭化して付着した種実や鱗茎，周辺の植生から素材を調達したと推定される木組遺構などの土木用材や編組製品など，人との関わりが明瞭なものが多い（図1）。植生の復元は主に花粉から行なわれてきたが，人間が利用した木材遺体や種実遺体からも遺跡周辺の人為的な関わりがある森林環境について捉える必要がある。

3　縄文時代の植生の地域性

　日本列島の現植生は，大きく分けて本州西半部や九州，あるいは東海から関東地方の本州太平洋側にはカシ類やシイ類，クスノキの仲間を主体とした常緑広葉樹林が広がり，中部地方の山岳部から北海道南部，および常緑広葉樹林地帯でも標高

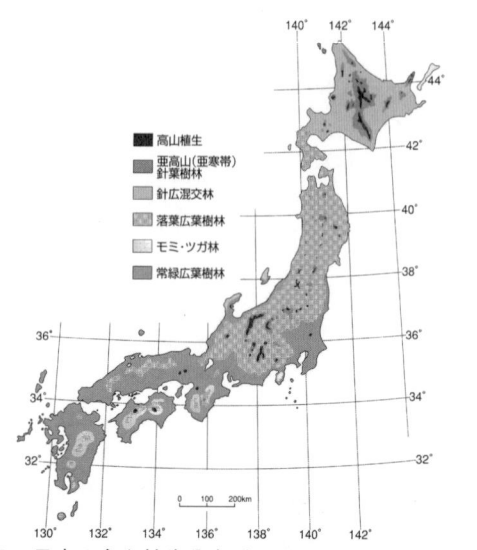

図2 日本の主な植生分布（註4 吉岡1973を一部改変）

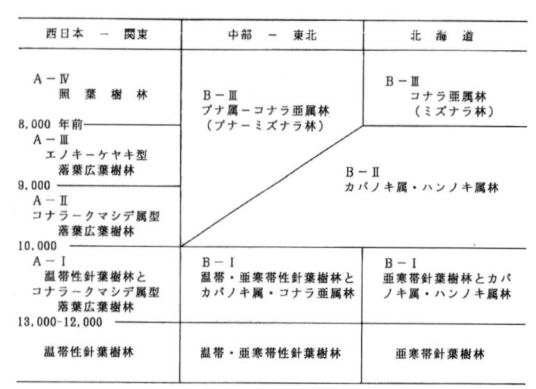

図3 日本列島の平野部から山間部にかけての10,000年前前後の植生史（註5 ©日本第四紀学会）

が高い地域にはブナやミズナラを主体とした落葉広葉樹林が分布し，北海道の南部をのぞく地域には針広混交林が分布する[4]（図2）。この植生の分布は，時期差による多少の違いや，照葉樹林の範囲の大小は認められるものの，大枠では後氷期以降の縄文時代の植生と異ならないと考えられる。

およそ13,000〜12,000 ^{14}C BPの縄文時代草創期前半頃には，晩氷期の寒冷気候が卓越する氷期的環境から後氷期の温暖気候が卓越する環境に急変した。この急変を大きく捉えると，モミ属・ツガ属・トウヒ属・マツ属といった針葉樹が優占する植生から，コナラ亜属を主とする落葉広葉樹が優占する植生への変化といえる[5]。その後，九州から四国・中国・近畿・東海・関東地方では早期中葉頃の約8,000 ^{14}C BP以降に照葉樹林が拡大しはじめる（図3）。日本海側では，照葉樹林の成立かそれに先行してスギ属の増加があり，地域によっては照葉樹林要素とともに優占した。中部から東北地方では，草創期前半頃に温帯・亜寒帯性針葉樹林にカバノキ属・コナラ亜属林が増加し，約10,000 ^{14}C BP以降になるとブナ属やコナラ亜属が増加し，ブナ属—コナラ亜属林が形成される。同様に北海道では草創期前半頃に亜寒帯針葉樹林にカバノキ属・ハンノキ属林が増加し，約8,000 ^{14}C BPの早期中葉以降にコナラ亜属林が増加する。

4 縄文時代における人為生態系の成立

上記の植生変化は，集落からは離れた自然植生のデータに基づく変化であり，遺跡周辺の人為的な活動の影響が大きい植生ではない。

縄文時代の人々は単に集落周辺に生育していた植物を採って利用していただけでなく，森林資源をうまく管理して，有用な植物がつねに集落周辺に生育している状態で利用していたことが明らかになってきている[6]。このような遺跡周辺で人為的に改変された植生は，辻誠一郎により「人為生態系」と呼ばれている[7]。人為生態系が明らかになる端緒となった遺跡は，青森県三内丸山遺跡である。三内丸山遺跡では，縄文時代前期から中期にかけての居住期間の間だけ集落のごく近傍にクリの純林が維持管理されており，集落が放棄されると元のミズナラとブナ林に戻っていた[8]。この集落周辺の植生の変化は，周囲の八甲田山や津軽平野での植生変化とはまったく異なることが明らかになった。またクリの産出率の高さを反映するように，遺跡内で使用される木材もクリが圧倒的に多いことが明らかになった[9]。

5 クリ―ウルシ利用文化圏と
イチイガシ利用文化圏

　縄文時代の森林資源利用や栽培植物の利用を総合的に見ると，東日本や北海道の道南部の早期から前期頃以降ではクリとウルシが管理され，木材と果実の双方が利用されている。それらに加えて，エゴマやアサなどの栽培植物の利用やダイズ属・アズキ亜属，ヒエ属などの列島内で栽培化されたと考えられる種実の利用が伴う。これに対して，西南日本の照葉樹林が卓越する時期ではイチイガシの果実利用が圧倒的に多い傾向がある。つまり大きく分けて，縄文時代の植物資源利用体系は，クリ―ウルシ利用文化圏とイチイガシ利用文化圏の２つに分けることができる（図4）[10]。

（1）クリ―ウルシ利用文化圏

　縄文時代早期から前期頃は，クリ―ウルシ利用文化圏が成立した萌芽的な時期である。クリやウルシなどの有用な木本植物が一定量得られるだけでなく，アサやエゴマなどの草本の栽培植物が産出する。ダイズ属やアズキ亜属のマメ類やヒエ属は土器圧痕と炭化種実双方で見いだされ，野生種に近い大きさで利用されている。

　三内丸山遺跡のように高率の花粉の出現からクリが人為的に増加したと推定される場所は，関東や東北地方では早期後葉または前期以降に一定期間定住した遺跡である。集落が一定期間継続して営まれることにより，道具の発達に伴って活動域の森林資源が開発され，縄文時代を特徴づける植物資源利用体系が確立された。クリとウルシは，人間の関与によって基盤的な利用資源として位置づけられ，集落周辺にはクリとウルシを管理し，有用樹を多角的に活用できる森林資源が形成された。また栽培植物の利用も始まっていたことが明らかになった。

　栽培植物であるウルシの木材は北陸から東北地方の間の地域の遺跡から産出しており，草創期の鳥浜貝塚を除いて前期中葉頃の以降の落葉広葉樹林が分布する地域で確認されてい

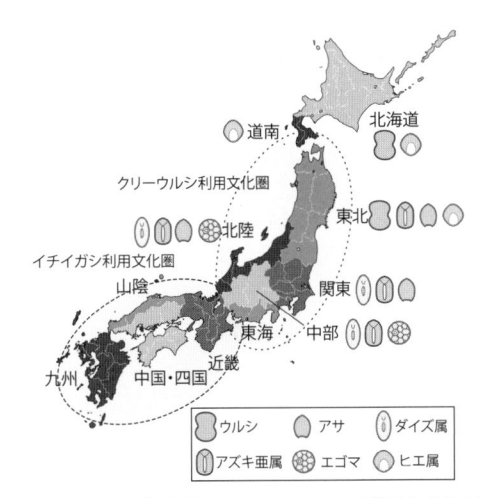

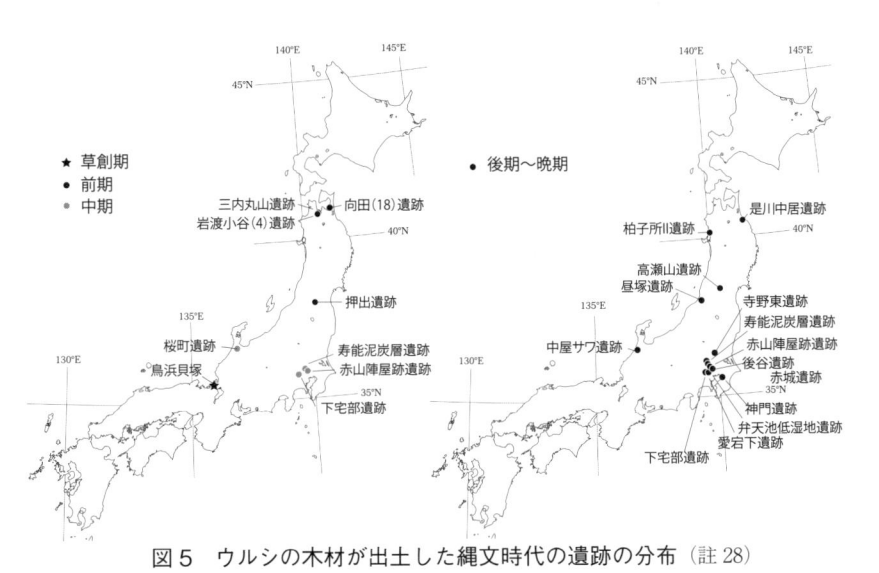

図4　縄文時代前期のクリ―ウルシ利用文化圏とイチイガシ利用文化圏の範囲と栽培植物または栽培化された植物の分布（註10を改変）

図5　ウルシの木材が出土した縄文時代の遺跡の分布（註28）

る（図5）[11]。

　つまり，クリやウルシを中心とする人為生態系は，コナラ亜属が植生の主要素となっている落葉広葉樹林の存在と密接に関わっている。たとえば，琵琶湖南端の滋賀県粟津湖底遺跡では，ウルシは確認されていないものの，早期前葉の約9,500 ^{14}C BP前後にクリークマシデ属型の落葉広葉樹林が存在しており[12]，その時期にはクリ塚周辺から多量のクリやコナラ，ナラガシワのほかにヒョウタン仲間やエゴマ，ゴボウなどの栽培植物，ササゲ属といった日本列島で栽培化された植物がセットで確認されている[13]。

　また花粉分析が行なえない台地上の遺跡でも，最近土器圧痕により栽培植物の圧痕や炭化種実による検出例が増加している。こうした列島内の栽培植物や栽培化された分類群の検出時期も，コナラ亜属が植生の主要素となる落葉広葉樹林の拡大期に相当する。

　九州地方では，草創期隆帯文期の約11,500 ^{14}C BPに宮崎県王子山遺跡で，コナラ炭化子葉やノビルなどと推定される炭化鱗茎に加えてダイズの野生種であるツルマメ種子の圧痕が見いだされている[14]。しかし，九州地方では現在のところ照葉樹林化が進む早期中葉の約8,000 ^{14}C BPから中期にはマメ類の圧痕は検出されておらず，九州でマメ類が再び検出されるのは，本州から西進してきたと考えられる大型で栽培型のダイズ属やアズキ亜属が圧痕で見いだされる後期になってからである[15]。九州では，人為的に管理されていたクリやウルシの痕跡は明らかではないが，コナラ節やクヌギ節のドングリ類やマメの利用を伴う植物資源利用は，草創期から早期のコナラ亜属を主体とする落葉広葉樹林を背景として成立したと考えられる[16]。

(2) イチイガシ利用文化圏

　西南日本の平野部では，早期中葉頃の約8,000 ^{14}C BP以降から照葉樹林が拡大し，東日本とは異なる植物資源利用がなされた。この地域で縄文時代早期後葉から晩期にかけてもっとも利用されている植物は堅果類であり，とくに常緑のイチイガシは貯蔵穴中から検出される種実のほとんどを占めている[17]。常緑樹を利用する地域では，生食可能なイチイガシの利用に特化した資源利用に変わっていったと考えられる。

　このイチイガシ利用文化圏は，イチイガシが現在分布する地域とほぼ一致する。このため，イチイガシが利用可能な地域はイチイガシを集中的に利用し，そうでない地域では，食用となり木材が利用できるクリとウルシなどの有用植物を管理して，栽培植物を育て，森林資源を積極的に利用する資源利用になっていた。

6　クリーウルシ利用文化圏における植生と植物利用の変化

　縄文時代前期以降中期中頃までは，上記の森林資源利用に大きな変化はみられない。中期後半から後期前半前後にクリーウルシ利用文化圏で利用の画期がみられる。

　関東地方では，沿岸部で照葉樹の漸増はあるものの内陸部ではコナラ亜属優占の植生が続き，中部から東北地方では，ブナ属―コナラ亜属からなる落葉広葉樹林が継続する。そうした背景のなかで，ダイズ属やアズキ亜属の種子の大型化などが中期後半頃に中部地方ならびに関東地方西部で確認される。辻[18]は九州地方や西日本で成立した縄文文化要素が東進したと仮定しているが，クリーウルシ利用文化圏の植物資源利用は関東・北陸・東北地方から道南地域に広がる落葉広葉樹林の中で発展したと考えられる。

　中期〜後期の地形や植生の変化を一地域で体系的に捉えられる例は少ない。古環境情報が比較的に多い関東地方でみると，この時期は，「浅谷の形成」の影響により，木本泥炭が谷に厚く堆積し，一部の地域では中期後半から後期前半前後に

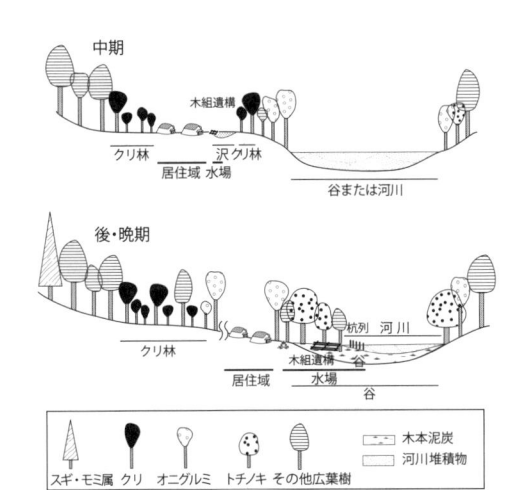

図6 関東地方における遺跡立地と水場，周辺の資源環境（註28を改変）

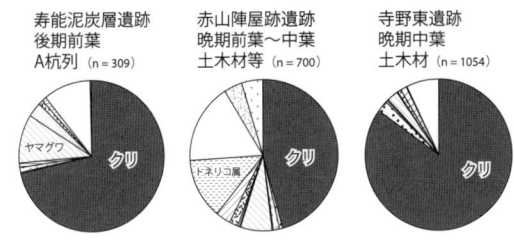

図7 関東地方における縄文時代後・晩期の土木材の樹種組成（註19を改変）

低地に遺跡が進出する（図6）。

 関東地方の一部の地域では，この時期以前には利用できなかった谷や低地が堆積したため，人間の活動域が新たに利用可能となった低地にまで拡大した。この安定した低地に増加したと考えられるトチノキの資源が，水さらしの用途などが推定される水場遺構など遺構の構築を伴って，本格的に利用された。

 中期後半から晩期中葉にかけて低地に構築された水場遺構の構成材や杭材などの土木用材には，周辺の資源量を反映してクリが選択的かつ多量に使用されていた。たとえば関東平野に位置する縄文時代後・晩期の3ヵ所の遺跡で使われている水場の土木材の樹種組成をみると，クリが約50〜80％を占める[19]（図7）。この比率は，近年まで関東地方の各地で維持されてきたナラやクヌギを主体とする雑木林[20]と比較してもかなり高率である。

 とくにこの時期に水場を利用する遺構が検出された諸遺跡では，クリだけでなく，ウルシを活動域周辺に生育させて，漆液採取のほかに水場の用材としても活用していた。

 従来，花粉分析のデータとトチノキの水さらし場遺構の検出例の増加から，中期から後・晩期には植物利用が「クリからトチノキへ」変化したと言われてきた。しかし，利用された種実と木材のデータを総合すると，クリの種実・木材利用が早期末から前期以降後・晩期においても継続されている。むしろトチノキの種実利用が中期から見え始めて，後期前葉から中葉に利用がピークとなるため，「クリにトチノキが加わる」形で植物利用のあり方が重層化したと考えられる。トチノキの種実利用は，単に食用として食料リストに加わっただけでなく，水場において加工施設を構築し，労働力を投下して集約的に加工し利用する技術開発が行なわれた点で，これまでの植物利用とは異なる資源利用のあり方である。加えて，トチノキの利用が大規模になったのは，中期後半から後期頃にかけて低地林や湿地林が発達し，トチノキの生育しやすい空間が広がったという環境変化にも一因がある。低地遺跡で実施される花粉分析は，台地に生育しやすいクリに比べて，より斜面や低地に生育しやすいトチノキの存在を反映しやすいことも考慮する必要がある（図6）。後期以降においても，居住域周辺の水場周辺にはトチノキやクルミが生育し，水場からやや標高が高い斜面から台地上には人間の関与を受けたクリやウルシの林と，二次林が成立していたと考えられ，人々は木材と種実という2種類の資源の獲得に適した森林を擁し，多角的な戦略のもとで植物利用を行なっていたと推定できる。

 この時期の西南日本では，植物資源利用の変化は木本植物では明確に捉えられておらず，植物資

源利用に画期があったかどうかは不明である。ただし、後期になってダイズ属やアズキ亜属などの草本植物が増加する点やアサなどの栽培植物が見いだされており[21]、何らかの変化があった可能性がある。今後森林資源の利用について解析する必要があろう。

7 植物利用の地域性
―編組製品とその素材植物を例として―

集落周辺の植物資源は、編組製品や繊維製品の製作にも活用されていた。これまで縄文時代の編組製品や繊維製品は出土していたが、素材植物の検討が不十分であったため、植物資源の管理との関連は不明瞭であった。

2000年代に九州地方で大量の編組製品が出土するようになり、また微小で脆い素材の同定技術の向上に伴って素材植物の研究が進んだ結果[22]、編組製品についても森林資源利用のなかで素材選択が議論できるようになってきた。

縄文時代の編組製品の素材植物を集成すると、関東や北陸、九州地方といった地域ごとに素材の選択が異なっており、関東地方は素材がタケ亜科のみと、もっとも単純な地域であることが分かる（図8）[23]。また編組製品の素材植物の選択は、クリ―ウルシ利用文化圏とイチイガシ利用文化圏とはまったく異なったレベルで行なわれており、北陸地方のような針葉樹の割り裂き材を多用する地域はこの2つの森林資源管理をしている地域に跨がっている。

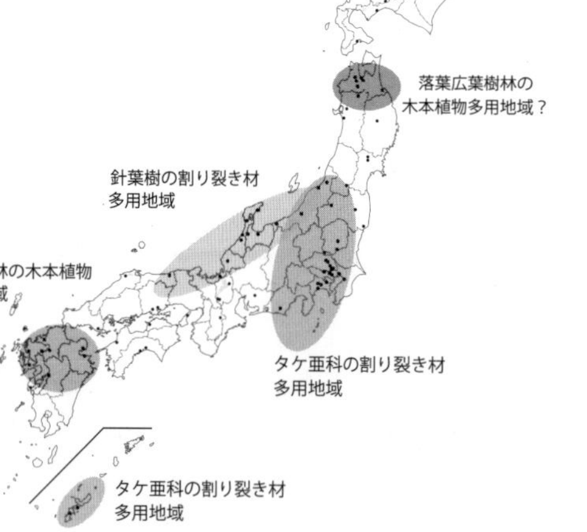

地域ごとに認められる素材選択が時期別にもっとも把握できているのは、九州地方の中・北部地域である。九州地方では、早期後葉の佐賀県東名遺跡から約700点[24]、後期前葉の福岡県正福寺遺跡から約140点の編組製品が出土している[25]。東名遺跡の編組製品は高さが70cm前後の大型のかごから50cm以下の小型のかごまであり、大きさと形状によって、割り裂いたムクロジもしくはイヌビワの木材か、ツヅラフジやテイカカズラ属などの蔓植物を使うかという素材植物の選択がなされていた[26]。正福寺遺跡の製品は小型のもじり編みで作られ、蔓植物のテイカカズラ属とウドカズラ、ツヅラフジが使われていた[27]。現在ムクロジは九州地方でも稀にしか生育せず、イヌビワや蔓植物は普通に生育するものの編組製品の素材に適した素性の良い個体は限られており、2遺跡で出土した数の編組製品を作製するための素材を一定量確保するには、素材に適した成長をする個体を人為的に管理していた可能性が高い。これらの遺跡から出土した編組製品の素材を出土時期と対比させると、後期になると蔓植物が主体となって割り裂き材の利用は少なくなるという違いはあるものの、編組製品の素材植物の選択はほぼ早期の段階で決まっており、それが後期までは引き継がれている[28]。現段階では時期ごとの出土点数の偏りが大きく不明点も多いが、おそらくほかの地域でも同様にかなり早い時期に素材植物の選択は絞られていたと推定される。

縄や布の素材にも地域性があったと推定され、編組製品の素材選択とどのように連動しているの

図8 縄文時代の編組製品の出土地域と素材の分布（註23を改変）

かを解明するのが今後の課題である。

このように，縄文時代の植物資源管理のなかには，編組製品などの素材植物も対象とされており，少なくとも縄文時代早期には，素材植物が集落周辺に恒常的に維持されていたと推定される。

8 クリーウルシ利用文化圏における森林資源利用モデル

図9は，植生に関する情報が多い縄文時代後・晩期の本州東半部をモデルとして，居住域と森林，水場の位置関係を考慮して縄文時代の植物資源利用の体系を模式化して示した[29]。後・晩期をモデルとしているが，基本的な利用体系は早期末～前期初頭に成立した。居住域の周辺には，人間が常に手をかけている，クリやウルシなどの資源管理された林が広がり，その周囲には果実を利用するヤマグワやニワトコなどの有用植物が生育する二次林があり，陽当たりの良い草地にはアズキ亜属やダイズ属などのマメ類やアサなどの栽培が行なわれていたと考えられる。また林の下に生育するワラビなどのシダ類は食用にされただけでなく，縄などの素材としても利用されていた。二次林は，居住域周辺の林では得られない食料資源や，木製品，編組製品の素材，燃料の調達空間になっていただろう。

またクリ林やウルシ林，二次林からは，居住域で利用する植物や，水場の水利用施設で加工・処理される堅果類や鱗茎類，および水場遺構などの構築材なども供給されていた。水場からは加工済みの食料や製品が居住域へ運ばれた。二次林の外には，自然林が広がっており，居住域周辺では十分まかなえない樹種や大径木の木材，食料などが居住域や水場に持ち込まれていたと考えられる。水場に近い低地林や河畔林からは，トチノキやクルミなどが供給されたであろう。

このように，本州東半部の落葉広葉樹林帯に存在する集落では，周辺の生態系を改変して多角的

図9 東日本を中心とした地域における縄文時代の森林資源利用の模式図（能城・佐々木 2014）

な植物資源利用がなされていたと考えられる。縄文時代の植物資源利用を，人間が利用した種実と木材，編組製品から総合的に捉えると，上記のような森林資源利用が見いだせた。

9 おわりに

人間によって利用された植物遺体の検討から，縄文時代の植物資源利用に2つの利用文化圏を設定し，時期ごとの変化を概観した。

ただし，植物遺体は，炭化して無機物となった場合か，低地遺跡などの地下水位が高い環境下にしか遺存しない。また，トチノキの種皮は残りやすいが，その内部にある食用部位の子葉は生の状態では残りにくいなど，種類や部位によって遺存率が異なる。加えて堆積状況や調査・整理時のバイアスも入りやすい。そのため，遺存した植物の量比に基づいて，当時の植生や，用材としての重要性を議論する際には注意が必要である。

また植物資源の利用がほかの生業活動や土器と石器などの考古遺物の製作・利用とどのようなバランスを持って成立していたのか，また小地域ごとの差異などについては，今後の検討課題としたい。

註

1) 酒詰仲男「日本原始農業試論」『考古学雑誌』42—2, 1957, pp.1-12, 酒詰仲男『日本縄文石器時代食料総説』土曜会, 1961
2) 西田正規『定住革命―遊動と定住人類史』新曜社, 1986
3) マメや草本の栽培植物については, 中山誠二『植物考古学と日本考古学の起源』(同成社, 2010), 小畑弘己『東北アジア古民族植物学と縄文農耕』(同成社, 2011) など.
4) 吉岡邦二「植物地理学」『生態学講座』12, 共立出版, 1973, 宮脇 昭『日本の植生』学習研究社, 1977 など
5) 辻 誠一郎「縄文時代の移行期における陸上生態系」『第四紀研究』36—5, 1997, pp.309-318
6) 鈴木三男『日本人と木の文化』八坂書房, 2002
7) 辻 誠一郎「人間―環境史復元のための植生復元」『日本の科学者』33—9, 1998, pp.15-19, 辻 誠一郎「縄文時代の植生史」小杉 康ほか編『縄文時代の考古学3 大地と森の中で―縄文時代の古生態系―』同成社, 2009, pp.67-77
8) 辻 誠一郎「植物相からみた三内丸山遺跡」『三内丸山遺跡Ⅵ』青森県教育委員会, 1995, pp.81-83, 吉川昌伸・鈴木 茂・辻 誠一郎・後藤香奈子・村田泰輔「三内丸山遺跡の植生史と人の活動」『植生史研究特別第2号』2006, pp.49-82.
9) 能城修一・鈴木三男「青森県三内丸山遺跡とその周辺における縄文時代前期の森林資源利用」『植生史研究特別第2号』2006, pp.83-100
10) 佐々木由香「縄文時代における植物利用と栽培」『国際シンポジウム:東アジア植物考古学研究の現況と課題』ソウル大学・熊本大学, 2011, pp.25-34
11) Noshiro, S., Suzuki, M. and Sasaki, Y.「Importance of *Rhus verniciflua* Stokes (lacquer tree) in prehistoric periods in Japan, deduced from identification of its fossil woods」『Vegetation History and Archaeobotany』16, 2007, pp.405-11
12) 辻 誠一郎・中村俊夫・南木睦彦・植田弥生・小杉正人「粟津湖底遺跡の縄文時代早期の植物化石群と放射性炭素年代」『南湖粟津航路 (2) 浚渫工事に伴う発掘調査概要報告書』滋賀県教育委員会・㈶滋賀県文化財保護協会編, 1992, pp.56-61
13) 南木睦彦・中川治美「大型植物遺体」『粟津湖底遺跡 自然流路』滋賀県教育委員会, 2000, pp.49-125
14) 小畑弘己「王子山遺跡の炭化堅果類の同定」『王子山遺跡』都城市教育委員会, 2012, pp.87-89, 小畑弘己・真邉 彩「王子山遺跡のレプリカ法による土器圧痕分析」『王子山遺跡』都城市教育委員会, 2012, pp.92, 工藤雄一郎「縄文時代草創期土器の煮炊きの内容物と植物利用」『国立歴史民俗博物館研究報告』187, 2014, 73-93
15) 前掲註3小畑2011に同じ
16) 辻 (前掲註5) によると, 西南日本では約13,000 ないし 12,000 ^{14}C BP にすでにコナラ―クマシデ属型落葉広樹樹林が認められ, 植物資源利用が出揃った可能性が指摘されている.
17) 前掲註3小畑2011に同じ
18) 前掲註5に同じ
19) 能城修一・佐々木由香「東京都東村山市下宅部遺跡の出土木材からみた関東地方の縄文時代後・晩期の木材資源利用」『植生史研究』15, 2007, pp.19-34
20) 奥富 清・辻 誠治・小平哲夫「南関東の二次林植生コナラ林を中心にして」『東京農工大演習林報告』13, 1976, pp.55-66
21) 前掲註3小畑2011に同じ
22) 小林和貴「編組製品素材の同定方法」『シンポジウム:縄文時代の編組製品研究の到達点―地域性と素材に注目して』あみもの研究会, 2012, pp.139-149
23) 佐々木由香・小林和貴・鈴木三男・能城修一「下宅部遺跡の編組製品および素材束の素材からみた縄文時代の植物利用」『国立歴史民俗博物館研究報告』187, 2014, pp.323-346
24) 佐賀市教育委員会『東名遺跡群Ⅱ―東名遺跡2次・久富二本杉遺跡―』第5分冊 東名遺跡2次・遺物編2』佐賀市教育委員会, 2009
25) 久留米市文化観光部文化財保護課『正福寺遺跡 第7次調査遺構編』久留米市教育委員会, 2008
26) 西田 巖「佐賀県東名遺跡の編組製品」『シンポジウム:縄文時代の編組製品研究の到達点―地域性と素材に注目して』あみもの研究会, 2012, pp.101-116
27) 能城修一・佐々木由香, 未公表
28) 能城修一・佐々木由香「遺跡出土植物遺体からみた縄文時代の森林資源利用」『国立歴史民俗博物館研究報告』187, 2014, pp.15-48
29) 前掲註28に同じ

栽培植物利用の多様性と展開

中沢道彦

1 はじめに

縄文時代晩期後半〜弥生時代前期の日本列島各地において，イネの水田栽培，アワ，キビの畠栽培など，大陸系穀類と初期農耕技術の導入過程を復元し，伝統的な生業体系の変化について論ずる。

その検証は，土器の種実圧痕にシリコン樹脂を注入，型取り，それを走査型電子顕微鏡で観察するレプリカ法[1]による分析成果を中心に行なう。

レプリカ法による土器の種実圧痕の分析は，土器の型式認定と種実圧痕の同定が確実である限り，圧痕をもつ土器の製作時に種実が存在した証拠となる。土器編年を時間軸に，大陸からイネ，アワ，キビの大陸系穀類が土器の圧痕として出現する時期を明確にし，日本列島各地における初期農耕の伝播と受容を復元する研究に向く。遺跡調査では検出しにくい微細な種実を土器圧痕として検出できる点や，遺跡調査で微細な種実そのものが検出されても後世の混入の可能性があるので，年代測定の必要があるが，圧痕をもつ土器の型式認定が正確な限り，土器の時期が明確な点は土器の種実圧痕を分析する上で有利な点である。

ただし，土器の種実圧痕データのみでは量の問題を扱うには不十分であるし，種実の脱粒性や保存，土器の製作環境などの要因でキビなど土器圧痕に残りやすい種もあると考えられ，種実圧痕のデータが当時の植物利用の実態をどこまで反映するのか充分な吟味をすべき側面もある。

レプリカ法の有利点と課題も踏まえた上で，そのデータの評価を試みる。その遺跡や同時期の地域の遺物や遺跡における変化との相関性を検討し，各地域における初期農耕文化の伝播と受容の過程の復元について，新潟以西の地域ごとで紹介する。

表1は筆者の土器編年と2014年8月現在の各地で最古のイネ，アワ，キビを示した表である。現状で確実に縄文晩期後半突帯文土器群を遡るイネ，アワ，キビはない。2000年代でも「突帯文土器群を遡る縄文時代後晩期」の「籾痕」「アワ圧痕」が取り上げられたことがあったが，土器の時期認定や種実圧痕の同定に問題があった。

韓国では新石器時代早前期土器にアワ，キビ圧痕が確認される[2]。一方，イネは，渼沙里遺跡の青銅器時代早期土器の籾圧痕（図1）が確実な資料として最も古い[3]。朝鮮半島ではそれまでの堅果類利用と雑穀栽培に，青銅時代早期に水稲農耕が加わることで社会の変化も想定され[4]，この時期にはイネの水田栽培，アワ，キビの畠栽培がセ

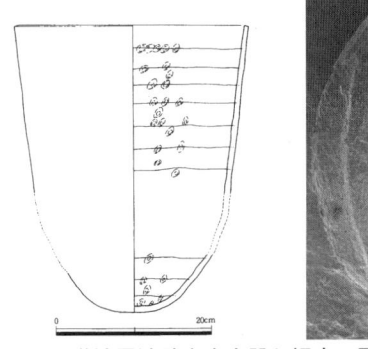

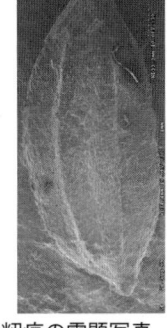

図1　渼沙里遺跡出土土器と籾痕の電顕写真
（中村大介提供）

表1 縄文時代晩期後半～弥生時代前期土器編年表と各地のイネ・アワ・キビの出現 （2014年8月現在）

推定年代 14CBP	九州	山陰	瀬戸内 (四国含む)	近畿	北陸	東海	中部高地	関東	東北
2800～2700	(江辻SX1)	「桂見I式」 (イネ：板屋III)	前池式	滋賀里IV式	下野式(古)	西之山式	佐野I式 (古中)	安行3d式・前浦式	大洞C2式(古)
	山の寺式／ 夜臼I式 (イネ：上中段)	「桂見II式」 (キビ：三田谷I) (アワ：青木)	津島岡大式 (イネ： 津島岡大)	口酒井式 (イネ：口酒井)	下野式(新)	五貫森式(古)	佐野II式(新)		大洞C2式(新)
2700～2600	夜臼IIa式 (アワ：上中段)	古市河原田式	沢式	船橋式 (キビ：宮ノ下)	長竹式(古)	五貫森式(新) (キビ：大西) (アワ：山王)	女鳥羽川式 (イネ：石行) (キビ：御社宮司)	桂台式・ 向台II式 (キビ：田原)	大洞A式(古)
2600～2500	板付I式／ 夜臼IIb式	古海式	沢田式／ 津島式 (アワ・キビ： 三谷)	長原式／ 第I様式(古)	長竹式(新) (イネ：御経塚)	馬見塚式	離山式 氷I式(古) (アワ：中道)	杉田III式・ 千網式	大洞A式(新)
2500～2400	板付II a・b式	「前期2式」	高尾式	第I様式(中)	柴山出村式(古)	樫王式 (イネ：大西)	氷I式 (中新)	杉田III式・千網式 ／荒海式 (アワ：平沢追明)	大洞A'式
2400～2300	板付II c式	「前期3式」	門田式	第I様式(新)	柴山出村式(新)	水神平式	氷II式	(境木)・荒海式・ 沖II式 (イネ：中屋敷)	砂沢式 (イネ： 生石II)

ットになる。早期に後続する青銅器時代前期が縄文時代晩期併行と考えられ，朝鮮半島でイネの水田栽培，アワ，キビの畠栽培がセットになる時期は日本列島より古いが，突帯文土器を遡る縄文時代晩期前半にこれら穀物が存在した証拠はない。

2 日本各地のイネ・アワ・キビ栽培の導入

(1) 九 州

九州南部で中村直子，真邉彩らが宮崎県坂元B遺跡で突帯文土器に籾痕，組織痕土器からアワ？圧痕，宮崎県黒土遺跡で突帯文土器から籾痕5点，可能性の高いもの含めアワ10点，また鹿児島県上中段遺跡でアワ圧痕などを確認している[5]。坂元B遺跡，黒土遺跡とも逆くの字浅鉢に籾痕やアワ圧痕をもつ。夜臼I式～夜臼IIa式の範囲だろう。坂元B遺跡の組織痕土器の圧痕は，アワの可能性がある。組織痕土器は九州で突帯文土器を遡る黒川式にも組成するが，下限は突帯文土器群前半の「干河原段階」～夜臼I式併行と考えられる。九州南部のデータでキビが判然としない。比較的冷涼な気候を好むキビの特性なのか，少ないデータの差なのか，注意したい。

(2) 山 陰

朝鮮半島経由で大陸系穀類や農耕文化は日本列島に伝播し，九州北部は朝鮮半島から農耕文化の第一情報が伝わる。しかし，イネは島根県板屋III遺跡の前池式の籾圧痕（図2），アワは鳥取県青木遺跡の「桂見II式」のアワ圧痕，キビは島根県三田谷I遺跡の「桂見II式」のキビ圧痕と，日本ではイネ，アワ，キビとも山陰のデータが最も古い。今後調査が進めば九州北部も同時期相当のデータが蓄積されるだろうが，山陰では突帯文土器群でも古い段階に朝鮮半島からの農耕技術の第一情報が九州北部に近い形で伝播したと考えられる。

国内最古の籾痕土器が出土した板屋III遺跡は標高261～270mの中国山地西部に立地し，日本海沿岸の平野部ではなく，山間部の遺跡である。イネの湿地を好む性質を考えれば，籾痕の原因となったイネの栽培は焼畑や陸耕でなく，山間部でも沖積段丘上の河道や湧水地の湿地利用の小規模水田が想定できる[6]。また，板屋III遺跡のような山間部遺跡への農耕の伝播経路は，三田谷I遺跡や青木遺跡など，日本海沿岸の平野部に近い遺跡で古い段階のアワ，キビの圧痕が確認されている点を考慮すれば，日本海側，そして出雲平野部からもたらされたと考える。

最も古いキビ圧痕が確認された島根県三田谷I遺跡は標高8～14mで，出雲平野近くの丘陵に立地する。突帯文土器群～弥生時代前期土器が多量に出土し，突帯文土器群前半「桂見II式」などからキビ圧痕を確認した。

三田谷I遺跡では縄文時代晩期中葉～晩期後葉

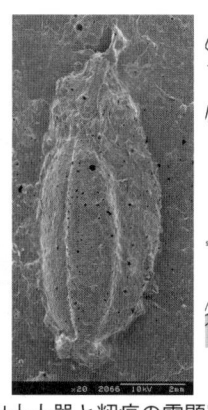

図2 板屋Ⅲ遺跡出土土器と籾痕の電顕写真
(左:角田徳幸編『板屋Ⅲ遺跡』1998を改変　右:丑野毅撮影)

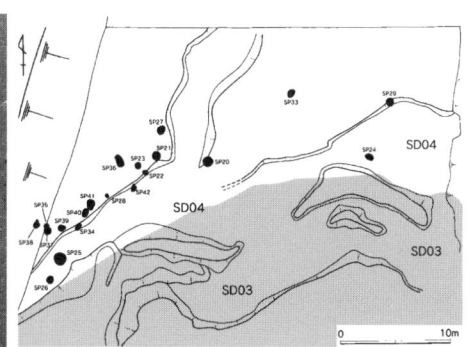

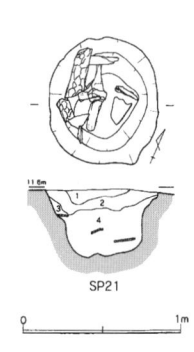

図3 三田谷Ⅰ遺跡の貯蔵穴群位置図と貯蔵穴図
(熱田貴保『三田谷遺跡 vol.2』2000改変)

と推定される堅果類貯蔵の貯蔵穴が20基検出されている。20基の貯蔵穴の堅果類は全体的にアカガシが主体だが、SP24ではアカガシ堅果1553点、イチイガシ638点、SP34ではアカガシ堅果62点、トチノキ種子101点と、アカガシにイチイガシ、トチノキが組み合わさる（図3）。

山陰では縄文時代後晩期に伝統的に低地部で貯蔵穴による堅果類利用が顕著で、トチノキ種子を中心にアカガシなどの堅果類が貯蔵される。三田谷Ⅰ遺跡の貯蔵穴もその流れで評価できる。貯蔵穴の時期が晩期前葉なら堅果類利用から農耕導入への変化を説明できるが、貯蔵穴の時期がアワ、キビ圧痕と同時期ならば堅果類を積極的に利用する伝統的な生業に穀類栽培が加わった、もしくは農耕に傾斜しかけた生業の救荒備蓄などと考えられる。後者を仮定すると、植物質食料利用の面で堅果類が一定の割合を占め、農耕導入期において農耕を志向する一方で、その不安定な収穫に対して、従来から西日本的社会を支えた伝統的な堅果類への依存は継続していたといえる。

前述の板屋Ⅲ遺跡は中国山地西部の遺跡であるが、中国山地東部、千代川上流の鳥取県智頭枕田遺跡出土の突帯文土器終末の古海式土器からレプリカ法調査で、イネ籾2点、キビ5点、アワ3点などを確認した。同遺跡出土の種実圧痕をもつ古海式土器は突帯の断面が三角形で中国山地東部の地域色が強い。土器の圧痕は遺跡周辺の土器製作地にイネ、アワ、キビの穀類が栽培され、土器が製作された結果だろう。イネは湿地を好む特性から、谷地部の沖積段丘上の河道や谷地形が埋没した湿地部の小規模水田でイネが栽培されたのだろう。それにアワ、キビの畑作が組み合った。

智頭枕田遺跡では北陸系長竹式や中部高地系離山式、播磨系土器が出土する。一方、千代川下流域、鳥取平野の本高弓ノ木遺跡では濱田竜彦らによるレプリカ法調査で古海式からイネ圧痕20点、キビ圧痕26点、アワ圧痕23点などが検出された[7]。山陰のイネ、アワ、キビのデータの古さ、智頭枕田遺跡における異系統土器の流入経路と千代川上下流域の圧痕データの比較から、突帯文土器期に山陰の日本海沿岸から因幡街道や篠山街道ルートが近畿経由で日本列島に初期農耕の情報が拡散した経路の一つと提案できる（図4）[8]。

(3) 山　陽

かつて「縄文時代後晩期」とされた岡山県南溝手遺跡の籾痕土器2例は、突帯文土器期のものと判断される。一例は沢田式精製浅鉢だろう。

岡山平野の突帯文土器群などについて山本悦世がレプリカ法で調査を行ない、岡山県津島岡大遺跡で沢田式の籾痕、百間川沢田遺跡で沢田式の籾痕、上東中嶋遺跡で津島岡大式の籾痕を確認している[9]。アワ、キビなどは判然としない。すでに

栽培植物利用の多様性と展開　117

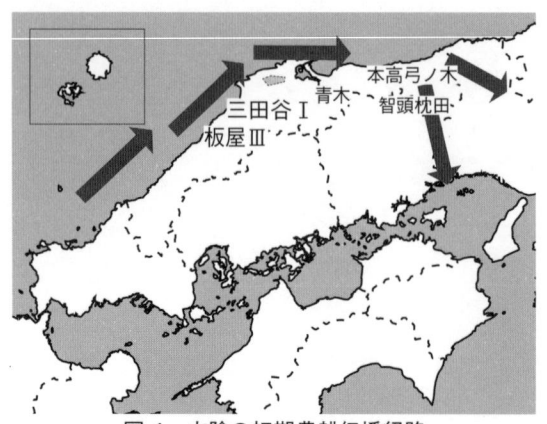

図4 山陰の初期農耕伝播経路
突帯文土器期に日本海沿岸から因幡街道，篠山街道ルートで近畿経由，日本列島に初期農耕が拡散した1つの経路が考えられる。

西日本の突帯文土器期ではそれ以前に比べて鉢などの減少が指摘され，堅果類に比べ，コメや雑穀はアク抜きなどの加工工程を欠落することから，穀類の導入による食品加工技術の変化が土器の器種組成の変化に反映されたものとする説が阿部芳郎から示されている[10]。

なお，岡山県前池遺跡の前池式や岡山県黒土遺跡出土の突帯文土器の圧痕の調査を行なったが，穀類の圧痕の存在が判然としなかった。

(4) 四 国

徳島県三谷遺跡は縄文時代晩期末～弥生時代前期前葉が主体の貝塚で，ハマグリ・ハイガイ・マガキを中心とする貝層が低地部から検出された。貝類のほかにも，魚類・哺乳類・鳥類の多種多様な骨が出土している。なかでもイノシシ・シカが多い。植物遺体では堅果類とイネが検出された。同遺跡出土土器の種実圧痕をレプリカ法で調査し，突帯文土器からイネ，アワ，キビ圧痕を確認している[11]。三谷遺跡の貝塚出土の動植物遺体のデータとレプリカ法による土器のイネ，アワ，キビの穀類圧痕のデータを総合すると，縄文時代の狩猟，漁撈，採集の伝統的な生業活動にイネやアワ，キビの栽培が加わる状況が見えてくる。

三谷遺跡のイネ，アワ，キビの栽培形態を考え

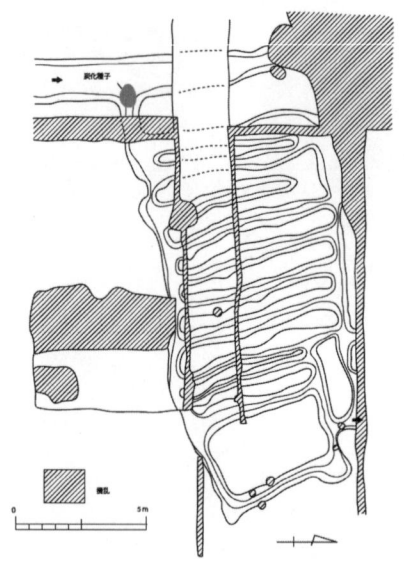

図5 庄・蔵本遺跡畠址（註12）

る上で重要なのは，約600mの距離で近接する徳島県庄・蔵本遺跡である。その主体は弥生時代前期中葉で，三谷遺跡に連続する。庄・蔵本遺跡では弥生時代前期中葉の水田址と水路を隔てて微高地に畠址が検出された（図5）。畠址ではアワ，キビ，シソ属，ササゲ属などの種実も検出され[12]，水田と畠が並存する弥生時代前期中葉の景観が復元できる。近接する三谷遺跡でも，アワ，キビが，庄・蔵本遺跡と同様に耕起作業を伴って，畠で栽培されたのだろう。

日本考古学では水稲耕作以前に「原初的」とされる焼畑で雑穀栽培が導入されたという仮説もあるが，三谷遺跡や庄・蔵本遺跡の状況からイネの水田栽培とアワ，キビの畠栽培が朝鮮半島から渡来した農耕の形態であると考えられる。

なお，徳島県名東遺跡，宮ノ本遺跡でも突帯文土器期の籾痕も確認されている。

(5) 近 畿

かつて近畿で最古と考えられた大阪府讃良郡条里遺跡の縄文時代晩期後半滋賀里Ⅳ式土器の「籾痕」とされた資料は，イネ以外の何らかの種子と判明した。現状で著名な兵庫県口酒井遺跡の口酒

井式の籾痕土器が最も古い。

旧河内湾の大阪府宮ノ下遺跡から出土した，縄文時代晩期後葉船橋式からキビ圧痕を確認した。近畿で最も古いキビとなる。同遺跡では船橋式〜長原式の層からコイ，フナ，ナマズ，スズキ，クロダイ属，スッポン，サギ科，ガンカモ科，ツル科，ツキノワグマ，カワウソ，イノシシなどの動物遺体，クルミ，トチなどの植物遺体が出土する。縄文時代の伝統的な生業に畠作が加わったと考えられる。珪藻分析では，縄文時代晩期後葉〜弥生前中期初頭に遺跡周辺の水域で淡水化が進むという環境復元が考察されているが，遺体で出土した淡水魚類や鳥類の生息環境と環境復元が一致する。水稲耕作導入の証拠はないが，畠作とともに導入された蓋然性が高い。

なお，兵庫県玉津田中遺跡，片引遺跡，丁・柳ヶ瀬遺跡で縄文時代晩期末〜弥生時代前期土器の種実圧痕をレプリカ法で調査し，玉津田中遺跡では縄文時代晩期末〜弥生時代前期土器にアワ類似圧痕，キビ類似圧痕を確認した。播磨では該期に初期農耕文化の畠作が導入された仮説の状況証拠になる。片引遺跡，丁・柳ヶ瀬遺跡では種実圧痕の存在が判然としなかった。

(6) 東 海

三河湾沿岸を中心に貝塚が形成される東海は，貝塚を対象とした縄文時代の生業研究が伝統的に活発だが，まずは個性ある生業活動の2遺跡のレプリカ法調査成果を紹介する。

愛知県大西貝塚は貝層面積が5700㎡以上，縄文時代貝層の厚さは2m以上で，西日本最大規模の貝塚である。貝層形成は縄文時代後期後葉〜弥生時代前期中葉だが，全時期を通じてハマグリが主要種である。貝塚は海浜部に形成されるが，生活の痕跡は薄い。同時期の集落遺跡は貝塚から4〜10kmの距離で分布する。大西貝塚の周辺には水神貝塚などほかに6貝塚が200〜800mの距離で位置し，牟呂貝塚群を形成し，いずれもハマグリが主要種の貝塚である。これらは同時期の集落遺跡の集団がハマグリを剥身，干貝に加工する加工場型貝塚と評価されている。

貝塚の活動は縄文時代後期後葉から晩期前半までの貝層範囲は狭いが，晩期後半五貫森式にハマグリの採貝活動が活発化し，貝層規模は拡大する。これは晩期後半の寒冷化の海水準低下による干潟・沖積低地の拡大が要因の一つと考えられる。

大西貝塚出土土器の種実圧痕をレプリカ法調査し，縄文時代晩期後葉〜弥生時代前期土器では，五貫森式後半〜馬見塚式でキビ2点，馬見塚式に併行する氷Ⅰ式古段階でアワ圧痕1点，樫王式でイネ1点，キビ3点を確認した（図6）。また，五貫森式後半〜馬見塚式土器から，今日的にイネの害虫であるコクゾウムシの圧痕を確認している。後期後葉〜晩期前半では穀類の圧痕はなかった。

大西貝塚のレプリカ法調査のデータは，縄文時代後期から伝統的にハマグリの加工処理の活動を行なう集団において，縄文時代晩期後葉にイネ，アワ，キビの栽培が加わったことを示す。また，大西貝塚や同じ貝塚群の水神貝塚では主要種のハマグリの成長線分析が行なわれ，春〜初夏にかけての採貝活動を中心に通年で採貝が行なわれたと結論されている（表2）[13]。イネ，アワ，キビを播種する時期が春〜初夏，収穫を秋とすると，畠の耕起や播種の時期はハマグリ採貝時期のピークと重なる。しかし，収穫の時期がハマグリを採貝する時期と外れる。貝塚の形成に関わった集団が，伝統的な生業サイクルにイネ，アワ，キビ栽培という新たな生業を加えるにあたり，季節性の面で栽培は受け入れやすい条件をもっていたのだろう[14]。

愛知県神明社貝塚は，知多半島と関係深い篠島に位置する。縄文時代後期後葉〜晩期初頭，晩期後葉〜弥生時代前期が主体である。同貝塚ではいずれの時期も外洋回遊性のマグロ属，サメ類，外洋から湾央に活動するイワシが出土する。三河湾湾口の小島の立地を生かした外洋のサメ・マグロ

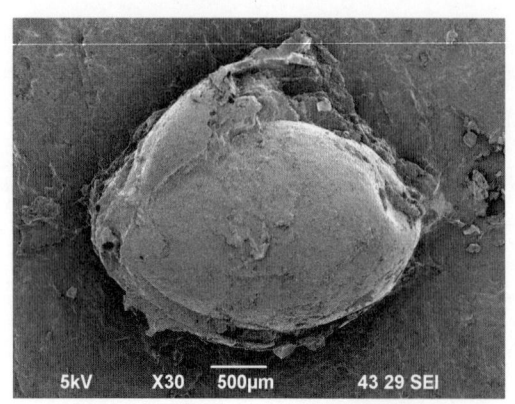

図6　大西貝塚のキビ圧痕の電顕写真
（小畑弘己・仙波靖子・真邊彩撮影）

表2　大西貝塚の成長線分析（註15 岩瀬2003改変）

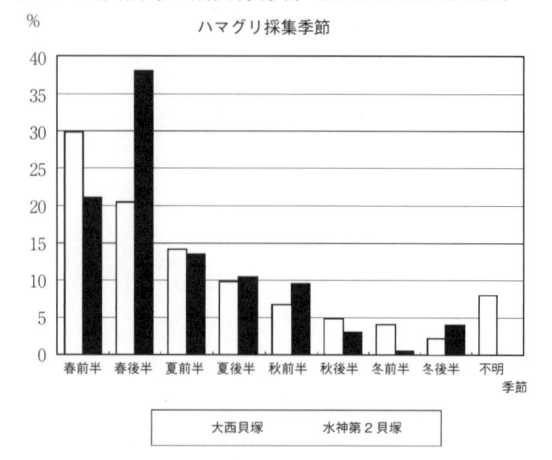

釣漁とイワシ網漁の活発さが本貝塚を特徴づける[15]。外洋性漁撈に傾斜した個性をもつ集団が貝塚形成に関わったと理解できる。

神明社貝塚から出土した同一の樫王式の外面にキビ1点，内面にアワ1点などを確認した。

神明社貝塚形成の集団は，外洋性漁撈に傾斜するという東海地方でも例が少ない個性をもつ。東海で一体的に農耕・栽培を導入した時期に，外洋性の漁撈に傾斜する集団においてもアワ，キビなどの雑穀栽培が新たな生業として加えられた。

東海ではこのほか，愛知県馬見塚遺跡，西志賀遺跡，伊川津貝塚，西志賀貝塚，五貫森遺跡，麻生田大橋遺跡，静岡県山王遺跡，清水天王山遺跡などで縄文時代晩期後葉〜弥生時代前期土器からイネ，アワ，キビ圧痕が確認されている[16]。

(7) 中部高地

中部高地は縄文時代晩期後葉浮線文土器群が主体的に分布し，土器編年は女鳥羽川式，離山式，氷Ⅰ式古中新段階，弥生時代前期氷Ⅱ式となる。

長野県氷遺跡，荒神沢遺跡，大日ノ木遺跡，御社宮司遺跡，松本市石行遺跡，飯田市石行遺跡，矢崎遺跡，山梨県中道遺跡，屋敷平遺跡[17]などで縄文時代晩期後葉浮線文土器群のアワ，キビ圧痕例が検出されている。

イネは，飯田市石行遺跡で縄文時代晩期後葉土器に籾痕が確認され，東日本で最も古い。キビも御社宮司遺跡の女鳥羽川式のキビ圧痕が東日本で最も古い（図7）。アワは山梨県中道遺跡の離山式のアワ圧痕が中部高地で最も古いが，今後，女鳥羽川式の事例も検出されるだろう。

中部高地では，浮線文土器群後半の氷Ⅰ式古段階以降にアワ，キビ圧痕が増加する。氷Ⅰ式古段階以降にアワ，キビ栽培が拡大したのだろう。

籾痕は浮線文土器群では，前述の石行遺跡例以外，判然としない。長野県春山遺跡の氷Ⅱ式土器の籾痕例など，検出事例が増えるのは弥生時代前期以降である。西日本の突帯文土器群ではイネ，アワ，キビ圧痕が検出される事例から，イネの水田栽培，アワ，キビの畠作栽培が複合しての情報が西日本から伝播し，水田によるイネ栽培も試行されるのだが，緯度や標高と連動した気候などの問題があり，アワ，キビ栽培に傾斜する選択的受容がなされた[18]。逆に東日本では弥生時代前期氷Ⅱ式（汎日本列島的には弥生時代前期後葉）には籾痕など，イネの証拠が増える。これは弥生時代前期後半段階でわずかな温暖化[19]があり，イネ栽培が拡大したと考えられる。

前述のとおり，筆者は徳島県庄・蔵本遺跡の畠遺構と三谷遺跡のアワ・キビ圧痕との相関性から，縄文時代晩期後葉のアワ・キビでは畠栽培を

1：石行土土器　2：イネ　3：御社宮司出土土器　4：キビ
図7　石行遺跡・御社宮司遺跡出土土器と種実圧痕写真
(1・3：中沢道彦撮影　2：丑野毅撮影　4：小畑弘己・仙波靖子・真邉彩撮影)

想定している。そこで注目されるのは，表3のとおり，中部高地では縄文時代晩期後葉浮線文土器群の時期に石器組成で打製石斧の数が増加する現象である。これは東海でも同様で，打製石斧の増加と雑穀栽培との関連性が指摘されている[20]。この問題は愛知県五貫森遺跡の低地進出と打製石斧の相関性から，該期の原始農耕を想定した岡本勇の先見性を再評価するべきだろう[21]。

打製石斧は縄文時代の伝統的な土掘り具であり，竪穴住居や土坑などの掘削，自然薯など有用植物の採集の用途が想定される。西日本から畑によるアワ，キビ栽培を導入するにあたり，畑の耕起では伝統的な土掘り具である打製石斧が用いられた。ただ，機能の限界から畑の深耕は難しい。耕起は浅いものと考えられる。また，日本列島の酸性土壌と連作による地力の弱まりも考慮すれば，集落周辺で畑地の移動や切り替え畑などが想定される。

長野県東大門先遺跡の弥生時代前期氷Ⅱ式の土坑から，大半がササゲ属のマメ類種子が719点出土した。年代測定で2430±25yrBPの値も得られている[22]。これはアワ，キビの畑栽培の開始と共に，伝統的に管理，利用されたマメ類が畑作に組み込まれたのだろう。マメ科植物には根に空中の窒素を固定する根粒菌が共生し，マメを畑の作付けに組み込むことで地味がよくなる[23]。検証はできないが，マメが畑の栽培に組み込まれたこと

で，結果的に畑地の利用期間が延びたのではないかと考えている。

中部高地のアワ，キビ栽培受容過程の復元で注目すべきは御社宮司遺跡である。御社宮司遺跡では石鏃が422点も出土する。内有茎は234点，無茎は149点で，晩期前葉の遺物集中地点では無茎が主体，晩期後葉～弥生時代前期の遺物集中地点では有茎が主体となる[24]。晩期後葉～弥生時代前期のみならず，晩期前葉においても，遺跡では石鏃を多く保有する狩猟に傾斜した集団が想定できる。晩期中葉の断続はあるが，継続して伝統的な狩猟に傾斜した集団において，縄文時代晩期後葉に農耕が新たな生業の一つとして加わった。それが晩期後葉の打製石斧増加と関連する。ただ，同遺跡は晩期後葉から弥生前期まで概ね数百年間の狩猟の傾斜から，晩期後葉の畑作導入後も伝統的な狩猟に傾斜する生業を基本にして，緩やかに変化していたと考えられる。

(8) 新 潟

新潟県上越市和泉A遺跡は縄文時代晩期後葉～弥生時代前期を主体とする遺跡。離山式併行のアワ圧痕をはじめ，晩期後葉～弥生前期土器からアワ，キビ圧痕を確認した。

一方，同時期の下越にアワ，キビが判然としない。晩期後葉の東北も同様だ。現状でアワ，キビ圧痕の北限が和泉A遺跡例であるが，本来北方起

表3 中部高地・東海における縄文時代晩期遺跡の石器組成 （註17 中沢2012を改変）

		（新潟県上越・長野県東北中信）							
遺跡名		奥の城	山ノ神	佐野（1次）	宮崎	宮崎2号住居	氷（1・2次）	トチガ原	女鳥羽川
所在地		新潟県	長野県	長野県	長野県	長野県	長野県	長野県	長野県
		上越市	飯山市	山ノ内町	長野市	長野市	小諸市	大町市	松本市
立地		舌状台地	扇状地	扇状地	扇状地	扇状地	崖錐状傾斜地	沖積地	沖積地
主体時期		晩期中後葉	晩期中葉	晩期前葉	晩期全般	晩期前葉	晩期後葉～弥生前期	晩期後葉	後期～晩期後葉
		佐野Ⅱ式～烏屋1式	佐野Ⅰ式～佐野Ⅱ式	佐野Ⅰ式	晩期初頭～氷Ⅰ式	佐野Ⅰa式	氷Ⅰ式～氷Ⅱ式	氷Ⅰ式新段階	
遺物名	石鏃	4	46	1000以上	571	34	43	4	50
	石錐	0	8	80	81	2	2	0	3
	石匙	0	0	3	3	2	0	0	0
	打製石斧	3	0	0	15	0	29	25	7
	磨製石斧	2	2	6	21	2	4	0	1
	磨・凹石	22	1	11	30	0	32	0	20
	石皿	1	2	4	2	0	0	0	0
	石錘	0	0	0	0	0	0	0	0

		（長野県中南信・静岡県駿河・愛知県三河・尾張）							
遺跡名		石行	御社宮司	経塚	うどん坂Ⅱ	荒神沢	山王	五貫森	馬見塚F地点
所在地		長野県	長野県	長野県	長野県	長野県	静岡県	愛知県	愛知県
		松本市	茅野市	岡谷市	飯島町	駒ヶ根市	富士市	豊橋市	一宮市
立地		丘陵斜面	扇状地	扇状地	河岸段丘上	河岸段丘上	丘陵	沖積地	沖積地
主体時期		晩期後葉～弥生前期	晩期後葉	晩期後葉	晩期後葉	晩期後葉	晩期後葉	晩期後葉	晩期後半
		氷Ⅰ式新段階	氷Ⅰ式	氷Ⅰ式新段階	氷Ⅰ式新段階か氷Ⅱ式	氷Ⅰ式古段階	氷Ⅰ式併行	五貫森式新段階	五貫森式古段階
遺物名	石鏃	238	422	20	11	21	—	10	218
	石錐	84	63	6	1	1	2	0	30
	石匙	2	1	0	0	0	2	0	2
	打製石斧	391	423	64	36	135	110	31	32
	磨製石斧	24	21	5	1	7	8	13	33
	磨・凹石	80	113	4	4	24	0	0	3
	石皿	2	5	0	0	0	0	0	0
	石錘	0	1	0	0	10	0	0	1

※五貫森遺跡と馬見塚遺跡報告の「扁平剥片石器」は打製石斧，「敲製石斧」は磨製石斧に含める。

源のアワ，キビが新潟でも下越以北で判然としない。また，下越の青田遺跡では年代未測定のヒエの植物遺体が出土するが，不明な点が多い。アワ，キビの北限の問題とともに慎重に検討したい。

3 まとめと展望

以上，新潟・中部高地以西の初期農耕文化の伝播と受容について，レプリカ法による種実圧痕調査成果からその過程の復元を試みた。

イネ，アワ，キビは山陰の板屋Ⅲ遺跡の前池式，青木遺跡の「桂見Ⅱ式」，三田谷Ⅰ遺跡の「桂見Ⅱ式」が最も古い。東日本で最も古いイネは石行遺跡，キビが御社宮司遺跡の女鳥羽川式である。日本列島に第一情報で渡来した初期農耕文化は100～200年かけて中部高地に伝播したとみてよい。

堅果類利用が明確な三田谷Ⅰ遺跡，狩猟や淡水漁撈活動が行なわれた宮ノ下遺跡，ハマグリ加工処理を行なった大西貝塚，外洋性漁撈活動が活発な神明社貝塚，石鏃を多数保有し，狩猟に傾斜する御社宮司遺跡など，生業の個性が明らかな遺跡の出土資料を調査した。ほとんどは縄文時代後期からの長期継続型遺跡である。縄文晩期後葉以降に穀類の圧痕を確認し，各地の個性ある生業活動に農耕が加わる状況が明らかになった。地域の特色として，中部高地や東海ではアワ，キビ畠作導入に従来からの打製石斧を多用したのだろう。

大西貝塚ではハマグリの採貝活動の時期と畠作の収穫の時期がずれることから，畠作を受け入れやすい条件下で導入されたことが判明した。農耕導入は生業活動の季節性も含めて議論されるべきであろうが，例えばイネ，アワ，キビの収穫と伝統的な堅果類採集は時期が重なる。初期農耕導入時に伝統的な堅果類利用は継続されるが，時代の

揺籃期に堅果類利用の意味合いに変化が生じていないか。この件は慎重に検討したい。

註

1) 丑野　毅・田川裕美「レプリカ法による土器圧痕の観察」『考古学と自然科学』24，1991
2) 小畑弘己・真邉　彩「東三洞貝塚出土器の圧痕調査報告」『東三洞貝塚浄化地域櫛文土器』福泉博物館，2012（韓国）
3) 孫晙鎬・中村大介・百原　新「複製法を利用した青銅器時代土器圧痕分析」『野外考古学』8，2010（韓国）
4) 中村大介『弥生文化形成と東アジア社会』塙書房，2011
5) 中村直子・真邉　彩ほか「都城市における土器圧痕調査」『宮崎考古』24，2013
6) 中沢道彦・丑野　毅「レプリカ法による山陰地方縄文時代晩期土器の籾状圧痕の観察」『まなぶ』2，吉田学記念論文集刊行会，2009
7) 濱田竜彦・佐々木由香ほか「レプリカ法による本高引木遺跡5区710構出土器の種実圧痕調査概要」『本高引木遺跡5区』Ⅰ，鳥取県教育委員会，2013
8) 中沢道彦『先史時代の初期農耕を考える』富山県，2014
9) 山本悦世「縄文時代後期〜「突帯文期」におけるマメ・イネ圧痕」『岡山大学埋蔵文化財調査研究センター紀要2010』岡山大学埋蔵文化財査研究センター，2012
10) 阿部芳郎「縄文時代の生業」『展望考古学』考古学研究会，1995
11) 中沢道彦・中村　豊ほか「レプリカ法による徳島県三谷遺跡出土器の種実圧痕の研究」『青藍』9，考古学フォーラム蔵本，2012
12) 中村　豊「吉野川流域における農耕文化の成立と展開」『生業から見る地域社会』教育出版文化センター，2011
13) 岩瀬彰利・蔵本敏明ほか『大西貝塚（Ⅱ）』豊橋市教育委員会，1996，岩瀬彰利・樋泉岳二ほか『水神貝塚』豊橋市教育委員会，1998
14) 中沢道彦・松本泰典「レプリカ法による愛知県大西貝塚出土器の種実圧痕の観察と派生する問題」『縄文時代』23，縄文時代文化研究会，2012
15) 樋泉岳二「渥美半島とその周辺域における縄文時代晩期の漁労活動の特色」『動物考古学』14，動物考古学会，2000，岩瀬彰利「縄文時代の加工場型貝塚について」『関西縄文時代の集落・基地と生業』六一書房，2003，pp.189-205
16) 前掲註8中沢2013に同じ，遠藤英子「愛知県豊川下流域における縄文時代晩期後半の雑穀」『日本植生史学会第26回大学講演要旨集』2011，篠原和大・真鍋一生・中山誠二「植物資料から見た静岡・清水平野における農耕の定着過程」『静岡県考古学研究』43，2012，pp.47-68，中沢道彦・中村　豊・増山禎之・丑野　毅「レプリカ法による尾張・三河における土器の種実圧痕調査の概要とその展望」『論集馬見塚』考古学フォーラム，2013
17) 遠藤英子・高瀬克範「伊那盆地における縄文時代晩期の雑穀」『考古学研究』58―2，考古学研究会，2011，中沢道彦・佐々木由香ほか「長野県松本市石行遺跡出土縄文時代晩期末氷Ⅰ式土器のアワ圧痕とその評価に向けて」『日本考古学協会第76回総会』2010，中沢道彦「長野県荒神沢遺跡出土縄文時代晩期後葉土器のアワ・キビ圧痕の評価に向けて」『利根川』33，利根川同人，2011，pp.16-26，中沢道彦「氷Ⅰ式期におけるアワ・キビ栽培に関する試論」『古代』128，早稲田大学考古学会，2012，中山誠二・閏間俊明「縄文時代晩期終末期のアワ・キビ圧痕―山梨県中道遺の事例―」『山梨県立博物館研究紀要』6，山梨県立博物館，2012，pp.1-26
18) 前掲註17中沢2012に同じ
19) 甲元眞之「考古学研究と環境変化」『西海考古』6，西海考古同人会，2005，pp.5-11，鈴木正博「『荒海海進』と鳥屋遺跡のヤマトシジミ貝塚」『利根川』29，利根川同人，2007
20) 石川日出志「伊勢湾沿岸地方における縄文時代晩期・弥生時代の石器組成」『〈条痕文系土器〉文化をめぐる諸問題資料編Ⅱ・研究編』愛知県考古学談話会，1988
21) 岡本　勇「弥生文化の成立」『日本の考古学Ⅲ 弥生時代』河出書房，1966
22) 森泉かよ子・中沢道彦ほか『西一本柳遺跡ⅩⅣ』佐久市教育委員会，2010
23) 前田和美『マメと人間』古今書院，1987
24) 小林秀夫・百瀬長秀・和田博秋ほか『長野県中央道埋蔵文化財包蔵地発掘調査報告書―茅野市その5―』1982

縄文時代におけるクリ材の利用

—— 富山県桜町遺跡・新潟県青田遺跡・
奈良県観音寺本馬遺跡の出土材の分析から ——

大野淳也

1 はじめに

縄文時代の主に東日本地域において、クリは食料として種実が利用された以外に、資材としてその木部も盛んに用いられていた[1]。本稿では、クリ材が低湿地の水場遺構を中心として数多く検出された富山県桜町遺跡[2]と、集落の建物遺構として数多く検出された新潟県青田遺跡、縄文時代のクリ林が検出された奈良県観音寺本馬遺跡の調査成果を中心に、資材としての縄文時代のクリ利用のありかたをみていきたい。

2 桜町遺跡におけるクリ材の利用

桜町遺跡は、富山県小矢部市に所在する縄文時代～近世の複合遺跡である。縄文時代を中心とする区域である舟岡地区は遺跡の西端部、東に向けて開口する開析谷の中に位置し、標高は30～50mを測る。

ここでは、水場遺構に伴ってクリ材が多く出土した中期末～後期初頭と後期末～晩期前葉、建物跡からクリの柱根が出土した晩期中葉の3つの時期に大別し、その様相を紹介する。

縄文時代中期末～後期初頭 谷の東側出口付近の低地に流れていた川跡部分を中心に、トチ・クリ・クルミなどの堅果類の灰汁抜きや虫殺しの処理に関するとみられる溜桝状の水さらし場遺構3基、水辺の作業足場とみられる木組み2ヵ所、木器の加工や貯木の跡とみられる木材集積地点5ヵ所、炉跡とみられる焼土群（10ヵ所）、クルミなどの入った貯蔵穴とみられる大型土坑群（約40基）、木柱根を伴う土坑15基、捨て場などの遺構を検出している。

この時期の出土木材1,067点のうち、川跡から検出された自然木239点、柱根などの構築材10点、水場を構成する足場材や板材などの施設材103点、遺構に伴わず貯木のような状態で出土した加工材451点、道具類とみられる器具材64点の合計867点について樹種が同定されている[3]。

自然木では31樹種が検出されたが、そのうちクリは37.3％で、それに次ぐトチノキ（8.1％）、カツラ（6.4％）などを引き離して大きな位置を占めている。花粉分析の結果でもこの時期はクリが40％程度を占めており、当時の遺跡周辺の植生を反映しているものとみられる[4]。

川跡から出土した明瞭な仕口加工のみられる柱材1点と、土坑から検出された木柱根からなる構築材は、すべてクリ材である。川跡出土の柱材は直径24cmで、建築史学の宮本長二郎によって柄穴や横桟穴と推定された[5]貫通穴や欠込み状の加工をもつ。土坑から出土した柱根には、直径が70～80cmの大型のもの3本、45～50cmほどの中型のもの2本、20～30cmほどの小型のものが10本あるが、いずれの出土状況にも規則的な並びは認められず、建物の柱とするには難しい点がある。川岸で検出された小型の柱根には水辺の作業に関わる立木や柵のようなものであった可能性が、微高地上で検出された大型と中型の柱根には祭祀などに関わる独立した柱であった可能性が指摘されている。

溜桝状の木組みや水辺の作業足場とみられる水

富山県桜町遺跡

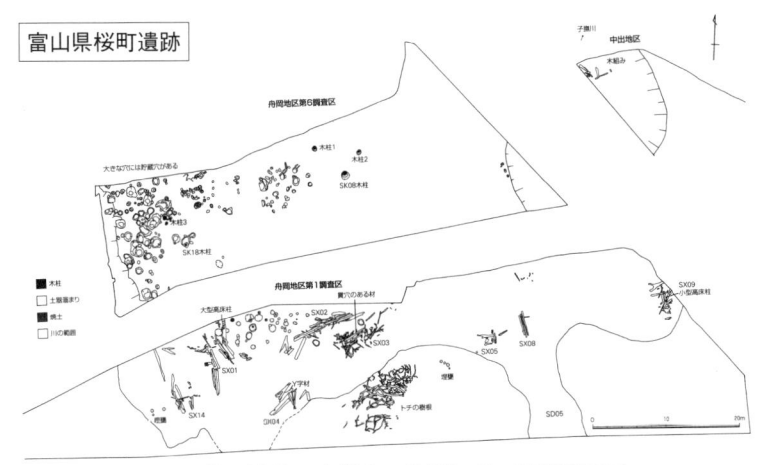

図1 桜町遺跡の中期末〜後期初頭の遺構配置図

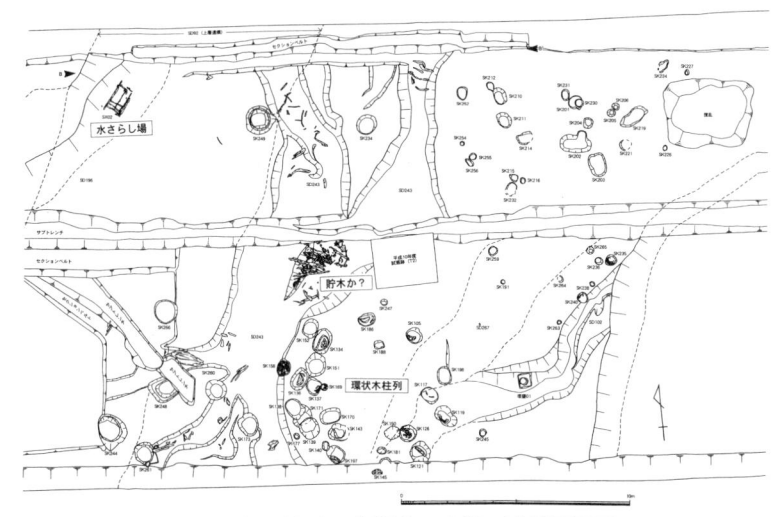

図2 桜町遺跡の後期末〜晩期の遺構配置図

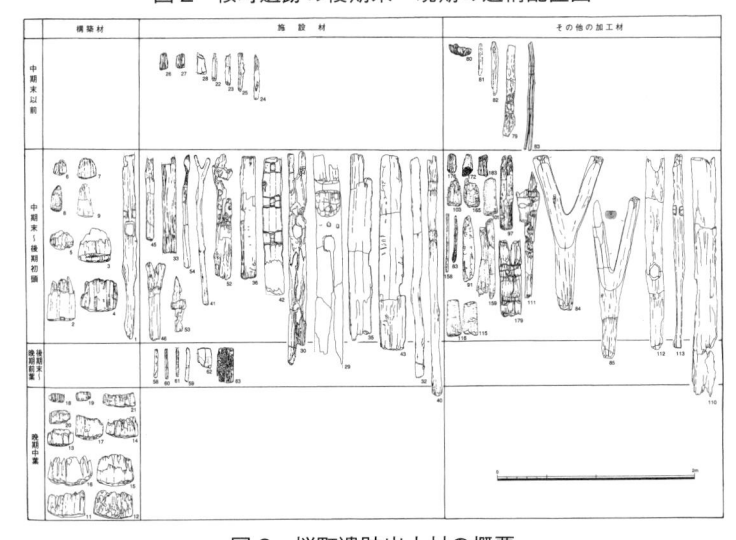

図3 桜町遺跡出土材の概要

利施設に用いられていた施設材では、クリ、オニグルミ、ハンノキ属ハンノキ節、フジの4樹種が検出されたが、103点中100点がクリ材であり、その集中度は圧倒的である。これらの材には丸木材のほか分割材や板状材など様々な形状があるが、木取りが明らかなクリ材77点中67点が分割材であり、丸木材の割合は低い。施設材に用いられたクリ材の太さについては、丸木材ないしは半割材で材の直径がおおよそわかるものを抽出すると21本で、数量的にはあまり有意とは言えないが直径は9.5〜45cmの間に分布し、その平均は23.9cmである。

また、施設材の中には建築材として使用された可能性がある貫通穴や欠込みなどの顕著な仕口加工のある木材も数多く含まれていた。これらの材にみられる仕口加工は、水利施設の構成材としては意味の無い位置にあるものが多いことなどから、不用になった建築物などの構成材を再加工して水場に転用したものと考えられる。

遺構に伴わない状態で検出されたその他の加工材では35樹種が検出されたが、451点中335点がクリで、約4分の3を占めている。これらのクリ材には丸木材、半割材、

分割材，板目板，柾目板などの土木・建築用材に使用されたか，あるいはそれに使うために集められたとみられるものが多いが，中には巨大なクリの股木材を丁寧に加工した用途不明品2点も含まれていた。これらの加工材に用いられたクリ材の太さについては，丸木材ないしは半割材で材の直径がおおよそわかるものを抽出すると37本で，直径は7.1～48cmの間に分布し，その平均は18.3cmである。

縄文後期末～晩期前葉 谷の中程の部分で，当時の川跡を中心として溜桝状の水さらし場遺構1基，貯木の跡とみられる木材集積地点1ヵ所，堅果類の貯蔵穴18基，捨て場などの遺構を検出している。

出土木材293点のうち，水さらし場や貯蔵穴などの施設材199点，木材集中地点で出土した加工材84点，器具材2点の合計285点について樹種が同定されている。

施設材では21樹種が検出されたが，199点中117点がクリで，うち17点はクリの樹皮である。水さらし場の木組みは板材を長辺約1.5m，短辺約80cm，深さ約15cmの長方形の枠状に組んだもので，内部からは，ドングリやトチノミが出土しており，これらの灰汁抜きに用いられた施設とみられるが，構成材はほとんどがクリ材であった。貯蔵穴に残っていた堅果類は，ウラジロガシまたはツクバネガシ，アラカシなどのアカガシ亜属と，コナラ，ナラガシワ，ミズナラ，クヌギまたはアベマキなどのコナラ亜属が大半で，ほかに少量ながらトチノミ，オニグルミが出土している。クリの種実はほとんど検出されなかったが，貯蔵穴上部に残存していた蓋材や補強材にはクリ材が多く使用されていた。

加工材には枝材，半割材，ミカン割材，板目板，樹皮などがあるが，クリが39点と半分近くを占める。

縄文晩期中葉 環状木柱列2棟とその他の柱穴4基，捨て場を検出している。環状木柱列は，半截形の柱根を伴う円形配置の柱穴群からなる縄文時代晩期の北陸地方に特徴的な遺構で，桜町遺跡で検出したものは10本の柱からなるA環と，8本の柱からなるB環の2棟で，柱の本数は異なるが，柱穴がめぐる円の直径はどちらも約6.2mである。いずれもほぼ同一の場所に位置しており，建て替えの結果と考えられる。柱根の大きさは，A環を構成する半截形のものが径（弦長）42～60cm，板状のものが径60～67cmであるのに対し，B環を構成する半截形ものは径35～46cm，板状のものが径43～52cmと小さい。木柱列の時期は，柱穴から出土した最も新しい土器片から，晩期中葉の中屋式期と考えられる。

3 青田遺跡におけるクリ材の利用

青田遺跡は，新潟県新発田市・胎内市にまたがる遺跡で，越後平野の標高マイナス1～プラス1.6mの沖積低地に営まれた縄文時代晩期末葉の大規模集落跡である。集落は河川の両岸に形成され，掘立柱建物58棟，土坑79基，杭列2ヵ所，埋設土器11基，炭化物集中範囲269ヵ所などが検出されている[6]。

注目されるのは，ほとんどの掘立柱建物に木柱が柱根として遺存していたことで，その数は458点に上る。掘立柱建物群は，間の空白期を挟んで下層13棟，上層34棟に大別されているが，木村勝彦らにより木柱の年輪年代学的解析が行なわれた結果，下層では最低8棟（グループ1），上層では最低10棟（グループ2）がほぼ同時に建っていた建物としてグルーピングされ，空白期を挟んで，少なくとも2度のムラづくりが行なわれていたと考えられた[7]。また，建物柱根の最終年輪の比較でも，各グループ内で5年程度の枯死年の差しか認められなかったことから，短期間に建築材として大量の木が伐採されていたことが想定されている。

新潟県青田遺跡

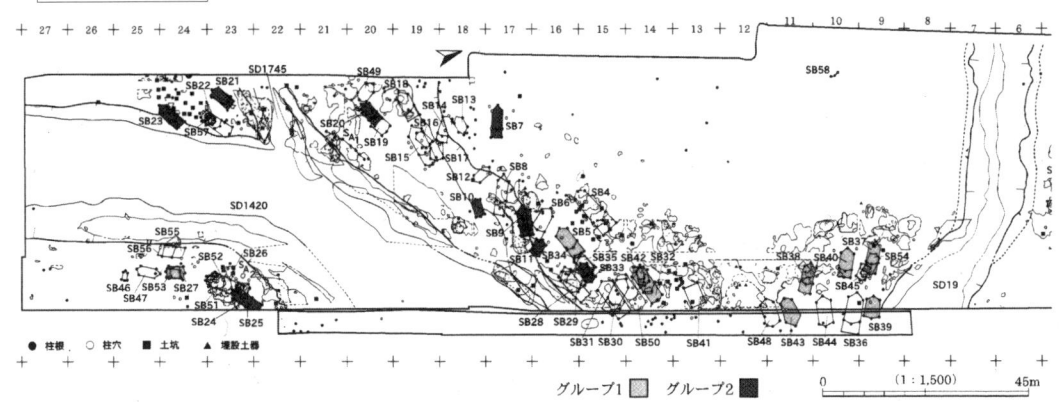

図4 年輪解析により見出された年代の
異なる2つの建物群（註6文献より）

グループ1
グループ2

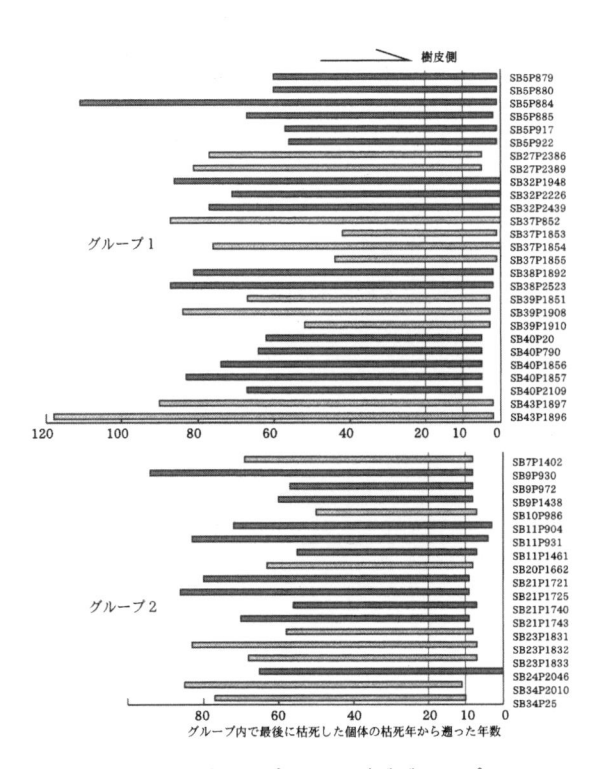

図5 グループ1およびグループ2
構成個体の成育年代関係（註6文献より）

表1 年輪解析を行なった建物柱根の概要
（抜粋，註6文献より）

建物No.	ピットNo.	直径(cm)	年輪数	平均年輪幅(mm)	樹種
SB1	P43	10.5	43	0.88	クヌギ節
SB1	P45B	11.0	70以上	—	クヌギ節
SB1	P46	10.0	27	1.40	クヌギ節
SB2	P705	10.5	73	0.79	クヌギ節
SB4	P825	43.0	38*	4.15	クリ
SB4	P868	52.0	25*	6.31	クリ
SB4	P923	50.0	47	5.20	クリ
SB5	P879	21.0	62	1.44	コナラ節
SB5	P880	19.0	59	1.25	コナラ節
SB5	P884	20.5	111	0.77	コナラ節
SB5	P885	21.0	67	1.33	コナラ節
SB5	P886	14.0	65	0.98	コナラ節
SB5	P917	15.5	58	1.26	コナラ節
SB5	P922	20.0	57	1.38	コナラ節
SB6	P883	19.5	35	2.94	クリ
SB6	P932	27.0	42	2.63	クリ
SB6	P961	17.0	27	2.88	クリ
SB7	P981	14.5	53	1.09	クヌギ節
SB7	P1402	17.0	61	1.14	クヌギ節
SB9	P930	15.0	86	0.77	コナラ節
SB9	P964	15.0	72	0.94	クヌギ節
SB9	P972	18.0	49	1.74	クヌギ節
SB9	P1407	13.0	76	0.76	クヌギ節
SB9	P1435	12.0	37	1.62	クヌギ節
SB9	P1438	11.5	52	1.09	クヌギ節
SB9	P1441	13.0	60	1.02	クヌギ節
SB9	P1456	12.5	74	0.78	クヌギ節
SB10	P986	11.0	43	0.91	クヌギ節
SB11	P904	13.0	69	0.82	クヌギ節
SB11	P931	12.0	79	0.73	クヌギ節
SB11	P1461	11.0	48	1.06	クヌギ節
SB15	P1519	35.0	35	5.17	クリ
SB15	P1523	26.0	22	5.76	クリ
SB15	P1520	18.5	22	5.68	クリ
SB15	P1524	30.5	37	3.75	クリ
SB18	P1558A	15.0	53	1.40	コナラ節
SB19	P1616	13.0	68	0.85	コナラ節
SB19	P1622	13.0	57	1.08	コナラ節
SB19	P1631	13.0	96	0.62	コナラ節
SB20	P1604	19.0	42	1.94	クリ
SB20	P1662	14.0	55	1.14	コナラ属
SB21	P1721	12.0	71	0.74	クヌギ節
SB21	P1725	12.0	77	0.69	クヌギ節
SB21	P1726	—	—	—	クヌギ節
SB21	P1740	15.0	49	1.49	クヌギ節
SB21	P1741	13.0	42	1.05	クヌギ節
SB21	P1743	14.0	61	0.85	クヌギ節
SB22	P1723	20.0	13	7.74	クリ
SB22	P1727	18.5	16	5.32	クリ
SB22	P1729	17.0	31	2.53	クリ
SB22	P1739	22.0	15	6.61	クリ
SB22	P1750	16.0	31	2.73	クリ
SB22	P1811	21.0	15	6.65	クリ
SB23	P1816	16.0	約75	0.83	コナラ節
SB23	P1831	15.5	51	1.41	クヌギ節
SB23	P1832	13.5	76	0.85	クヌギ節
SB23	P1833	15.5	61	1.26	クヌギ節

出土した木柱根の樹種は，同定が行なわれた444点のうち，クリが154点（34.7％），クヌギ節が92点（20.7％），コナラ節が77点（17.3％），ヤマグワが42点（9.5％）で，残りはトネリコ属やヤナギ属などが確認されている[8]。掘立柱建物は4本柱による平面プランが長方形になるもの，6本柱による亀甲形になるもの，亀甲形に張り出し部をつけたものがあり，その主屋の面積から大型（15㎡以上）・中型（8～15㎡）・小型（8㎡以下）に分類されている。大型建物は主にクリ材を用い，中型建物はクリ・コナラ節・クヌギ節・ヤマグワ，小型建物はクヌギ節を中心にトネリコ属やヤナギ属なども利用されている。木柱の平均直径はクリ21.6cm，コナラ節14.4cm，クヌギ節12cm，ヤマグワ16.3cmであり，掘立柱建物の規模と木柱の樹種・直径には相関が認められる。木取りには丸木取り，半割，ミカン割り，角材・板状材などの削り出し材があるが，残りの良い361点のうち319点（88.4％）が丸木取りであり，主体となっている。

また，主要な樹種毎の年輪幅の比較では，クリは平均年輪幅が4.01mmで，1.34mm，1.10mmのコナラ節，クヌギ節よりも3倍以上成長が速いことが確認され，クリがクヌギ節，コナラ節とは異なる日照条件のよい場所で生育していたことが想定されている。

4 遺跡の性格とクリ材利用の特徴

前節までで水場遺構を中心とする桜町遺跡の中期末～後期初頭と後期末～晩期前葉，集落などの建物遺構を中心とする桜町遺跡の晩期中葉と青田遺跡の晩期末葉のクリ材利用の例を示したが，ここでそれぞれの特徴をまとめてみたい。

（1）水場遺構におけるクリ材利用の特徴

桜町遺跡の中期末～後期初頭の溜桝状の木組みや水辺の作業足場とみられる水利施設の構成材では，クリ材がそのほとんどを占め，なおかつ分割材としての利用が多い特徴がみられた。またクリ材の直径は9.5～45cmと幅があったが，その平均は23.9cmと太い傾向がみられた。水場施設にクリ材を多用することは東日本の縄文時代前期以降，とくに後・晩期の遺跡で数多く確認されているが，この背景にはクリ材が水湿に強いことと，分割しやすい割裂性[9]という特性をもつことが関与していたものと考えられる。能城修一と佐々木由香による関東地方の縄文時代後・晩期遺跡の水場遺構に用いられた木材の分析結果[10]では，こうしたクリ材の使用は大規模な施設に多くみられ，規模が小さい施設ではその使用比率が低下することが指摘されているが，桜町遺跡では中期末～後期初頭の大規模な水場遺構だけでなく，後期末～晩期前葉の比較的規模の小さい水さらし場や貯蔵穴の上部構造などにもクリ材が多用されており，地域や立地，環境によりクリの資源量に違いがあった可能性がある。

また，桜町遺跡の中期末～後期初頭の施設材には，建築などに使われた構築材の転用材とみられるものが目立ったことも大きな特徴としてあげられる。このような事例からは，丈夫で割裂性のあるクリ材を積極的に分割・リサイクルすることにより，新規利用する資源量を抑制していたことが推察される。そして，このようなあり方が普遍的であったとするならば，大量の木材を必要とする大規模な水場施設の構築や修築が，集落における建物などの施設の廃棄サイクルともある程度関係していたことが想定される。ただし，実際の水場からは枝材などの転用が考えにくいような材も数多く出土しており，転用材の投入は利用可能な新規材の資源量を補う補完的なものだったと考えられる。

（2）集落の建物遺構におけるクリ材利用の特徴

青田遺跡の晩期末葉の集落で多量に検出された掘立柱建物の柱根の分析からは，クリ材が比較的大型の建物に使用され，その直径もほかの樹種に比べて太いものであったことが明らかとなった。桜町遺跡や石川県のチカモリ遺跡，真脇遺跡

などの縄文晩期に特徴的にみられる環状木柱列などの巨木遺構にクリ材が使われていることとも共通し，大型で強度が必要となる構築物にクリ材を優先的に使用したものと考えられる。これは，クリの成長が早く，耐久性があり，さらには石斧による伐採がほかの樹種よりも容易であるという特性[11・12]などがその選択の背景にあったものと考えられる。また，クリの巨木の利用は中期後葉の青森県三内丸山遺跡の木柱遺構や中期末～後期初頭の桜町遺跡の木柱遺構，晩期の福島県宮畑遺跡の建物遺構などに丸木材としてみられるが，北陸地方の晩期を中心とする半割材としての柱利用の背景には，巨木を割る技術の確立や上部構造の工夫とともに，クリの巨木資源を効率的かつ安定的に利用する意図があったことも推察される。

青田遺跡の柱根の分析からはまた，建築材として用いる木材が短期間に大量に伐採されていたことが想定されている。建物を建設する際には，ある程度太さや長さの揃った材をまとめて用意する必要があったものと考えられるが，一時期の集落を形成するような多数の建物の材の伐採年が短期間に集中するという結果からは，そうした規格の揃った材を一時に大量に入手することができる環境が集落の近隣にあったことが想定される。青田遺跡では，柱根の全体数のうちクリ材は約3割にとどまっていることから，周辺のクリの資源量はあまり多くなく，クヌギ節やコナラ節などのほかの樹種がその不足分を補うために利用されたとみられている。一方，同じ新潟平野に位置する縄文晩期の遺跡である新潟市御井戸A遺跡では出土した直径10～60cmの木柱88点すべてがクリ材[13]，胎内市野地遺跡では出土した木柱28点のうち82％がクリ材という例もあり[14]，同じ地域内でも遺跡の周辺の環境により入手できるクリの資源量が異なっていた可能性がある。

5　縄文時代のクリ林について

縄文時代のクリについては，酒詰仲男が「原始農耕」によって栽培された可能性のある植物の一つにあげて以降[15]，西田正規[16]や千野裕道[17]らによりその管理・栽培の可能性が推定されてきたが，青森市三内丸山遺跡で多量のクリ花粉が検出されて以降[18]，ほかの遺跡の成果ともあわせて，集落近隣において縄文人が人為的にクリ林を増殖していたことについてはほぼ定説化してきている。

このような縄文人が関与したクリ林の姿について，能城修一と佐々木由香は東京都下宅部遺跡の水場出土のクリ材においてその年輪数や直径にかなりばらつきが認められたことなどから，現在の薪炭林のような径の揃った単純な林ではなく，多様な大きさと樹齢の個体からなる林であったと推定している[10]。このようなクリ材のサイズなどのばらつきは，桜町遺跡の水場出土材にも認められるが，ここで少し注意したいのは，こうした水場出土の木材は同時に同一の林から得られたものとは断定し難いことである。桜町遺跡の水場材にみられたように，建築物などに使用された材が水場に転用された場合，非転用材との間には少なくとも建物存続期間分の時間差が生じることになり，自ずとその材の年輪数や直径にも差がみられることになる。また水場遺構では，大径木による施設構造材とそれを留める杭に用いる比較的小径の材というような，伐採あるいは転用段階において選択された材が混在することが普通である。しかし，これらが同一の林から得られたものか否かについては証明することは難しい。時間的差異や人為的選択の結果による差異を含む可能性のある水場構成材から，それらの材の生育していた林の一時の姿を想定するには，各材の履歴や選択のあり方までをも考慮に入れる必要があると考えられる。

その点，青田遺跡から出土した建物柱根は，同

一の建物に用いるためにある程度伐採年が揃った材であり、またクリとその他の樹種によって成長の速度が異なることから、樹種によって一定のまとまりをもつ林から得られた材であったと考えられる。そうした同じ建物内での柱根について、その直径と年輪数に着目すると、直径は異なる樹種間においてもほぼまとまりがみられるのに対し、年輪数は同じ樹種間でもばらつきが認められることがわかる（表1）。このことからは、同一樹種の林においても個々の木の定着年にはばらつきがあり、太いものから細いものまでが混在していたという、能城と佐々木が関東地方の後晩期遺跡において想定したものとよく似た林相がここでも想定される。

おそらく、有用な樹木を徐々に増殖していく中で樹齢の異なる同種の木からなる林が形成され、伐採時にはそのサイズを重要視して選択するという資源利用法であったと考えられる。ただし、青田遺跡で想定されているような、多量の建築用材を短期間に集中して伐採するような方法が広く行なわれていたとすると、その伐採後に生育する二次林の構成木がある程度一斉に生育することも予想され、その中でクリが優先的に選抜されたならば、樹齢や直径が揃ったクリ林が形成されていった可能性も考えられる。建物の大きさによって柱の規模を変えていることからは、一時期の林の中に異なる大きさと樹齢の木が混在していたことも想定されるが、クリの木を計画的に増やし、消費していくことを行なう中で、大径木の林とそれ以外の林といった分化が促されていったことも想定される。

6 観音寺本馬遺跡で検出されたクリ林

こうした縄文時代のクリ林の姿については、これまで富山県小泉遺跡（前期）や石川県米泉遺跡（晩期）などで数本のクリ根株はみつかっていたものの、その林相については不明な部分が多く、遺跡土壌中の花粉量やその分布、出土材などから間接的に推測されることが多かった。しかし近年、奈良県の観音寺本馬遺跡において晩期のクリを多数含む林の跡が検出され、その姿を実物資料

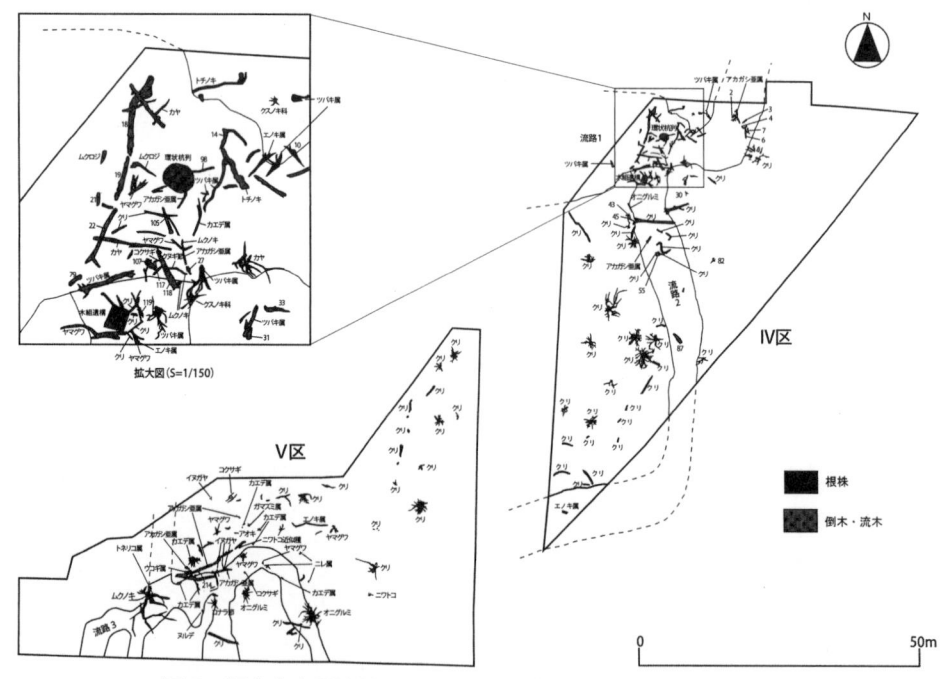

図6　観音寺本馬遺跡　Ⅳ・Ⅴ区埋没樹平面図（註19文献より）

でみることが可能となってきた。

　観音寺本馬遺跡は，奈良県橿原市観音寺から御所市本馬にかけての沖積扇状地上に立地する縄文時代晩期から中世にかけての複合遺跡で，京奈和自動車道建設に伴い平成19～21年にかけて奈良県立橿原考古学研究所，橿原市教育委員会，御所市教育委員会の3機関により調査が実施された。

　クリを含む林の跡が検出されたのは，平成20年度に橿原市教育委員会によって調査された観音寺Ⅳ区とⅤ区と呼ばれる区域で，縄文時代晩期の流路肩部とその周辺の氾濫原で根株，倒木，流木合わせて200本近くの樹木が出土した[19]。そのうち146本について樹種同定が行なわれ，24種の樹種が確認されている。根株については68本のうち，クリが25本，カエデ属7本，ヤマグワ6本，ツバキ属5本で，残りはイヌガヤやニレ属などが確認されている。流木・倒木については78本のうち，クリが40本，アカガシ亜属7本，ツバキ属6本，ヤマグワ4本で，残りはトチノキやムクノキ，オニグルミなどが確認されている。

　このうち，クリの根株はⅣ区からⅤ区東部にかけての約80m四方の範囲から集中して出土し，調査区外から調査区内にのびる根3本を含めると，少なくともこの範囲内で29本のクリが，ほかの樹種と混在せず純粋なクリ林を形成していたと考えられている。

　根株群の近くの流路中では，杭を環状に打ち込んだ施設や，横材を組んで杭や矢板で留めた木組遺構も検出されており，水利用のための施設とみられている。また，流路の上流方向約200～400mの地点では，奈良県立橿原考古学研究所や御所市教育委員会の調査により，晩期中葉の平地式住居，土壙墓，土器棺墓などからなる集落域が検出されており，クリ林や水場施設はそれよりも約2m低い流路沿いの低地に位置することが明らかとなった。

　クリは本来，日当たりのよい乾燥した場所で生育する樹木と考えられているが，こうした集落の縁辺部にあたる流路沿いの低湿地にクリの純林が形成された状況からは，その形成や管理に当時の人々が積極的に関与していたことが看取される。

　また，この遺跡の流路中から出土したクリ材の中には，長さ約7m，直径30cmの長大な樹幹材があった。この樹幹は直線的に伸び，なおかつ枝が無い状態で出土しており，当時の林に立っていたクリの木の姿を知る資料として注目される。こうした樹形は建築材などに用いる際に都合がよく，クリ林の密度を調整することにより，真直ぐに上に伸びるよう管理された可能性がある。しかしその反面，このような樹形は横方向に伸びる枝量が少なくなるため，クリの種実を食料として多量に利用しようとする場合には不利になった可能性がある。

　このような材としての利用と食料としての利用について，それを供給するクリ林や樹形に違いがあったかどうかについては，未だそれを決定づけるような積極的な証拠はみつかっていない。しかしながら，荒川隆史らのグループによる縄文時代のクリ利用に関する調査研究では，比較研究対象として選定された山形県小国町金目にある樹高15mほどの直立したクリ約600本からなる原生クリ林において，材の供給と種実の採集が両立されていたことが明らかとなっている[20]。こうした例からは，縄文時代の遺跡から材として数多く出土する通直な樹形の木からなるクリ林であっても，その量を確保することによって食料採集との両立が図られていた可能性がある。

7　おわりに

　以上，3つの遺跡の事例を中心に，縄文時代のクリ材の利用についてその特徴をみてきた。

　その結果クリ材は，集落域においてはとくに強度が必要な大型の建物や構築物などに多用され，なおかつ低湿地の水場遺構などにおいても，転用

材を含む形で多用されていた。これは，成長が早く，耐久性があり，さらには石斧による伐採がほかの樹種よりも容易で，分割しやすい割裂性をもつといった，クリがもつ縄文人に有用な特性を活かすため，積極的に選択された結果と考えられる。さらには観音寺本馬遺跡で検出されたクリを多く含む林の跡からは，集落近隣においてその供給源となるクリ林を縄文人が人為的に管理・増殖していた状況についても明らかになってきている。

しかし，このような実物資料に基づくクリ材利用についての研究は，材が良好な状況で多量に出土した近年の低湿地遺跡の調査研究結果に負う部分が多く，まだその事例に地域や時期の偏りがある現状で，得られた結果を縄文時代のどの範囲にまで適用することができるのかは明らかではない。今後，そのような低湿地遺跡の調査などにおいて，問題意識をもった調査や分析が積み重ねられることにより，その実像がより一層鮮明にみえてくるものと思われる。

註

1) 伊東隆夫・山田昌久編『木の考古学　出土木製品用材データベース』海青社，2012
2) 小矢部市教育委員会『桜町遺跡発掘調査報告書　縄文遺構編Ⅰ　弥生・古墳・古代・中世編Ⅱ』2004，同『縄文遺構編Ⅱ　弥生・古墳・古代・中世編Ⅲ』2005，同『縄文土器・石器編Ⅰ』2006，同『縄文土器・石器編Ⅱ』2007，同『木製品・繊維製品・植物編』2007
3) 鈴木三男・能城修一・管野宗武「桜町遺跡出土の縄文時代の木材の樹種とその利用」『桜町遺跡発掘調査報告書　縄文時代総括編』2007, pp.35-85
4) 鈴木三男「桜町遺跡の縄文時代の森林植生と植物利用」前掲註3書, pp.296-301
5) 宮本長二郎「桜町遺跡出土建築材の考察」前掲註3書, pp.279-295
6) 新潟県教育委員会ほか『日本海沿岸東北自動車道関係発掘調査報告書Ⅴ　青田遺跡』2004
7) 木村勝彦・斎藤智治・中村俊夫「青田遺跡における柱根の年輪年代学的解析による建物群の年代関係の検討」前掲註6書『関連諸科学・写真図版編』pp.165-176
8) 鈴木三男・小川とみ・能城修一「青田遺跡出土木材の樹種」前掲註6書『関連諸科学・写真図版編』pp.53-70
9) 村上由美子「木を割るということ―木製楔の検討から―」『往還する考古学』近江貝塚研究会, 2002, pp.107-114
10) 能城修一・佐々木由香「東京都東村山市下宅部遺跡の出土木材からみた関東地方の縄文後・晩期の木材資源利用」『植生史研究』15―1, 日本植生史学会, 2007, pp.19-34
11) 工藤雄一郎「縄文時代の木材利用に関する実験考古学的研究―東北大学川渡農場伐採実験―」『植生史研究』12―1, 日本植生史学会, 2004, pp.15-28
12) 三山らさ「使用実験による縄文時代磨製石斧の使用痕―クリと広葉樹雑木を対象として―」前掲註12書, pp.29-36
13) 前山精明「縄文時代晩期後葉集落の経済基盤―新潟県御井戸遺跡出土植物性食料残渣の計量分析から―」『考古学と遺跡の保護』甘粕健先生退官記念論集刊行会, 2000, pp.83-99
14) 新潟県教育委員会ほか『日本海沿岸東北自動車道関係発掘調査報告書ⅩⅩⅩⅡ　野地遺跡』2009
15) 酒詰仲男「日本原始農業試論」『考古学雑誌』42-2, 1957, pp.1-12
16) 西田正規「縄文時代の人間-植物関係―食料生産の出現過程―」『国立民族学博物館研究報告』6―2, 1981, pp.234-255
17) 千野裕道「縄文時代のクリと集落周辺植生」『研究論集Ⅱ』東京都埋蔵文化財センター, 1983, pp.25-42
18) 辻誠一郎「古環境について」『三内丸山遺跡Ⅵ』青森県教育委員会, 1996, pp.81-83
19) 平岩欣太「奈良県観音寺本馬遺跡のクリ林」『縄文集落と森林利用　平成24年度研究報告会発表要旨』科研費「縄文時代の集落形成と森林利用に関する考古学・年輪年代学・民俗学的研究」2013, pp.46-52
20) 荒川隆史ほか『縄文時代のクリ利用に関する考古学・民俗学・年輪年代学的研究　平成18年度～平成20年度科学研究費補助金　基盤研究（B）研究成果報告書』2009

第Ⅴ章　動物資源の獲得技術史

海洋資源の利用と縄文文化

—— 縄文後期東京湾岸・印旛沼周辺貝塚の
　　魚貝類利用にみる資源認識の多様性 ——

樋泉岳二

1　はじめに

　狩猟・漁労・採集を食料資源獲得の基礎とする縄文時代でも，それらの資源に対する人びとの認識のあり方は，単なる食料（栄養源）としてのそれにとどまらず，社会的・信仰的な色合いを強く帯びることがある。同一社会の内部でも資源の種類によってその意味合いが異なることもあるし，同じ資源でも時期や地域によって認識が変化することもある。縄文人の精神性にかかわる問題であるだけに厳密な検証が困難なテーマではあるが，ここでは東京湾岸および印旛沼周辺の縄文時代後期貝塚における海洋資源（貝類・魚類）利用の研究成果をもとに，そうした縄文人の資源認識の多様性を示唆する事例を紹介する。

2　資源の種類による認識の差
―都川・村田川貝塚群における貝類と魚類の比較―

(1) 分析対象地域と貝塚の概況

　東京湾東岸域では，都川流域〜村田川下流域（現在の千葉市中部〜東南部）に縄文後期前葉〜中葉（堀之内1式〜加曽利B式期）を盛期とする貝塚の密集域（都川・村田川水系貝塚群）[1]が認められる（図1）。ここでは，本貝塚群出土の動物遺体にもとづく動物資源利用の研究成果[2]をもとに，とくに貝類と魚類に焦点を当てて，同一の時期・地域においても資源の種類によってその認識のあり方が異なる事例を示す。

　分析対象とした貝塚（図1）は，当時の都川河口に隣接する矢作，都川下流支谷奥の台門，都川

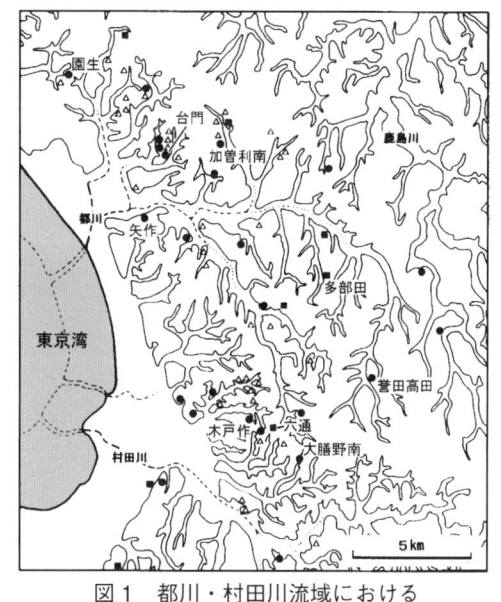

図1　都川・村田川流域における
縄文中期後半〜後期の貝塚分布
△中期後半，■中期後半〜後期，●後期。細線は低地と台地の境界。海岸線は現在（埋立前）のものを示した。

中流支谷奥の加曽利南・多部田，都川最上流部の誉田高田，村田川下流部支谷奥の木戸作・大膳野南の各貝塚である。分析資料の年代は，矢作・木戸作・大膳野南が堀之内1式期，台門が堀之内〜曽谷式期，加曽利南が堀之内〜加曽利B式期，誉田高田が堀之内式末期〜加曽利B式期，多部田が称名寺式期〜加曽利B式または曽谷式期である[3]。

(2) 貝類・魚類資源の利用状況

　まず貝類の利用状況についてみると，上記の貝塚はいずれも大規模な貝層を伴っており（図2-A），貝層の形成期間や居住人口も考慮すると，海からの距離にかかわらず，各貝塚における貝の

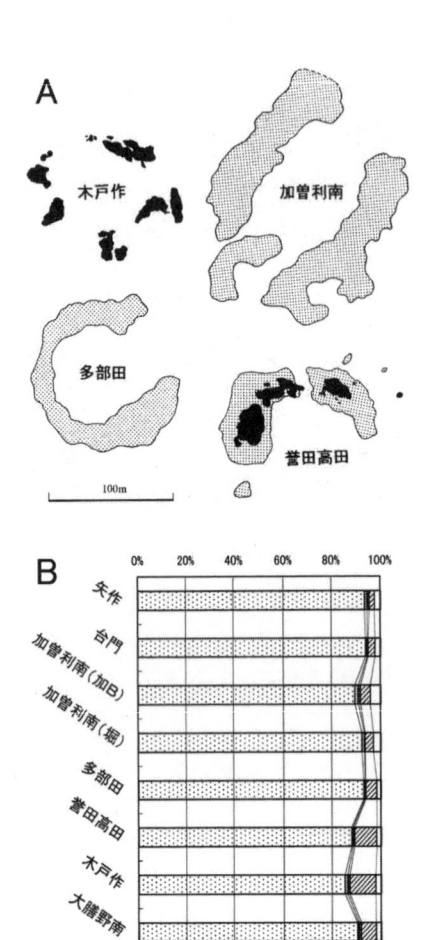

図2 都川・村田川貝塚群（縄文後期）に
おける貝層規模・貝類組成の比較
A：木戸作・加曽利南・多部田・誉田高田貝塚の貝層分布（網掛け部分は地表の貝殻散布範囲、黒塗りは発掘などによって確定された貝層範囲を示す） B：各貝塚の貝類組成

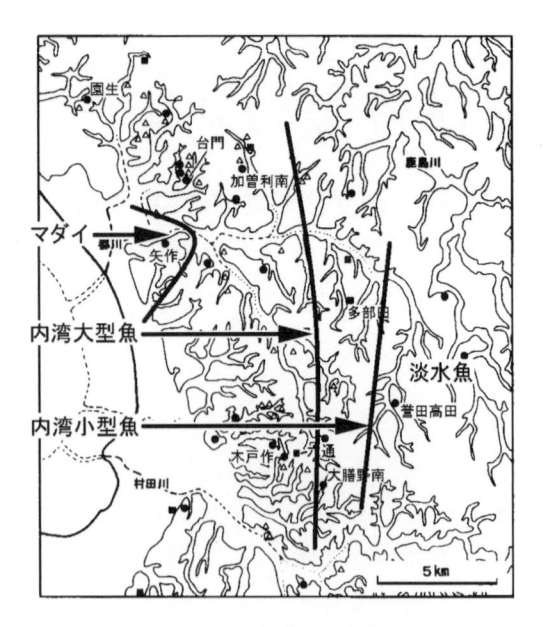

図3 都川・村田川貝塚群（縄文後期）における
出土魚類の分布・流通状況を示す模式図

消費量にはそれほど大きな差はなかったと推測される[4]。貝類組成もイボキサゴとハマグリを主体とする海産貝類が卓越する点で、すべての貝塚がきわめて高い斉一性を示している（図2-B）。

これに対して魚類の利用状況は各貝塚の立地条件に応じて多様である（図3）。すなわち、最も内陸に位置する誉田高田ではフナなどの淡水魚が主体であるのに対して、ほかの貝塚では海産魚が圧倒的に多く、中でも海に近い矢作・台門では魚骨が豊富かつ多様である。とくに矢作ではマダイとその漁具と推定される釣針が多く、漁場が東京湾央方面へと広域展開している点が特徴である。いっぽう加曽利南・多部田・木戸作・大膳野南の各貝塚では、内陸型の立地条件にもかかわらず海産魚が選択的に利用されている。こうした特徴は貝類とも共通するが、矢作に比べると魚骨の出土量は少なく多様性を欠いており、貝類ほどの均質性は認められない。さらに、海寄りの加曽利南・木戸作ではクロダイを主とする大型魚が多数出土しているのに対して、内陸寄りの多部田・大膳野南ではこれらがごく少ない。以上をまとめると、海からある程度の範囲内にある集落では海産魚が選択的に利用されるが、海から遠ざかるにつれて利用頻度や漁獲物の多様性は減少し、さらに海からの距離がある限度を超えると淡水魚主体に切り替わるという傾向が認められる。

(3) 貝類と魚類の資源認識の相違

貝類と魚類の利用状況を比較すると、魚類は貝塚の立地条件（海からの距離）の違いにある程度

対応した多様性を示すのに対して，貝類の利用状況はどの貝塚も立地条件とは無関係に高い均質性を示しており，内陸集落でも東京湾産の貝類が高いコストを投じて大量に運び込まれている点が特徴である。このことは，この地域の人びとが海岸部から内陸部に至るまで貝類利用に関する強力な共通認識で広く結ばれていたこと，すなわち貝類が単なる食料資源ではなく，社会性を色濃く示す資源であったことを示唆している。

魚類についても，内陸型の加曽利南・多部田・木戸作・大膳野南における海産魚の選択的利用は生態的な適応としては不合理であり，海産魚と淡水魚に対する何らかの認識の相違（たとえば淡水魚に対する忌避意識など）が作用していたものと推測される。ただし，この点を除けば立地条件と利用された資源の間に相関性が認められることから，貝類に比べれば一般的な食料としての認識が比較的強かったのではないかと推測される。

3　資源認識の地域差—東京湾岸域と印旛沼周辺域における貝類資源利用の比較—

（1）分析対象地域と貝塚の概況

印旛沼周辺地域も縄文後期貝塚の顕著な集中域として知られている（図4）。これらの貝塚は加曽利B式期に突然一斉に形成が始まる点が特徴で，堀之内式期を最盛期とする都川・村田川貝塚群とは傾向が異なる。いっぽう，これまでデータが少なかった東京湾奥部沿岸でも，千葉市西部の園生貝塚における近年の調査で詳細な貝類データが得られている。ここでは，これら印旛沼周辺と東京湾奥部沿岸，さらに先述した都川・村田川貝塚群の主要貝類（ヤマトシジミ・イボキサゴ・ハマグリ・オキアサリ）の分布・流通状況を比較し，同時代の同じ資源でも地域によって資源認識が異なることを示す。

分析資料は，地域差を明確にするために加曽利B式～曽谷式期の貝塚に限定し，印旛沼周辺域の石神台・井野長割（第5次Cトレンチ），印旛沼と東京湾岸の中間域に位置する八木原（第Ⅳ調査区）・内野第1（D-369土坑），東京湾奥部沿岸の園生の各貝塚を分析対象とした。以下，各遺跡の概要を述べる[5]。

印旛沼北岸の石神台遺跡では，この地域としては比較的大型の貝層（面積約35m²，確認された最大厚約1m。加曽利B式期）が確認されている。貝類はヤマトシジミが大半を占め，オキアサリ・ハ

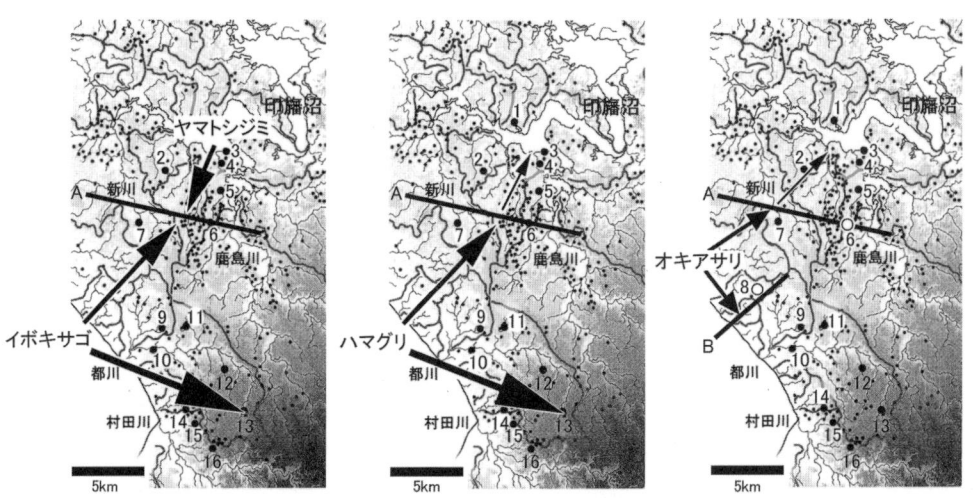

図4　東京湾岸～印旛沼周辺の縄文後期貝塚における貝類の分布・流通状況を示す模式図
1：石神台　2：井野長割　3：遠部台　4：曲輪ノ内　5：吉見台　6：八木原　7：内野第1　8：園生
9：台門　10：矢作　11：加曽利南　12：多部田　13：誉田高田　14：木戸作　15：六通　16：大膳野南

マグリを主とする海産貝も少数混じるが，イボキサゴはごくまれである。印旛沼南岸の井野長割遺跡の貝層は小規模な貝ブロック（加曽利B3式〜曽谷式期）だが，貝類組成は石神台と類似する[6]。なお，同じく南岸の遠部台遺跡の地点貝層（加曽利B式期）も，詳細は不明だが貝類組成はほぼ同様と思われる[7]。

現印旛沼から鹿島川上流側約6kmに位置する八木原貝塚では比較的大型の斜面貝層（加曽利B2〜B3式期）が確認されている[8]。貝類組成はハマグリ・オキアサリ・イボキサゴを主とする海産種が主体でヤマトシジミも普通である（図5）。印旛水系の新川最上流部に位置する内野第1遺跡では小規模な土坑内貝層が検出されている。貝類はオキアサリ主体でハマグリ・イボキサゴも普通だが，ヤマトシジミはまれである。

東京湾奥部沿岸東端の汐田川流域に立地する園生貝塚は大規模な環状貝塚で，堀之内1式〜安行3b式期の連続的な貝層が確認されている[9]。貝類組成はイボキサゴとオキアサリが大半を占めており，とくに二枚貝類ではオキアサリが一貫して最多種となっている点が特徴である（図6）。

（2）主要貝種の分布・流通状況

以上のデータをもとに，主要貝種であるヤマトシジミ，イボキサゴ，ハマグリ，オキアサリに関して，東京湾岸〜印旛沼周辺における分布・流通状況を検討する（図4。矢印は各種の分布範囲と相対的な流通量を示すもので，流通経路を示すものではない）。

ヤマトシジミは印旛沼周辺では圧倒的な優占種であり，八木原でもある程度の量がみられるが，内野第1〜東京湾岸ではまれとなる（図4左）。このことから，ヤマトシジミは当時の生息地と推定される印旛沼に近い集落では多量に利用されるが，遠隔地まで大量に運ばれることはなかったと考えられる。これに対して，都川・村田川貝塚群を特徴づけるイボキサゴは，園生では同様に主体種であり，内野第1・八木原でもある程度の量が出土しているが，印旛沼周辺ではごくまれとなる。このように，イボキサゴとヤマトシジミとは，東京湾岸－印旛周辺域の中間線（図4のAライン）をはさんで排他的な関係性にある。

ハマグリ（図4中）の分布状況もイボキサゴと類似するが，中間線を超えて印旛沼周辺貝塚でも少数ながらある程度の量が出土する点で異なる。

オキアサリ（図4右）は園生ではイボキサゴと並ぶ主体種であり，園生以西の東京湾奥部沿岸（現在の千葉市西部〜船橋市域）の縄文後期貝塚でも多量に出土するが，この範囲を外れるとほぼ皆無となる。こうした極端に限定的な分布状況から，本種の生息地はこの地域に限られていたと推定される[10]。いっぽう印旛沼方面での分布状況をみると，八木原・内野第1では普通であり，さらに印旛沼周辺貝塚でも少数ながら普遍的な出土がみられる点でハマグリと共通の特徴を示す。上記の生息域からみて，これら印旛沼方面の貝塚のオキアサリが東京湾奥部沿岸から人為的に搬入されたものであることは間違いない。これに対して都川・村田川貝塚群では，オキアサリの出土はごくまれ（ほとんどの貝塚では皆無）で，同貝塚群の西端近くに位置し園生貝塚（図4-8）から約4kmしか離れていない台門貝塚（図4-9）でさえも，貝類組成はイボキサゴ・ハマグリを主体とする都川・村田川貝塚群の典型的特徴を示しており（図2），オキアサリはごく少ない。このことから，本種が汐田川－都川流域の境界線（図4のBライン）を超えて都川方面に流通することはほとんどなかったと推定される。

（3）貝類からみた資源認識の地域差

以上をもとに，印旛沼周辺地域，東京湾奥部沿岸および都川・村田川流域の間にみられる貝類資源認識の地域差について考察する。

ヤマトシジミは印旛沼周辺でのみ多量に出土し，東京湾岸への流通がみられないことから，産

地では自家消費用の食料資源として多用されるが，東京湾岸向けの流通物資としての価値はほとんどなかった可能性が高い。

これに対して海産種（イボキサゴ・オキアサリ・ハマグリ）の印旛沼方面に向けての推移をみると，イボキサゴは東京湾から遠ざかるにつれて急減し，図4のAラインを超えるとほぼ皆無となるのに対して，オキアサリとハマグリはAラインを越えて印旛沼周辺の貝塚でも少量ずつが普遍的に出土する点で特徴的である。このことは，印旛周辺域において東京湾産の貝の中でもオキアサリ・ハマグリに対する需要がとくに強く，逆にイボキサゴへの需要はほとんどなかったことを示唆している。いっぽうで，印旛沼周辺地域におけるオキアサリやハマグリの出土量はごく少なく，食料としての寄与はなかったとみてよい。にもかかわらず，これらの貝が内陸深くまで行き渡っているという事実は，当時の印旛沼周辺の地域社会において，これらの貝が食料以外の何らかの付加価値を与えられていたことを示唆する。

オキアサリは産地である東京湾奥部沿岸では大量に利用され，また上記の通り印旛沼方面に向けて広く流通するが，都川・村田川貝塚群ではほとんど出土しない。このことから，本種の流通構造において図4のBラインがきわめて強い障壁となっていたことがわかる。また園生貝塚では，後に詳述するように堀之内式期～安行式期の間で貝類組成が激変しており，とくに加曽利B式期以降はオキアサリへの集約化が著しくなる（図6）。これは印旛沼周辺での貝塚の激増期と同調しており，両者が連動した現象であった可能性が考えられる。

これに対して都川・村田川貝塚群では，先述の通りハマグリとイボキサゴが地域社会の象徴として認識されていた可能性が強い。またこの地域では後期前葉～後葉を通じて貝類組成の変化がほとんど認められないことから，そうした認識はこの

間一貫して継続していたと推定される。

このように，貝類の資源認識によって示される地域社会の単位としては，東京湾奥部沿岸地域と印旛沼周辺地域が強い結びつきを示しているのに対して，都川・村田川貝塚群はこれらと明確な一線を画していたものと推測される。

4 資源認識の時代変化—加曽利B式期の変動—

ここでは資源認識の年代的な変化に焦点をあて，(1) 加曽利B式期を中心とする東京湾奥部沿岸～印旛沼周辺の貝類流通，(2) 東京湾西岸の魚類・哺乳類資源利用を事例として，加曽利B式期に大きな変動があったことを示す。

(1) 加曽利B式期における東京湾岸—印旛沼周辺の貝類流通の変動

先述の通り，印旛沼周辺の貝塚は東京湾産のハマグリやオキアサリを少量ながらコンスタントに出土するという特徴をもっている。このことは東京湾産の貝を少量ずだが安定して供給するシステムの存在を暗示している。その詳細についてはいまだに明らかでないが，東京湾岸と印旛水系を画する分水界には広大な台地平坦面が広がっており（図4），その印旛側縁辺には多数の遺跡が分布していることからみて，この平坦面上に両地域を結ぶ幹線ルートが存在した可能性は充分に考えられる。

こうした貝の流通の経路と過程を考えるうえでとくに注目されるのがこの平坦面の北縁，東京湾岸と印旛沼の中間（図4のAライン上）に位置する八木原貝塚である。本貝塚では東京湾産の貝を主体とする比較的大規模な貝層が形成されており，印旛沼周辺の貝塚とは明らかに異質であることから，この遺跡が東京湾岸から印旛沼周辺域への貝の搬入過程において，中継地的な役割を担っていた可能性が指摘されている[11]。

八木原貝塚の貝類組成とオキアサリの採取季節分布を図5に示した。貝類組成は全体的にハマグ

リ・オキアサリ・イボキサゴ・ヤマトシジミが主体だが，加曽利B2式〜B3式期貝層下部（43層以下）ではこれらが比較的均等な比率で混在するのに対し，加曽利B3式期貝層上部（36層以上）ではイボキサゴとヤマトシジミが減少し，ハマグリとオキアサリに収斂する傾向が認められる。前2種は先述した流通範囲の狭い種（図4左）であるのに対して，後の2種は印旛沼周辺に広く流通する種（図4中・右）である点が注目される。オキアサリの季節性[12]をみても，加曽利B3式期貝層の下部では春に弱いピークがみられるものの季節性は分散的であるのに対して，上部では冬への強い集中傾向が認められる。これらの事実は，加曽利B3式期のかなり短い期間内に，東京湾岸域から印旛沼周辺への海産貝類の流通構造に急激な変化（集約化）が生じた可能性を示している。

いっぽう，東京湾奥部沿岸におけるオキアサリの出荷元と目される遺跡のひとつが，八木原貝塚の南西約8.5kmに位置する園生貝塚である。本貝塚における貝類組成・オキアサリのサイズの変遷をみると（図6），イボキサゴとオキアサリが主体をなす点は貝層形成の全期間を通じて一貫しているが，その構成比には著しい時代変化が認められる。すなわち，堀之内式期にはイボキサゴが卓越しており，二枚貝類も

図5　八木原貝塚（第Ⅳ調査区）の貝類組成とオキアサリの採取季節分布
（データの出典は註7・12を参照）

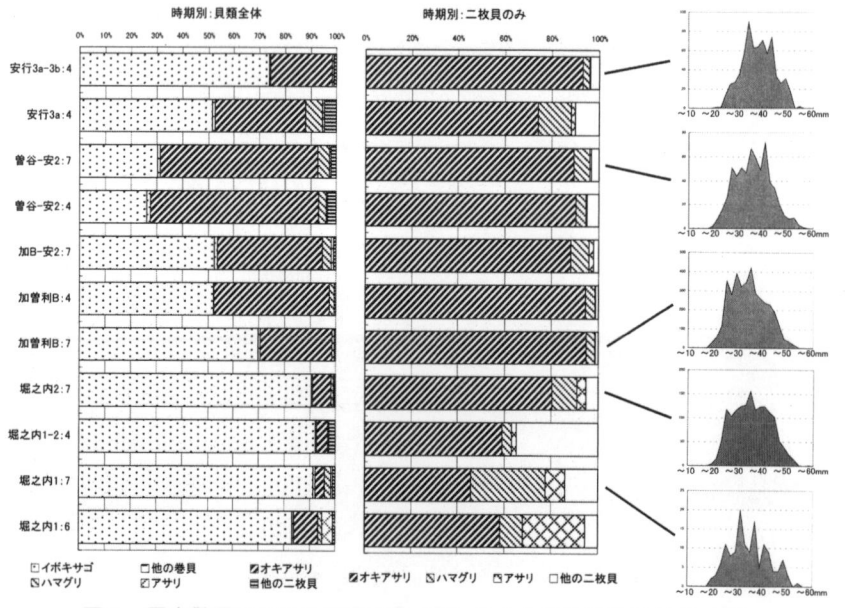

図6　園生貝塚における貝類組成（左）とオキアサリ殻長分布（右）

種・サイズの選択性がそれほど強くないことから，自家消費目的の一般的な貝類採集の様相が強いと考えられるのに対して，加曽利B式～安行2式期にはオキアサリの急増と大型化が認められ，オキアサリ採取への特化傾向が顕著となる。こうした特異な様相は単純な食料獲得を目的とした活動とは考えにくく，加曽利B式期に八木原貝塚など印旛沼方面に向けたオキアサリの供給基地としての性格が急激に強まった可能性が高いと考えられる。

(2) 加曽利B式期における東京湾西岸の魚類利用と狩猟の変化

加曽利B式期における動物資源利用の急激な変化は，東京湾西岸地域でも確認されている。表1は東京都内の縄文後期～晩期前葉の貝塚から出土した，主要な動物遺体の概要をまとめたものである。

貝類は，北部（北区～荒川区）ではヤマトシジミとハマグリ，南部（港区～品川区）ではハイガイやオキシジミなどの内湾泥質干潟産の貝が卓越する傾向にあるが，これは沿岸環境の違いに起因する地域差と推定され，年代差は明確でない。

これに対して魚類は後期中葉を境に全体的に減少傾向を示す。とくに注目されるのはアジ類の動向で，加曽利B1式期までの貝塚では多産するのが一般的だが，加曽利B3式期以降の貝塚では出土量が激減していることがわかる。

いっぽうシカ・イノシシは，加曽利B3式期以降の貝層で逆に増加傾向を示す。この変化は近年行われた西ヶ原貝塚の調査できわめて明確に確認されており[13]，加曽利B1式期までは魚骨が多いのに対して，加曽利B3式期以降は魚骨が激減して獣骨が圧倒的多数を占めるようになる（図7）。

こうした魚類利用と狩猟の変化は，加曽利B式期中のかなり短い期間（加曽利B2式期頃？）に急激に生じた可能性が高い。

表1 東京都内の縄文後期～晩期主要貝塚の動物遺体の比較（貝類・魚類はすべて水洗選別資料のデータ。）
動物遺体の頻度　●：ひじょうに多い　◎：多い　△：普通　・：少ない　－：なし

* 伊皿子貝塚のクロダイ属遺体の大半は鱗。

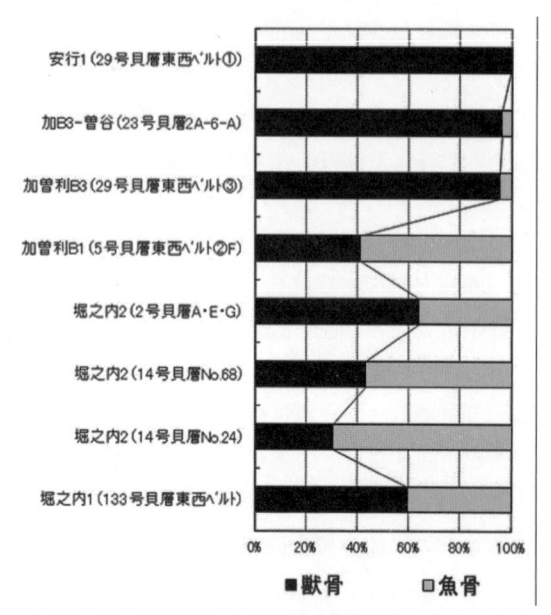

図7　西ヶ原貝塚における魚骨と獣骨の比率の変動
（2007〜2008年度の発掘で採取された貝層サンプル（5mmメッシュ）から検出された魚骨と獣骨の重量比を示したもの）

（3）加曽利B式期の変化の背景

　以上のように，八木原・園生貝塚の貝類利用および東京湾西岸の魚類利用・狩猟のいずれにおいても，加曽利B式期に急激な変化が起こったことはほぼ確実と思われる。これらの変化の原因についてはさらに検討が必要だが，自然環境（気候・海水準など）の面からはこれらに対応するような変動を示す証拠は今のところ見出しがたく，とくに東京湾西岸の事例に関してはこうした短期間内にアジ類の激減やシカ・イノシシの激増を招くような環境変動があったとは考えにくい。また，先述の通り，都川・村田川貝塚群を含む東京湾東岸域では当該時期の動物資源利用にこうした劇的な変化は認められない。

　以上から，これらの変化が何らかの社会変動に起因するものである可能性を指摘できる。すなわち，加曽利B式期にそれぞれの地域社会内部において動物資源の価値や意味づけが大きく変化し，これが資源利用の急変をもたらしたのではないかと推測される。

東京湾奥部沿岸〜印旛沼周辺と東京湾西岸の変化が同時に起こったのか時間差があるのか，またそれらが何らかの関係をもつのか偶然の一致か，さらにこの時期に本当に自然環境のイベントがなかったのかなど，今後の課題も多く残されているが，筆者は下総台地西部〜東京湾西岸の地域社会において，加曽利B式期に資源認識の大きな変革があった可能性が高いと考えている。

註
1) 西野雅人「大型貝塚形成の背景をさぐる」『東京湾　巨大貝塚の時代と社会』雄山閣，2009
2) 樋泉岳二・西野雅人「縄文後期の都川・村田川流域貝塚群」『千葉県文化財センター研究紀要』19，1999，樋泉岳二「貝塚からみた生業活動と縄文社会—動物資源利用から縄文後期下総台地の地域社会を探る—」『縄文社会を探る』学生社，2003，樋泉岳二「動物資源利用からみた縄文後期における東京湾東岸の地域社会」『動物考古学』30，2013
3) データの出典については註2を参照。ただし大膳野南は以下を追加。樋泉岳二「貝類・魚類遺体」『大膳野南貝塚　第Ⅲ分冊―本文編3―』千葉市教育振興財団ほか，2014
4) 前掲註2に同じ
5) データの出典については，とくに示していないものは註2を参照。
6) 小倉和重編『井野長割遺跡（第5次）』佐倉市，2004
7) 阿部芳郎「持ち運ばれた海の資源―印旛沼南岸地域における鹹水産貝塚の出現背景―」『人類史と時間情報―「過去」の形成過程と先史考古学―』雄山閣，2012
8) 前掲註7に同じ
9) 田中英世・樋泉岳二『千葉市園生貝塚』千葉市教育委員会・財団法人千葉市教育振興財団，2010
10) 樋泉岳二「東京湾地域における完新世の海洋環境変遷と縄文貝塚形成史」『国立歴史民俗博物館研究報告』81，1999
11) 前掲註7に同じ
12) 樋泉岳二「貝類の流通からみた縄文時代の社会関係―オキアサリの成長線分析の試み―」『人類史と時間情報―「過去」の形成過程と先史考古学―』雄山閣，2012
13) 西澤　明・栗城譲一編『西ヶ原貝塚』東京都埋蔵文化財センター，2011

骨塚の形成からみた大型獣狩猟と縄文文化

植月　学

1　研究の背景

縄文時代晩期の関東地方に骨塚と呼ばれる大型獣骨の集積を特徴とする遺構が知られる。その形成要因について，筆者は先学の成果を元に以下のように分類したことがある[1]。
A. 人口論：人口増加の結果，大型獣狩猟が活発化した。
B. 技術論：狩猟技術の向上が大型獣狩猟の活発化に結び付いた。
C. 集団論：新たに狩猟集団が結成され，骨塚において分配がなされた。
D. 環境変動論
E. 祭祀論：骨塚は共同の狩猟祭祀の場であった。

以上のうち，Aの人口増加は骨塚が形成された晩期が遺跡減少期であることから否定された。ただし，骨塚形成遺跡への一時的な人の集合はあり得る。Bの技術についても，晩期において狩猟を活発化，効率化させるような道具が新たに出現する訳ではない。ただし，道具というハード面ではなく，狩猟組織のようなソフト面での革新はあり得る。これは，Cの集団説とも関連する。Dの環境変動論についても，晩期に限って骨塚形成に見られるほど大幅に大型獣が自然に増加することは考えにくいが，海退との関係で，海産資源から陸獣へと生業の比重を移した可能性はある。

以上の研究史を踏まえ，千葉市六通貝塚の骨塚（晩期中葉）のシカ，イノシシ遺体の分析を通じて，骨塚の形成要因を検討した。骨幹部による部位の同定，被熱痕，咬痕の観察により，以下のような遺体の形成過程が明らかになった。遺跡には骨端部の出土数の少ない大腿骨のような有用な部位を含め，ほぼ全身の部位が搬入された（頭部は少ない）。骨髄を多く含む四肢骨は，骨幹部を炙って劣化させた上で，打割された。骨髄を抽出された四肢骨は，イヌがさらに骨端部をかじることで破壊が進み，風化，埋没中の腐植などを経て，最終的な遺体が形成された。

以上の分析結果から，骨塚は動物資源を骨髄も含めて時間をかけて徹底利用する場であったことが明らかになった。骨塚も基本的には集落遺跡であり，集団が一時的に集合して獣骨を大量に消費するような祭祀に特化した場ではない。ただし，集落において動物資源の消費に関わる祭祀的な行為がおこなわれたことまで（E.祭祀論）が否定される訳ではない。

したがって，骨塚形成要因として残されたのは，C.集団論，D.環境変動論（海退），E.祭祀論となる。

2　本論の目的

本論では上記要因のうち，とくにD.環境変動論について検討を加える。縄文時代後期後半以降に海退が起きていることは貝塚の減少，貝塚出土の貝類や魚類の生息域の変化（鹹水産から汽水産や淡水産へ）などから明らかである。海退により漁場が遠のく中で，海産資源へのアクセスが悪化し，生業に占める陸産動物資源の割合が増加することはあり得る。その場合，海産資源の減少と陸獣の増加が見られるはずである。ただ，晩期の

骨塚において増加しているのは大型獣だけであって，小型獣は増えていない。したがって，海退現象は骨塚形成の一要因であったとしても，それですべては説明できない。

旧稿では六通貝塚の前浦式期だけを対象としたために，晩期の狩猟活動の特徴について十分に明らかにできなかった。そこで，本稿では縄文時代中期から晩期までを通時的に比較することで，晩期の狩猟活動の特徴を明らかにし，骨塚形成と環境変動の関係を解明することを目的とする。

3 資料と方法

狩猟活動の内容のうち，本論ではとくに以下の2点に焦点を絞って検討をおこなう。
A. 大型獣（シカ，イノシシ）狩猟の比重
B. シカ，イノシシ資源に対する狩猟圧

資料としては下総台地の限られた地域を対象とする。環境の地域差をできるだけ排除した上で，環境変化の影響をみるためである。

本論では石器や動物遺体組成の比較をおこなうが，複数遺跡間の比較ではサンプリング・エラーが問題となる。サンプリング・エラーは必ず存在するが，同一の方法により調査されていれば比較可能である。また，回収法に影響を受けにくい大形遺物であれば，調査法の異なる複数遺跡を比較することに大きな問題はない。

同一の調査で晩期以外に異なる時期が調査されている遺跡がもっとも目的に合致する。この条件を満たすのは市原市西広貝塚と松戸市貝の花貝塚のみであった。いずれも晩期に大型獣が高密度で出土した遺跡であり，かつほかの時期の動物遺体も出土している。調査面積が集落のかなりの部分に及び，地点による偏りが抑えられているのも利点である。両遺跡を中心にしながら，方法によって他遺跡の成果も用いる。

分析項目は以下の通りである。

A. 大型獣狩猟の比重
A1. 生産用具組成

植物質食料利用，狩猟，漁労の道具の比率の時期的変化をみる。石器は報告者によって分類法が異なるので，分類法の影響を受けにくい基本的な石器を対象とした。植物質食料の加工に関わる道具として石皿，磨石類（磨石・敲石・凹石），植物質食料の採集に関わる道具として打製石斧，狩猟具として石鏃・骨角製鏃，漁労具としてヤス状刺突具を取り上げ，その比率を検討する。このうち，とくに小型の石鏃・骨角製鏃についてはサンプリング・エラーを考慮する必要がある。

A2. 脊椎動物遺体組成

魚類，鳥類，哺乳類の比率により漁労と狩猟の比重の時期的変化をみる。小形の遺体が多い魚類はとくに回収法の影響を受けやすい。また，同定法や集計法によってもかなり数値が変動する。このため，異なる遺跡，調査を比較するのは問題がある。一貫した調査，同定・集計法によった遺跡で比較をおこなう。

水洗選別サンプルで主に回収される魚類と，現場採取（肉眼採取）で主に回収される大型獣を同じ尺度で比較するため，現場採取資料で最小個体数を比較する。

A3. 小型獣：大型獣

大型獣（シカ・イノシシ）と小型獣（その他哺乳類。食用か不明なイヌとネズミ科は除外）の比率により，大型獣への依存度を評価する。小型獣も回収法の影響を受けやすいが，現場での貝層のふるいがけなど，小形遺物回収の方策が取られている近年の調査であればある程度比較可能である。

A4. イノシシ：シカ

晩期の骨塚では大型獣2種でもとくにシカのほうが卓越する傾向があり，その時期的特徴を明らかにする。いずれも大型であるため，最小個体数による集計である限り，回収法による影響は小さく，もっとも多くの遺跡を比較するこ

とが可能である。

B. 狩猟圧

年齢構成を検討することで，各時期の狩猟がシカ，イノシシ資源にどの程度の狩猟圧を加えていたかを検討する。もっとも正確なのは臼歯エナメル質に残る年輪を観察する方法だが，データが少ない。次に正確なのは歯の萌出・交換様式による方法だが，2～3歳までしか判定できない点や，植立標本しか対象とできない点で，多くの遺跡で多数の標本を比較するには適していない。

本論では以下の方法を用いるが，いずれの方法も上記の方法より年齢推定に幅がある。複数の指標を組み合わせて検討することで，より正確な判定に近づける。

B1. 咬耗指数

わが国ではシカについては大泰司[2]の，イノシシについては小池・林[3]の指標が知られる。同じ歯種で比較するため，サンプリング・エラーは小さいと推測され，遺跡間の比較が可能である。

B2. 第4乳臼歯（dp4）：第4前臼歯（P4）

両歯種は萌出によって交換する。シカでは2歳程度，イノシシでは1歳前後で生え変わる。両者の比率により幼若獣の割合を知ることができる。dp4はP4に比べて小さいので，よりサンプリング・エラーが生じやすく，遺跡間の比較には注意が必要である。

B3. 四肢骨癒合状況

動物の骨は幼齢期には骨端と骨幹の間は軟骨で結合しているが，加齢とともに骨化し癒合する。癒合の時期は部位によって差があり，このことを利用してシカ，イノシシの年齢段階を調べる方法が知られる[4]。同一部位の骨端の状況を対象とするため，サプリング・エラーは小さいと推測される。

4 結 果

A. 大型獣狩猟の比重

A1. 生産用具組成（図1）

骨塚が形成された西広貝塚の晩期前半に，狩猟具である石鏃の増加は認められない。むしろ中期の有吉北貝塚や有吉南貝塚のほうが多い。遺跡間の比較は遺物回収法の違いが問題となるが，西広貝塚内でみても，晩期前半が後期前半に比べて急増している訳ではない。後期後半には落ち込みが見られるが，骨角製鏃は増加しており，ある程度はこれによる補完で説明できるかもしれない。

植物食についてみると，中期に打製石斧が多く，後期に減少する。後期以降は磨石が増加するので，この2器種を植物質食料の採集・加工用具とすれば，その割合が晩期に極端に落ち込むことは確認できない。器種の変化から対象物には大きな変化があった可能性が高い。

漁労については後期以降のヤス状刺突具の増加が顕著だが，西広貝塚内でみると，晩期にはその比率が減少する。

以上のように，生産用具組成からは，晩期に生業が狩猟へと極端にシフトする証拠は認められない。ただ，漁労の頻度が下がっている可能性はある。狩猟や漁労については猟法，漁法の変化も考

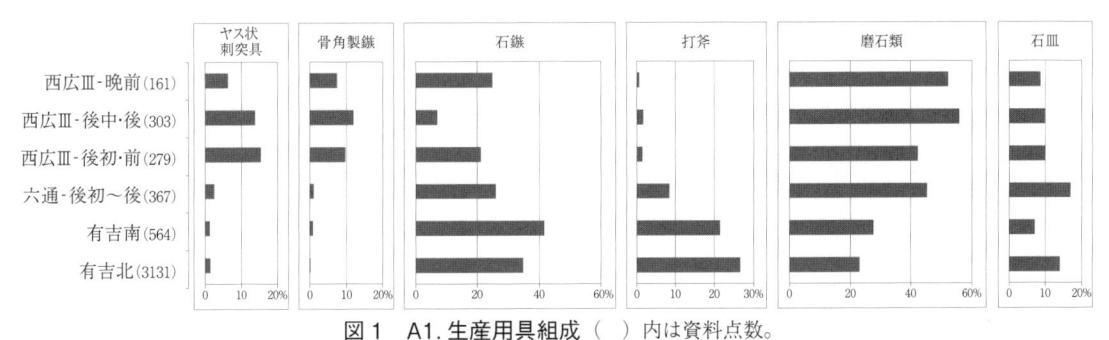

図1 A1. 生産用具組成 （ ）内は資料点数。

えられるので，生産用具だけでは結論は出せない。次に対象となった動物遺体から狩猟，漁労の比重を検討する。

A2. 脊椎動物遺体組成（図2）

魚類は回収方法による影響を強く受け，異なる遺跡，調査間で公平な比較は難しい。同一遺跡で，かつ複数時期にまたがる調査が対象となるが，該当するのは西広貝塚，貝の花貝塚のみであった。

西広では晩期に魚類の明確な減少が認められる。その後を埋めているのはシカとイノシシで，鳥類や小型獣はさほど変化がない。この現象は先にみたヤス状刺突具の減少と合致し，晩期における漁労の衰退を裏付ける。貝の花貝塚でも晩期に魚類の減少が認められる。

A3. 小型獣：大型獣（図3）

小型獣の回収漏れが多いと推測される古い調査（貝の花貝塚）と，水洗選別がおこなわれたそのほかの調査を分けて検討した。

貝の花貝塚では晩期前半の小型獣の減少が顕著である。この傾向は後期後葉から起きており，それ以前は変化に乏しい。同様の傾向はそのほかの遺跡でも確認でき，中期の有吉南の小型獣が少ない点を除けば，おおむね後期後葉以降に小型獣が減少する傾向が認められる。

A4. イノシシ：シカ（図3）

イノシシが中期に多く，後期から晩期にかけて減少することが確認できる。後期後葉がもっとも少ない。なお，イヌの比率が晩期に向けて減少することも確認できる。これはイヌが中期に盛んな小型獣狩猟，あるいはイノシシ猟，もしくはその双方と関係が深く，晩期に盛んとなるシカ猟との関係は薄いことを示唆する。

B. 狩猟圧

B1. 咬耗指数（図4）

シカ M1～M3いずれの歯種でも，咬耗の程度が弱い標本が多かったのは西広（後期）と六通（後期初頭・後葉）であった。逆に前期の神門や晩期の六通（晩期中葉）は咬耗が進んだ個体の割合が多い。観察者による咬耗指数判定のずれや，採餌環境の差による咬耗速度の違いなどのバイアスもあり得るが，同じ西広貝塚でも後期より晩期のほうが咬耗が進んだ個体が多い。少なくとも晩期に狩猟圧が高まったという状況は認めがたい。

イノシシ M1で見ると，前期の神門と六通の晩期に咬耗の進んだ個体が多い点はシカと共通する。ただし，西広の後期と晩期の間にはあまり差がない。M2は神門がやや咬耗の進んだ個体が多い。以上により，シカと同様に，少なくとも晩期になって狩猟圧が高まった状況は認められない。

B2. 第4乳臼歯（dp4）：第4前臼歯（P4）（図5）

シカ 上顎と下顎で傾向が異なる。上顎では六通貝塚の晩期中葉（前浦式期）がやや乳歯の割合が大きい。回収法の同じ西広貝塚内でみると，後期と晩期でほとんど差はない。下顎では六通貝塚（晩期）がもっとも乳歯が少ない。西広貝塚でも

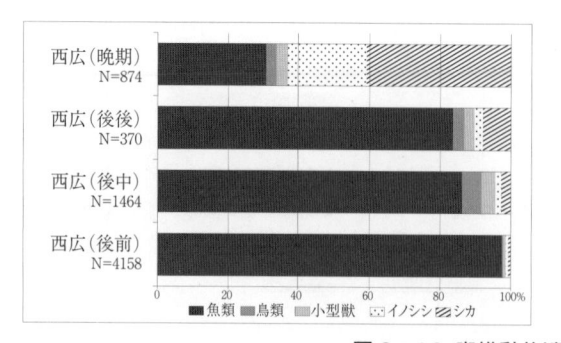

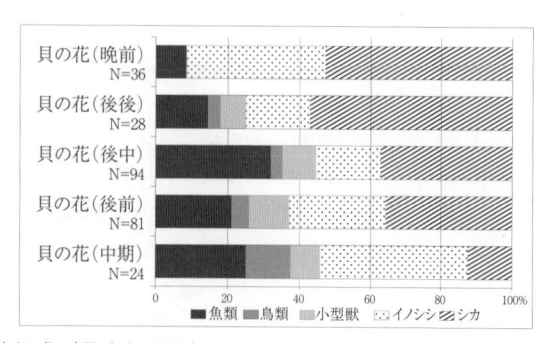

図2　A2. 脊椎動物遺体組成（最小個体数）

図3 A3・A4.哺乳類遺体組成（最小個体数）

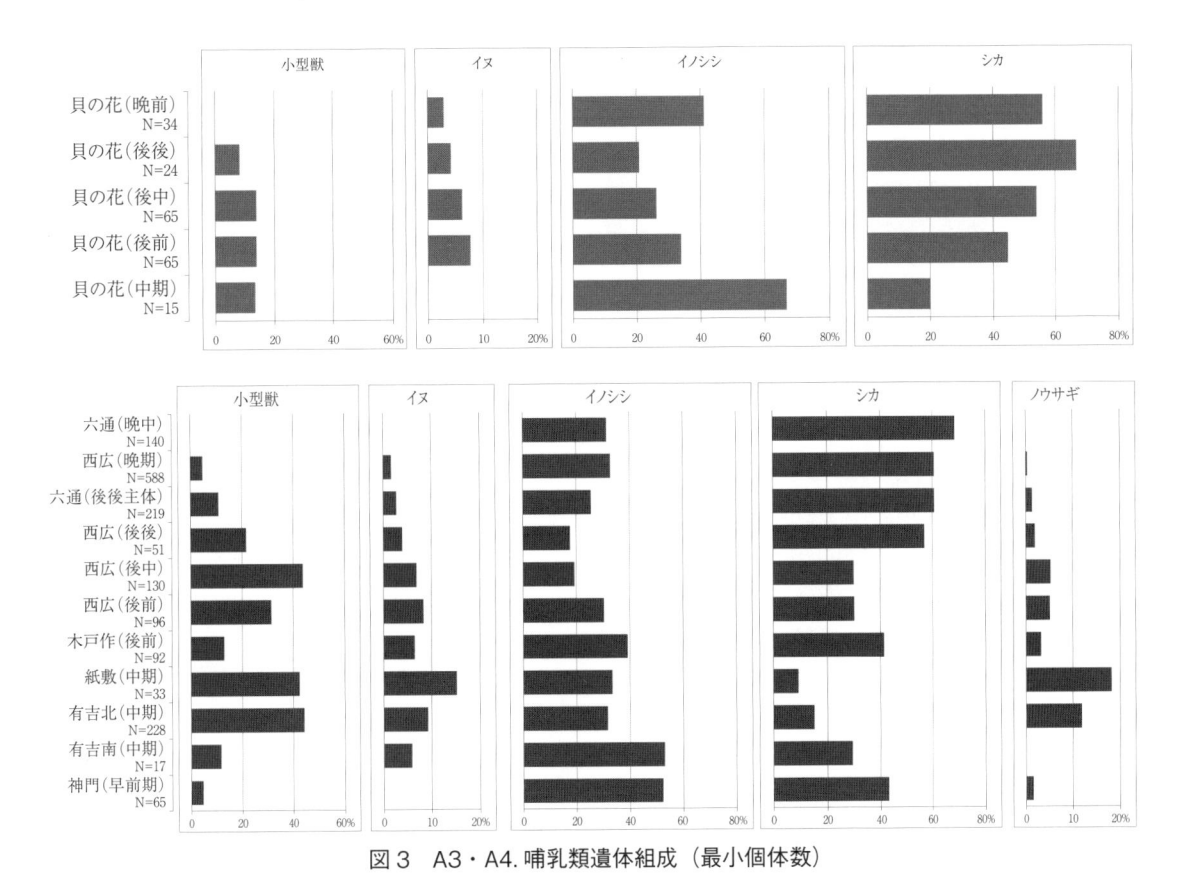

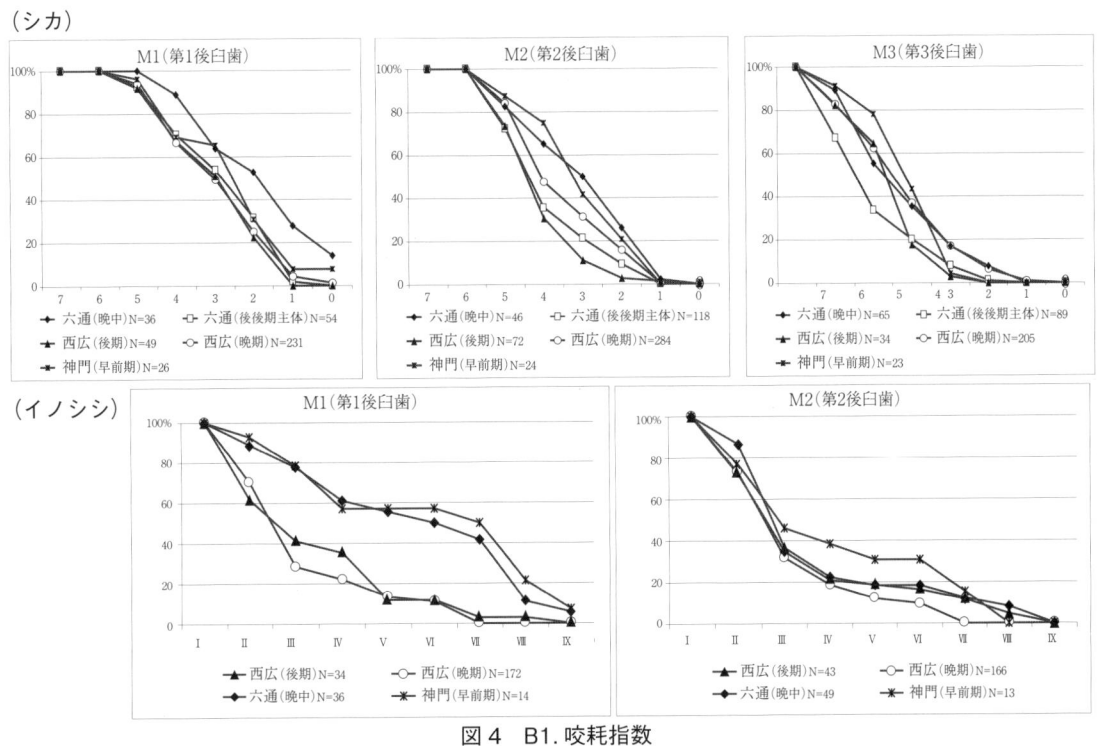

図4 B1.咬耗指数

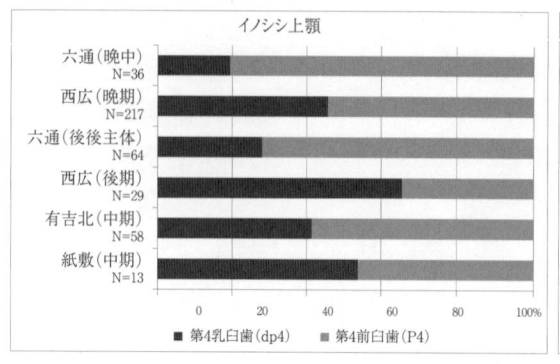

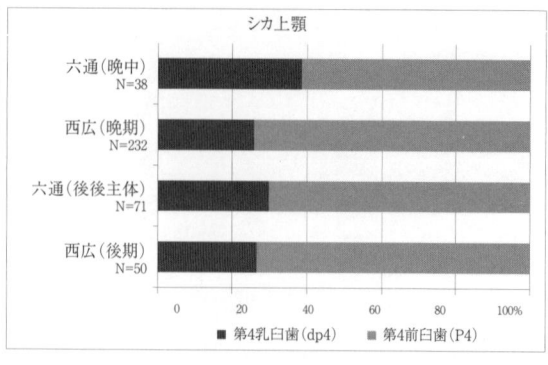

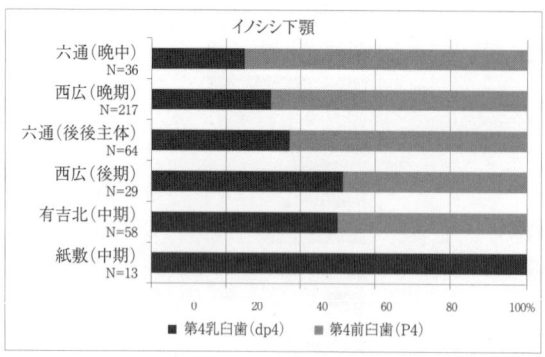

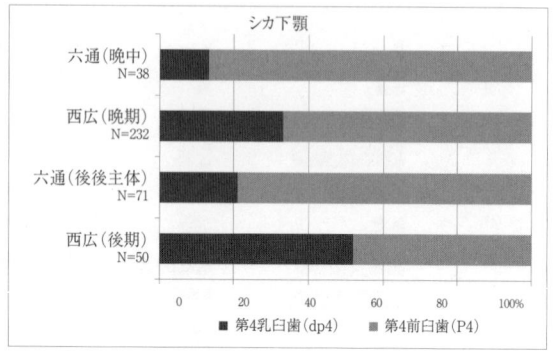

図5　B2. 第4乳臼歯（dp4）：第4前臼歯（P4）

後期より晩期のほうが乳歯が少ない。

イノシシ　やはり上顎と下顎で若干傾向が異なるが，中期から晩期にかけて徐々に乳歯の割合が減る。回収法の同じ西広貝塚内での時期差を見ても，後期より晩期のほうが乳歯の割合が減っている。

以上により，シカ，イノシシ共に他時期に比べて晩期に若獣が増えている＝狩猟圧が高まっている状況は確認できない。シカ上顎を除いてはむしろ狩猟圧が緩和されている傾向を示す。

B3. 四肢骨癒合状況（図6）

六通貝塚（晩期中葉）は癒合状況を記録していない部位があり，これが結果にどのような影響を及ぼしているか不明なため，参考データとなる。

ほかに利用可能なデータは西広貝塚のみである。シカでは3段階までは大差ないが，4段階で癒合している標本は晩期がもっとも多く，後期前葉，後期中葉の順に少なくなる。イノシシでは後期と晩期の間で1段階と2段階に癒合する標本の割合に大差はないが，晩期は3段階での癒合率が高い（＝高齢個体が多い）。

以上，癒合状況による年齢段階到達分布から，控えめに見ても晩期に狩猟圧が高まっている状況は確認できず，むしろ緩和されている可能性が高い。

5　結　論

（1）大型獣狩猟の比重

生産用具組成からは，晩期における漁労の衰退が示唆された。この点は，脊椎動物遺体に占める魚類遺体の減少によっても裏付けられた。

晩期における石鏃の増加は認められなかったが，脊椎動物遺体組成は晩期における漁労に対する狩猟の卓越，小型獣と大型獣の比は大型獣狩猟の卓越を明確に示した。なお，晩期に活発化するシカ猟には石鏃，イヌともに重要でなかった可能性も示唆された。

（2）狩猟圧

上記のように，晩期における大型獣狩猟の活発化は明らかだが，咬耗指数，乳歯の割合，四肢骨

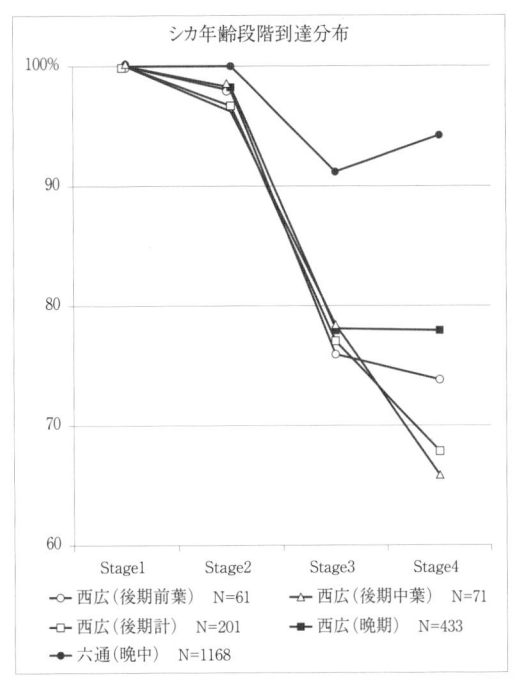

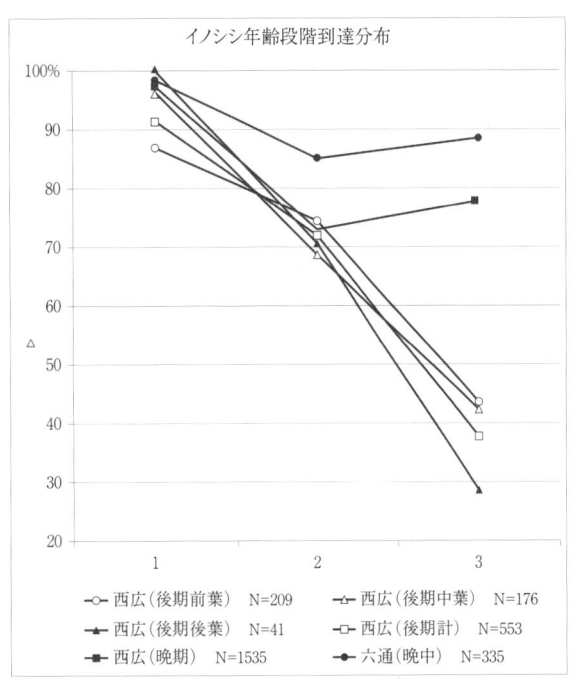

図6 B3.四肢骨癒合状況（西広・六通）

癒合状況のどの指標においてもシカ，イノシシの狩猟圧の高まりは確認できなかった。一部指標ではむしろ緩和傾向にあった可能性も示唆された。

狩猟頻度が高いのにもかかわらず，狩猟圧が緩和されている状況はどのように解釈すべきであろうか。シカ・イノシシ資源が増えたか，消費者が減ったか，その両方かの可能性がある。晩期における遺跡の減少はよく知られるところであり，人口減少という想定は突飛なものではない。

(3) 環境変動との関係

後期後半から晩期にかけて海退が進行するが，大型獣狩猟の活発化は，海退の結果狩猟に比重を移さざるを得なかったという経過では説明しにくい。後期までと同じ人口条件下で狩猟への依存が強化されれば，狩猟圧は高まるはずだからである。

大型獣狩猟活発化の背景には，海退もさることながら，人口減少により大型獣資源に余裕が生まれたために，海産資源より優先順位の高い大型獣が選ばれたと解釈するのが無理がない。小型獣狩猟の頻度が高まっていない点も，陸獣資源利用におけるある種の余裕を感じさせる。

晩期における遺跡減少，人口減少の原因について，筆者は有力な仮説を持ち合わせていない。今回の分析結果からは，少なくとも海退により水産資源利用が困難となり，限られた陸産動物資源に集中した結果，食料事情が悪化し，人口減に至ったというような直接的な因果関係ではないと推定される。大型獣狩猟への依存が可能となったのは，何らかの理由で人口が減少し，資源に余裕が生じた結果であると考えられる。

(4) 縄文時代における動物資源利用の階層構造

今回の分析結果から，縄文時代の下総台地における動物資源利用の階層構造が見えてきた。人口減少期である晩期と，遺跡が密集し，大型環状集落が多数形成された人口増加期である中期中葉や後期前葉の動物資源利用の差から検討してみよう。

晩期の人口減少期にもっとも頻繁に利用されたシカ，イノシシは，条件が許せば最優先で消費される資源といえる。とくにシカの利用頻度が高い。一方，中期にはシカがほとんど見られず，大

型獣ではイノシシが優占する。中期の狩猟圧に関するデータに乏しいが，そもそもシカがほとんど獲れていない点，イノシシにおいても紙敷貝塚や有吉北貝塚で乳歯の割合が多い点は，狩猟圧の高さを示している。

この点は小型獣狩猟の状況からも裏付けられる。中期から晩期にかけて，小型獣狩猟がもっとも盛んなのは中期中葉の紙敷貝塚や有吉北貝塚，後期前葉の西広貝塚であり，いずれも遺跡数の多い時期である。人口増加期にはまずシカ，イノシシ資源が高い狩猟圧により減少し，対象が小型獣へと拡大していくという解釈が可能である。

遺跡数の変動に応じた資源利用の変化は，漁労活動においても確認できる[5]。中期中葉や後期前葉の遺跡増加期（環境安定期）には，小魚や貝類の利用が盛んとなる。一方，後期後葉以降の遺跡減少期（環境変動期）には大型魚漁へとシフトしていく。後期後葉以降の人々にとって，小魚は遠方に出漁してまで獲得する対象ではなくなった可能性がある。

中期から晩期にかけて利用された動物資源は，大きく以下の2グループに分けられる。
① 1個体あたりのエネルギー量が大きいが，再生産に時間がかかる。→ 大型獣，大型魚
② エネルギー量は小さいが，大量に産し，再生産が早い。→ 小型獣，小型魚，貝類

小論の結果からは，人口増加期（中期中葉や後期前半）には②，減少期（後期後半〜晩期）には①のグループが優占することが確かめられた。これは下総台地の縄文人にとって，動物資源は基本的に①＞②という優先順位のもと，獲得が志向されていたことを示している。

6 おわりに

小論によって晩期の骨塚形成の背景がすべて説明できた訳ではないが，狩猟活動をほかの時期と比較することによって，海退による海産資源利用条件の悪化がただちに大型獣狩猟に結び付いた訳ではないことが明らかになった。その前提として何らかの理由で人口減少が起きており，大型獣狩猟の活発化はその結果であると推測された。冒頭にあげた諸説に加え，この「人口減少説」を骨塚形成理由の有力な仮説として提示したい。

今後の課題としては，残されたC.集団説と，E.祭祀説についての検討があげられる。具体的には，晩期において狩猟集団編制に何らかの変化があったのか，あるいは地域の集団が集合して特定の場所（骨塚）において狩猟に関する祭祀，分配をおこなうようなことがあったのかを解明する必要がある。単に資源にゆとりが生じたというだけでなく，大型獣狩猟に伴う社会的ステータスが高まっていた可能性もある。いずれも検証困難な課題であるが，引き続き検討していきたい。

末筆ながら，小論のような分析が可能となったのは，膨大な石器・骨角器類や動物遺体群のデータを整理され，利用可能な形で公開していただいた報告者の方々のご努力によるもので，深く感謝申し上げる。紙数の都合上，グラフの元データや，参考文献は割愛せざるを得なかったが，機会を改めて公表したい。ご寛容を願う次第である。

註

1) 植月　学「縄文時代晩期骨塚における動物遺体の形成過程」『動物考古学』27，2010
2) 大泰司紀之「遺跡出土ニホンジカの下顎骨による性別・年齢・死亡季節査定法」『考古学と自然科学』13，1980
3) 小池裕子・林　良博「遺跡出土ニホンイノシシの齢査定について」『古文化財の自然科学的研究』同朋舎，1984
4) 姉崎智子・佐藤孝雄「上高津貝塚C地点の脊椎動物遺体」『上高津貝塚C地点』土浦市教育委員会，2006
5) 植月　学「海生魚類」『縄文時代の考古学』4，同成社，2010

化石貝と微小貝からみた資源利用

黒住耐二

1 化石貝類利用

縄文人の化石利用としては，古くから遺跡出土のサメの歯化石が知られており，その後，化石産出地（＝露頭）からの安定した供給や産出地の伝承，交易品の可能性も示唆されている。日本では注目されてこなかった化石貝類利用のいくつかの例を示して，今後の類例報告を待ちたい。

（1）ツノガイ系製品

管状をしたツノガイ類は，先史時代に装飾品として広く利用されていた。必ずしも，研磨などの加工を行なっているわけではないが，食用になることはなく，利用を意図して遺跡に持ち込まれているため，ツノガイ系製品と呼んでおきたい。

ツノガイ類は，遺跡からの出土の多いヤカドツノガイなどを除き，多くの種が水深20mより深い場所に生息しており，海岸に打上がることは少ない。このことと，関東地方ではツノガイ化石を産出する第四紀の化石層が多いことを根拠に，縄文期の千葉県市原市・西広貝塚出土のツノガイ

（以下，ツノガイと表記した場合は，*Antalis weinkauffi* という1種を指す。キタノツノガイは同種）は化石由来ではないかと指摘した。その後，茨城県美浦村・陸平貝塚で，ほぼ完形のツノガイが出土し，化石の可能性が示唆された（図1右2点）[1]。一方で，西広貝塚の出土ツノガイ類が詳細に検討された結果，その質感などから現生個体の可能性が高いのではないかとされ[2]，筆者も同意見となった。一方で，西広貝塚と同地域の縄文早期の天神台遺跡からも1,000個以上のツノガイ類が得られており，こちらは化石の可能性も否定できないという。そして，東京都品川区の縄文前期・居木橋遺跡では，出土ツノガイの年代測定で39,540yrBPの値が報告され[3]，年代はあわないが，ツノガイの化石利用例が明らかとなった。南関東では，三浦半島の上総層群と房総半島中北部の下総層群が，ツノガイ化石の主な産出地と想定される。

琉球列島でも，太い"マルツノガイ型"のものなどが少数の遺跡から出土しており[4]，化石と考えられている。その中には現生・化石とも得られる可能性が極めて低い奄美大島からの出土例（宇宿貝塚，図2）もあり，この貝は九州か沖縄からの搬入品と思われる。縄文時代の古い時期には，海岸から離れた各地の洞窟遺跡から，タカラガイ類やイモガイ類と共にツノガイ類が出土し，かなり早い段階で，縄文期に多用されるこの3タイプが規定されたと考えられており，このツノガイ類の中には化石個体の含まれている可能性もあろう。

図1 陸平貝塚出土の化石利用製品（註1）

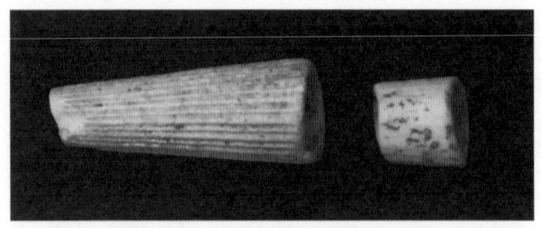

図2　奄美大島・宇宿貝塚出土のマルツノガイ
（奄美市歴史民俗資料館蔵）

図3　大谷貝塚出土の有角貝殻片（註7）

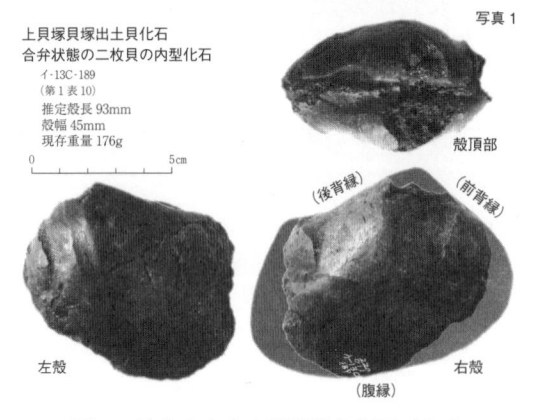

上貝塚貝塚出土貝化石
合弁状態の二枚貝の内型化石
イ-13C-189
（第1表10）
推定殻長 93mm
殻幅 45mm
現存重量 176g

写真1
殻頂部
（後背縁）　（前背縁）
左殻　　　　　　　右殻
（腹縁）

図4　流山市出土の雄型印象化石（註8）

(2) その他の装飾品

千葉県成田市の荒海川面遺跡（縄文—弥生移行期）では，下総層群（いわゆる成田層など）の化石と考えられる未加工のビノスガイ・ミルクイなどと共に，人為的に穿孔されたエゾタマキなどが集中して出土しており，エゾタマキは 34,380 yrBP と化石利用であることが明らかにされている。この遺跡のヤツシロガイなどの貝製品も化石ではないかと考えられている[5]。また，前述の陸平貝塚の縄文中期の層から，ほかのツメタガイ類に捕食されたエゾタマガイの孔周辺を研磨したものが出土しており，貝は化石由来ではないかと想定されている（図1左）。関東地方に多いアカニシ製貝輪では，同種の食料残滓個体は中形であり，大形の貝輪は化石由来の可能性も残る。また北海道では，千歳市・美々4遺跡（続縄文時代）から穿孔されたアンモナイト化石が知られている[6]。

(3) 有角貝殻片

茨城県美浦村の大谷貝塚（縄文前・中期）から，化石由来と想定されるナミガイなどの扁平な二枚貝を 2～3cm に人為的に割ったと考えられる破片が複数出土し，これを非日常的な状況で利用されたものと想定し，有角貝殻片とした（図3）[7]。なお剥離面に研磨などは確認されていない。関東の縄文遺跡跡から少量ながら，多くの遺跡で出土する現生個体のムラサキガイやサビシラトリなどの種も食用というよりも，その紫や白の色彩を意識した有角貝殻片と同様な利用法も想定しており，化石貝類は白色ということで選択されたとも考えられる。今後，剥離面の詳細な線状痕の観察や，墓域や特殊な遺構などでの出土状況の記載が望まれる。

(4) 印象化石の利用

殻が溶け，貝殻の外面（雌型）や内部空間に泥が詰まり固結したり，ほかの鉱物によって置換した雄型の印象化石がいくつかの遺跡から知られている。二枚貝の印象化石（雄雌両型）が，千葉県流山市の複数の遺跡から縄文中期中葉～後期前葉に限って出土しており，土壌塊から雄型（図4）が取り出された可能性も指摘されている[8]。同形の二枚貝雄型とサラサバテイラのような大形円錐形巻貝雄型が，鹿児島県徳之島のトマチン遺跡（縄文～弥生移行期）の墓域からも発掘されており，この資料にも加工痕などは認められていない。また，ビカリアなどの塔型巻貝の鉱物に置換

された印象化石は，岐阜県瑞浪地方で「月のお下がり」として知られているが，これが多治見市の遺跡から出土しており，縄文前期の可能性が高いとされる。

(5) 化石貝の課題と意味

化石のツノガイ系製品は，今後も，新生代の貝化石産地周辺を中心に発見されることが予想される。有角貝殻片の類例や大形アカニシ製貝輪の年代測定は今後の検討課題であろう。千葉県の印象化石利用例は，特定の時期と地域でだけ"流行"したものとみることができ，化石を取り出すような"時間的余裕"の存在をも示しているのではないだろうか。また，月のお下がりやアンモナイトは，流行することなく，威信財にもならなかったようであるが，後者は100km以上運ばれており，"お土産"的なものであったと想像される。交易品とお土産の厳密な区別は難しいが，先史時代においても現代と同じく，お土産は集団間の交流の程度を示すものとして意義があると考えている。

2 微小貝—海産貝類からの情報—

貝層土壌には，時に数mmの微小な貝類が多数含まれている。これらの多くは，これ以上大きくならない成貝（大人）である。陸産微小貝による発掘地点の植生景観復元（草地・二次林など）に関しては成果をまとめており，ここでは海産微小貝から得られる情報について述べることとしたい。

ワカメのような海藻や種子植物のアマモなどの海草（以下，海藻と海草をあわせて海藻と表記）の上に生息する貝類を葉上性種と呼び，この葉上性種の遺跡出土状況から海藻利用を想定する訳である[9]。なお，貝ではないが，同じく葉上性の貝殻状の棲管を作る環形動物のウズマキゴカイも同時に対象としている。また，内湾のアシ原に生息するカワザンショウガイ類やアシ原前面の泥干潟に生息するカワグチツボなども遺跡から多く出土

し，これらも植物利用を考察する材料となる。

(1) 海藻の直接利用

福島県南相馬市の縄文時代前期末～晩期中葉までの連続した時期の資料が得られた浦尻貝塚例[10]を中心に，微小貝から想定される植物利用を考えてみたい。表1では，葉上性種をその生息場所から，内湾・内湾／外海・外海の3群に分けて示したが，外海岩礁に生息するチャツボ類などは中期前葉から継続して得られている。東京湾などでも多いシマハマツボなどの内湾の葉上性種は，後期前葉の一時期のみに集中して，多くの個体が確認された。本貝塚では，葉上性種が比較的多く抽出され，また各群の出現時代も明瞭であったことから，海藻の直接利用は十分に証明できたと考えている。葉上性種はほぼすべて磨滅していない生貝（eではない）であったのに対し，食用種に混入して持ち込まれた非食用砂泥底生息種では死殻（e）の多いことも海藻由来であることを示唆している。

また，浦尻貝塚の食用貝類は，前期末から後期前葉まで常にアサリが80％程度と優占しており，晩期中葉にはヤマトシジミ・イソシジミ類が6割以上と，内湾から河口域の種から構成されている。しかし，葉上性種では外海のものが中期前葉から継続して出土しており，食用貝類と海藻の採集は別な活動であったことも明らかにできた。ま

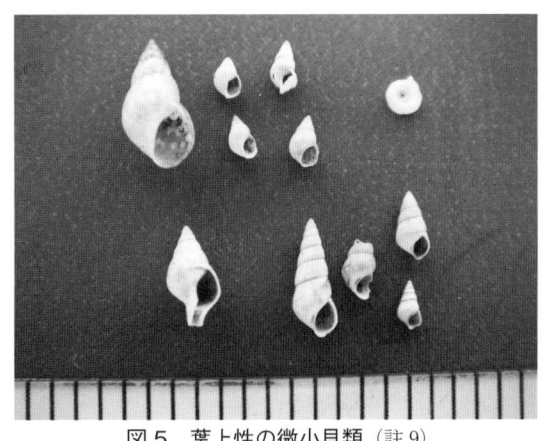

図5 葉上性の微小貝類（註9）

表1　浦尻貝塚における海産微小貝類の時代別変遷 (註10 文献を改変)　　　　　　　　　　　　　　B：焼け　e：磨滅

土器型式		大木 5-6	大木 6-7a	大木 6-8a	大木 7a 古	大木 7a 古/新-7b	大木 7a 新-7b/9	大木 9	網取Ⅱ	大洞 BC	大洞 BC-C2	大洞 C2
時期		前期末-中期中葉	前期末-中期中葉	前期末-中期中葉	中期初頭	中期前葉	中期前葉/後葉	中期後葉	後期前葉	晩期中葉	晩期中葉	晩期中葉
カワグチツボ	内湾	1	1 (1B)	1 (1B)				8 (1B)		6 (2B)	5	
ヨシダカワザンショウ?	内湾	1 (1B)	アシ原/泥底生息種		1 (1e)	2		1				
カワザンショウガイ	内湾										2	2
クチキレモドキ類等5種	内湾	1 (1e)		1		12 (1e,1eB)	9 (5e)		3 (1e)			1
マキミゾスズメハマツボ	内湾		非食用砂泥底生息種			4	4 (1eB)		32 (3B)	葉上性種		
シマハマツボ	内湾								9 (1B)			
ウネハマツボ	内湾								5 (1B)			
マルテンスマツムシ	内湾								10			
ウミニナ類等3種	内湾		1	食用を含む砂底生息種	1 (1B)	7 (1e,1B,1eB)	2		10 (3B)	1		
タマキビ等2種	内湾/外海					2	1	非食用岩礁生息種				
モロハタマキビ	内湾/外海					1						
チャイロタマキビ	内湾/外海								3	葉上性種		1
ヘソカドタマキビ	内湾/外海								3			
チグサガイ	内湾/外海								2 (1B)			
チャツボ類	外海				5 (1B)	6	3		56 (1B)		2 (1B)	1 (1B)
タマツボ	外海				2	1			11			
アワジチグサ	外海				2				1	葉上性種		
ムギガイ	外海								1			
クロスジムシロ等3種	外海				非食用砂礫底生息種		1	6 (1B)				

た，チャツボ・シマハマツボなどは，宮城県・松島町の瑞巌寺遺跡の掘立内部（中世期）からも少数ではあるが，複数の種が得られており，筆者は同様な海藻利用が存在したと考えている[11]。南東北の遺跡で確認されている外海の葉上性種は，北海道積丹半島周辺の縄文中期の遺跡でも認められるようである（フゴッペ貝塚・茶津貝塚）。

南関東の内湾域では，縄文前期後半の神奈川県横浜市西ノ谷遺跡でシマハマツボがまとまって出土しており，これが現時点で確認できた古い例である。葉上性種が集中して出土する確実な例はまだ少ないものの，縄文中期以降にはある程度の海藻利用は広がりを見せるようである。

(2) 海藻を用いた"藻塩焼き"

古代や中世の遺跡では，大量の焼けた葉上性のウズマキゴカイの出土によって，製塩を検証した例が知られているものの，焼けたウズマキゴカイを指標にした製塩で縄文時代まで遡れる例は極めて少ない。東京都渋谷区の豊沢貝塚（縄文後期）の土坑内の例[12]と茨城県稲敷市の広畑貝塚（同後期)[13]の2例程度である。とくに，広畑貝塚は，土器製塩が最初に指摘された遺跡であり，製塩に関連したと考えられている白色結核体（炭酸カルシウム結晶）を詳細に分析し，多数の焼けた小形のウズマキゴカイ（1mmメッシュ未満）が抽出され，チャツボなどの貝類も少数ながら含まれていたことが示された。ウズマキゴカイは，必ずしも海藻にのみ付着するわけではなく，石や貝殻にも多数付着することもよく見られる。ただ，多くの場合，葉上性貝類も同時に見られることから，やはり海藻の利用を示すと考えられる。浦尻貝塚では，ウズマキゴカイは抽出されなかった（表1）。

(3) 枯死したアシの利用

関東地方の縄文貝塚を中心に，カワザンショウガイ類とカワグチツボなどがまとまって比較的多く出土し，それらの被熱率は高く，浦尻貝塚

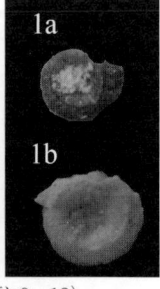

図6　焼けている微小貝類（註9・13）

でも，同様であった（表1，アシ原/泥底生息種）。これを，筆者は，枯死したアシを居住域に持ち帰り，利用したものと考えた[14]。

このアシ原/泥底生息種が集中する例は，製塩が認められている宮城県東松島市の縄文時代後半の里浜貝塚・前述の豊沢貝塚・千葉県市原市の縄文後期／祇園原貝塚および千葉県内のいくつかの縄文遺跡（例えば井野長割遺跡）で知られている。とくに里浜貝塚では，葉上性種よりもカワザンショウガイのほうが極めて多い。また，少数ではあるが，前述の中世の瑞巌寺遺跡でも，これらは確認されている。

枯死したアシの利用形態として，製塩に関連するものではないかと考えたが[14]，未だ確証は得られていない。この焼けたカワザンショウガイなどは，浦尻貝塚では前期末，茨城県美浦村の陸平貝塚では確実な例として中期前葉から得られている。つまり，焼けたカワザンショウガイなどが製塩に関連するものだとすると，少なくとも前期の終わり頃から行なわれていたことになる。製塩土器がまったく知られていない時期であり，一般には受け入れがたい想定だと思われる。また上記では，製塩の方法などに関してはまったく触れなかった。ただ，今後，製塩の方法が明らかになることによって，製塩土器によらない枯死したアシの利用から，ウズマキゴカイの示すタイプの製塩土器を用いた海藻利用への変化が示されることもまったく否定されるものではないと思われる。

＊

海藻やアシなどの植物利用には，時代変遷や地域性が認められ，南関東でも早期の例は確認できず，また西日本の縄文・古墳時代および琉球列島の貝塚時代には，植物利用を示す微小貝はこれまでのところ確認できていない。今後も，様々な時代の種々の遺構から詳細に微小貝を抽出し，被熱や磨滅・サイズなどの情報を組み込んだ報告を積み重ねることによって，新たな展開が期待されよう。

謝辞：中山清美・島袋春美・加藤久佳の各氏には文献入手等でお世話になった。

註

1) 中村哲也ほか編『陸平貝塚，陸平研究所叢書1』美浦村教育委員会，2004
2) 忍澤成視『貝の考古学』同成社，2011
3) 石川博行編『居木橋遺跡（A地区）』三菱地所レジデンス・加藤建設，2012
4) 島袋春美「貝製品」『沖縄県文化財調査報告書』84，沖縄県教育委員会，1987，pp.278-301
5) 千葉県史料研究財団編『成田市荒海川表遺跡発掘調査報告書』千葉県史料研究財団，2001
6) 添田雄二・山田伸一『アンモナイト展』北海道開拓記念館，2012
7) 黒住耐二「大谷貝塚の土壌サンプルから得られた貝類遺体（予報）」『茨城県教育財団文化財調査報告書』317，茨城県教育財団，2009，pp.578-590
8) 西野雅人「流山市上貝塚・富士見台第Ⅱ遺跡出の貝化石」『研究連絡誌』72，千葉県教育振興財団，2011，pp.37-44
9) 加納哲哉『微小動物遺存体の研究』國學院大學大学院，2001
　　黒住耐二「微小貝類からみた東京湾沿岸の巨大貝塚の時代」『東京湾巨大貝塚の時代と社会』雄山閣，2009，pp.203-221
10) 黒住耐二「微小貝類」『南相馬市文化財調査報告書』11，南相馬市教育委員会，2008，pp.137-152
11) 黒住耐二・金子浩昌「宮城県松島町の瑞巌寺境内遺跡から得られた微小貝類遺体」『瑞巌寺境内遺跡』瑞巌寺，2009，pp.183-187
12) 前掲註9加納に同じ
13) 阿部芳郎ほか「縄文時代における製塩行為復元の復元」『駿台史学』149，明治大学，2013，pp.135-159
14) 黒住耐二「柱状サンプルから得られた微小貝類遺存体」『上高津貝塚A地点，慶應義塾大学文学部民族学・考古学研究室小報』9，慶應義塾大学，1994，pp.291-317

＊紙幅の都合により，多くの文献を割愛させていただいた。記してお詫び申し上げたい。

第Ⅵ章　生業活動と食性・人体形成

土器付着物・土器のおこげからみた内容物と資源利用

吉田邦夫

1　土器の出現

　日本列島では，15,000〜16,000 年前に土器が出現している。これと同等，あるいはこれをさかのぼる時代の土器が，ロシア極東部，中国南部などで報告されている。東アジアでは，更新世末期（最終氷期）の時代に，それぞれの土地で，別個に土器を発明したようである。日本列島で出土する土器片には，おこげのような炭化物が付着している場合が多い。これは，調理の痕跡物だと考えられている。列島最古とされる大平山元遺跡の土器も，このおこげを測定して年代を決定している。

　土器が出現することによって，それまで使われていた生食，焼き，蒸し焼きなどに加えて，まったく新しい「煮る・炊く」が加わった。この調理法は，これまで食べることが出来なかった食材を利用可能にし，複数の食材を混合することによって栄養のバランスを高め，寒い時期にほかほかの料理を口にすることを可能にするなど，古代人の食生活を飛躍的に向上させた。また，土器は，単なる煮沸や加熱によるアク抜きにも用いられたことだろう。

　それでは，古代人は，土器を使ってどのような食材を調理していたのだろうか。古代人が，どのような食料を，どのようにして手に入れ，どのように食べていたかを知ることは，考古学，先史人類学にとって，重要な問題である。縄文人にとって，採集狩猟活動は生活そのものであり，生きるため，子孫を残すために，十分な食料を確保することは至上命令であった。つまり，縄文人にとって，食料を獲得することは，生業そのものなのである。

　しかし，現代に生きる私たちが，その食料資源の全容を明らかにすることは難しい。遺跡に残されている食料資源の情報は限定され，偏っている。一般的に堅いものしか残らず，植物資源は，炭化しない限り腐って分解してしまう。低湿地遺跡や貝塚で良好に保存されているのは例外である。そのなかで土器に残されたおこげが，調理された食材についての手がかりを与えてくれた。

2　火炎土器の時代

　縄文時代中期中頃，越後の国を中心に流行する火焔型・王冠型土器（これらを総称して火炎土器とよぶ）は，全身が華麗に装飾されているが，土器の内部や口縁部におこげが付着している例も多く，明らかに煮炊きに使用したと思われる。ほとんどすべての土器が深鉢形で，これら装飾性の強い土器は全体の 30% 程度，残りは普通の土器であることから，何らかの特殊な目的，祭祀などのために用いられたとされることが多い。

　このおこげを採取して，2001 年以来これまでに十数遺跡，200 以上の個体について年代測定を行なった。考古学編年からも短期間存続したと考えられていたが，暦年代で 5,300 年前から 4,800 年前にかけて，最長でおよそ 500 年の期間存続していたことがわかった[1]。この年代時期は，大気中の ^{14}C 濃度が大きく変動する期間があり，暦年代較正曲線が寝ているので，較正暦年代の幅が大きくなってしまう。実際には，もう少し存続期間

が短くなる可能性があり，現在検討中である。

3 日本列島の食料資源と同位体

日本列島に住む人々は，山の幸，海の幸に囲まれて生きている。これらの食材を構成している主要な元素である炭素と窒素には，それぞれ重さが異なる同位体が存在する。日本列島に暮らした縄文人が手にすることが出来た食料資源を，同位体の割合で見てみよう。遺跡から出土した食料資源の同位体比を測定して，分類したグループを図1の楕円で示している[2]。

(1) 炭素と窒素の同位体

自然界の炭素には，3種類の炭素原子，^{12}C（存在度98.90％），^{13}C（1.10％），^{14}C（1.2×10^{-10}％：1兆分の1）が存在する。^{14}Cは，放射性原子で年代測定に使われる。ほかの2種類の安定同位体の比$^{13}C/^{12}C$の値が，食材の種類によって微妙に異なるのである。同位体は同じ元素なので，同位体を含む物質の間で化学的反応性に違いはないが，重さが違うことから，化学反応の速度が異なる場合がある。「同位体効果」と呼ばれ，一般に軽い原子ほど反応速度が大きくなる場合が多い。その結果，食材の種類によって，同位体比がわずかに変化するのである。

様々な資料の炭素同位体比の変化を表わすために$\delta^{13}C$という値を用いている。同位体存在度が，1.1％である^{13}Cのわずかな変動を表わすための工夫である。$\delta^{13}C$は，質量分析計を用いて資料炭素の^{13}C濃度（$^{13}C/^{12}C$）を測定し，基準物質の値を0として，それからのずれを計算し，千分率（‰：パーミル）で表わしたものである。

窒素にも2種類の安定同位体^{14}N（存在度99.63％），^{15}N（0.37％）が存在する。炭素と同様に，$\delta^{15}N$を用いて，^{15}N濃度（$^{15}N/^{14}N$）の変動を表わす。

(2) 食料資源のグループ

図1のグラフは，炭素・窒素同位体分析の結果を表わすものである。横軸が炭素同位体比（$\delta^{13}C$），縦軸が窒素同位体比（$\delta^{15}N$）である。横軸は，右に行くほど重い^{13}Cが多くなり，炭素同位体比が大きくなる。数値がマイナスである点に注意したい。縦軸も同様に，上に行くほど重い^{15}Nが多くなる。

植物は，空気中の二酸化炭素を吸収して，構造体であるセルロース，養分としてのデンプンを生成する。この光合成の過程が異なる2種類のタイプが存在する。大部分の植物は，3つの炭素原子をもつ中間生成物を経由するので，C_3植物と呼ばれ，$\delta^{13}C$が，ほぼ-22～-30‰に分布している。ドングリやトチ，マメ，イモなど，ほとんどの植物が該当し，イネやムギなどもこのタイプである。一方，炭素数4の化合物を経るC_4植物は，約-8～-12‰の値を示す。キビ，ヒエ，アワなどの雑穀類が含まれ，トウモロコシやサトウキビもこのタイプである。植物には，ほかにCAM植物という一群が存在し，$\delta^{13}C$の値は広がりをもちC_3，C_4植物に重なるが，サボテンなどの多肉植物のグループなので，日本列島の主要な食料資源としては考えなくてよい。

マメ科植物は共生菌の働きで大気中から，その他の植物は，土壌中のアンモニウム塩，硝酸塩から窒素を取り込み同化する。植物の$\delta^{15}N$は，空気の0‰をはさんで，-4～+7‰前後に分布している。

陸上動物は，主としてC_3植物の草木，種実を摂食しているので，食物連鎖の過程を経て，同位体比も伝達され，C_3植物グループの上部に位置する。動物組織では，摂食した食物に比べて，炭素・窒素同位体比が高くなることが知られている。

もう一つのグループは，海産物である。海洋生態系は，陸上生態系に比べ食物連鎖が長いので，大型魚類や海棲哺乳類では，とくに重い同位体が濃縮し高い$\delta^{15}N$値を示すことになる。

このように，縄文人が利用可能であった食材は，炭素・窒素同位体比を指標にして，陸上動植

物，海産物，雑穀類の3つのグループに大別できる。もう一つ，淡水魚のグループを想定しなくてはならないが，基礎データが不足しており，今後の検討課題である。

(3) 炭素／窒素原子数比（C/N比）

炭化物には，もう一つの重要な情報がある。炭素・窒素原子数比（C/N比）である。窒素はタンパク質に固有の元素なので，純粋なデンプンなどには含まれない。したがって，ドングリなどの堅果類やトチの実など，デンプン主体の食材は，窒素が少ないので，C/N比は30～50以上の値を示す。一方，動物だけでなく，植物でもアズキやエゴマ，クルミなどはタンパク質を多く含むので，窒素が多く，C/N比は小さい。

4 おこげは同位体情報を残しているか

(1) 土器で煮炊きしておこげを作る

おこげは，調理した食材のなれの果てだと考えられるので，食材そのものを推定する材料として役に立つ可能性がある。食材に含まれるデンプンやタンパク質の同位体情報は，保存されているのだろうか。食物炭化物の生成実験を行なうことにより，炭化生成物の形状・形態分析，安定同位体の挙動に関する分析を行なった。とりわけ，おこげに残されている同位体情報を確かめるために，2004年以来，土器を使った煮炊き実験を行ない，現在も継続中である[3]。

火炎土器と同じように口縁が拡がったキャリパー土器を，市販の陶芸用粘土を用いて紐作りで成形し，電気炉で焼成した。高さ，最大径30cm程度（容積約2.5L），器厚7～8mmである。食材約500mLを入れて，水をくびれ部まで加え，薪によって加熱し，おおむね水分が蒸発し終わるまで加熱した。加熱時間は平均2時間ほどで，土器の外側温度は最高で300～400℃に達する場合が多い[4]。生成した炭化物を採取し，同位体分析を行なった。

これまで数十種類の食材について分析を行なった。当初は，単一食材を用いて炭化物を生成し測定を繰り返し，再現性を確認した。顕微鏡下で，異なる形，光沢などを選択し3回測定を行なった。炭化物は，不均一だが，測定値にばらつきは見られなかった。その後，2種類の食材を混合して煮沸する実験を行なっており，現在解析中である。

(2) 炭化前後の同位体情報

炭素同位体比の変化は少ない。イノシシ（＋4.4‰），マムシグサ（＋3.8‰），アブラハヤ（−2.8‰）などを除くと，変動は1‰前後である。変動の要因としては，たとえば脂質は炭水化物に比べて少し軽い同位体が多いので，加熱によって脂質が失われると，残存固体は相対的に重い同位体が増えることになる。

窒素同位体比については，0.5‰前後の変化を誤差範囲とすると，タヌキ（−2.5‰），アブラハヤ（−1.5‰）を除くと，アズキ（＋4.5‰），エゴマ（＋4.2‰）が大きく増加し，ほかは1.5～2.0‰程度増加している[5]。この結果は，既報の分析結果と整合している。

ペルーで出土した400～4,000BPの炭化・非炭化植物組織について，現生の試料と同位体比を比較し，炭化物での相違は2‰以内であるが，非炭化物の窒素同位体比は，10～20‰増加し，35‰増加した例も見られた，としている[6]。その中で，現生試料を加熱した際の変動も測定している。25種類の植物組織を，煮る，焼く，嫌気・好気炭化などの処理をして，加熱前後の同位体比を比較している。変化の方向はランダムで，変化は，ほとんどが2‰以下，炭素・窒素の各3試料が3‰以下となっていることから，加熱による変動は3‰以下であるとしている。

これらのことから，炭化することによって，それぞれの食材のグループを飛び出して，ほかのグループと判別出来なくなるような変化は認められないことがわかる。この結果，埋蔵中に大きな続

成作用[7]を受けていなければ、おこげの同位体情報から食材を推定することが可能であることが判明した。

5 越後縄文人が神に捧げた料理

さて、それでは越後新潟縄文人は、火炎土器を使って、どのような食材を煮炊きしていたのであろうか。信濃川とその支流に分布する5遺跡から出土した火炎土器48個体（50資料）についての分析結果を図1に示す。遺跡は、山下遺跡、清水上遺跡、野首遺跡、五丁歩遺跡、川久保遺跡の5遺跡で、これらは、信濃川とその支流の近くに分布し、上流へ向かって並べてある。また、火炎土器より一段階新しい土器であるが、堂平遺跡の例も図に含めた。他方、グラフには入れなかったが、岩野原遺跡、長者ヶ平遺跡の資料についても触れる。前者は、内面と外面付着物の対比のため、後者は海に面した島嶼遺跡の例として取り上げた。

遺跡毎の同位体比とC/N比の平均値とばらつき、分析資料数を表1に示した。

(1) 炭素・窒素同位体比

炭素同位体比は、山下遺跡の3資料（同一個体）を除いて、ほぼ－23～－26‰の範囲にある。全体として、炭素同位体比が大きい（横軸で右に寄る）資料が、窒素同位体比も大きい方（縦軸で上に寄る）に偏る相関が見られる。これは、海産魚類を煮炊きした影響によるものと思われる。

窒素同位体比が、明らかに大きな値を示す炭化物が4点存在する。山下遺跡1点、野首遺跡1点、清水上遺跡2点である。炭素も重い同位体が多く、C/N比も後3者は9～10を示して窒素含有量が多い。また、これらの年代値は5600～5700年前を示し、ほかの資料より明らかに古い年代を示している。火炎土器の存続年代からは外れ、古い年代である。窒素同位体比が大きく、古い年代を示すことから、これらの炭化物はサケ、マスなどの遡上魚を含む食料素材を煮炊きした結果、生成した炭化物であると思われる。古い年代を示すのは、海洋リザーバー効果による海産魚類の影響である。窒素同位体比がおよそ8‰を超え、炭素同位体比が－25‰より大きい場合は、海産物が含まれ、古い年代を示しているようである。

(2) 炭素／窒素原子数比（C/N比）（図2）

清水上遺跡の2資料と堂平遺跡の資料を除いて、ほぼ9～16に分布する。清水上、山下遺跡の各1資料もやや大きな値を示す。トチやドングリ

表1 遺跡毎の同位体比・C/N比の平均値とばらつき

遺跡名	δ^{13}C (‰)	δ^{15}N (‰)	C/N比	（資料数）
山下	－25.6 ± 1.8	7.1 ± 2.8	12.7 ± 2.8	(n=10)
清水上	－24.4 ± 1.0	8.7 ± 3.8	13.2 ± 5.0	(n=15)
野首	－25.2 ± 1.1	6.6 ± 4.0	12.9 ± 4.1	(n=12)
五丁歩	－24.9 ± 0.7	6.3 ± 2.8	12.2 ± 2.5	(n= 9)
川久保	－25.7 ± 0.3	3.9 ± 0.9	11.8 ± 2.6	(n= 4)
長者ヶ平	－23.7 ± 1.5	9.9 ± 1.6	10.5 ± 0.8	(n= 7)
岩野原 内面	－26.3 ± 1.3	6.7 ± 3.1	11.6 ± 2.4	(n=14)
外面	－25.3 ± 5.0	6.8 ± 3.5	15.4 ± 5.0	(n= 5)

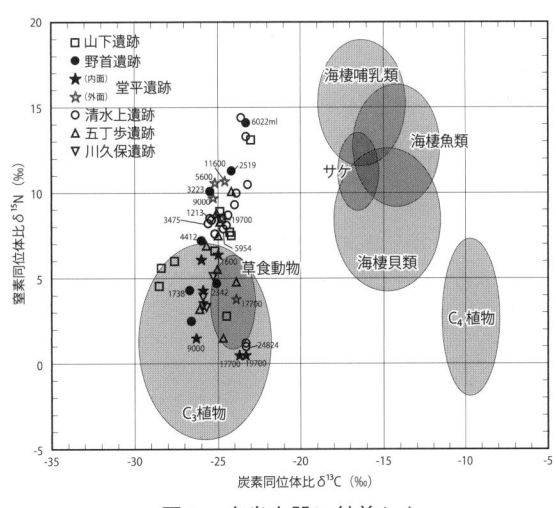

図1 火炎土器に付着した
炭化物の炭素・窒素同位体比，容量（註8を改変）

山下遺跡（長岡市；信濃川右岸）　清水上遺跡（魚沼市［旧堀之内町］；魚野川右岸）　野首遺跡（十日町市；信濃川右岸）　堂平遺跡（中魚沼郡津南町；中津川右岸）　五丁歩遺跡（南魚沼市［旧塩沢町］；魚野川右岸）　川久保遺跡（南魚沼郡湯沢町；魚野川左岸）　岩野原遺跡（長岡市；信濃川左岸）　長者ヶ平遺跡（佐渡島）

などデンプン（炭水化物）を主成分とした食料素材の炭化物は，煮炊き実験ではC/N比が30以上となる。この領域に入る資料は1点もない。しかし，前記の3資料は，これに近い25前後であり，$\delta^{15}N$が約+1‰で，堅果類の値に近い。堅果類を単独で煮炊きしたと考えてよいかもしれない。また，これらの炭化物は，胴部下位や底部から得られており，ほかの遺跡の火炎土器に付着した炭化物にも同様のものが認められる。C/N比が25前後より大きく，$\delta^{15}N$が0‰前後の炭化物で，土器の下部に付着しているものは，堅果類の煮沸炭化物の可能性が高いと言える。

（3）土器の容量と調理食材

火炎土器で，器の形状が復元できる資料について，口いっぱいまでの容量を測定した報告がある[8]。図1・2に容量を数値mLで示しているが，大変興味深い結果が得られている。火炎土器全体では，約6L（6,000mL）を境に容量分布の隙間が出来，6L以上は数量も激減する。堅果類の領域に近いものは，すべて大形品になっていることがわかる。一方，C/N比が10前後に多くの資料が分布しているが，その中にも大形品はある。つまり，堅果類を煮炊きする場合は大形品を使用し，

それ以外の調理では，大形も中・小形も使っていたことになる。

（4）遺跡ごとの様相

川久保遺跡の4資料は，同位体比，原子数比ともに非常に近似した値である。全資料の中で炭素，窒素同位体比が最も小さい一群となる。本遺跡は，新潟県最南部に位置し，信濃川支流の魚野川源流域にあたる。これに対して，五丁歩遺跡は魚野川の10kmほど下流，さらに20数km下ったところに清水上遺跡が位置している。そこから数km，越後川口で信濃川に合流する。また，堂平遺跡は，信濃川の別の支流，中津川にあり，野首遺跡は信濃川流域で，山下遺跡の上流に位置し，同遺跡の反対側，信濃川左岸に岩野原遺跡がある。

清水上遺跡の資料が，炭素・窒素同位体比ともに大きいのに対して，岩野原遺跡では，やや小さな値を示しているのがわかる。また，それぞれの分析値についてのばらつきの大きさも異なっている。今後，遺跡の地理的な環境や出土遺物についての詳細な検討を行なう必要がある。

分析資料の数が充分ではないが，以上の結果から，土器付着炭化物の姿がおぼろげに見えてきた。①高C/N比，低い窒素同位体比を示す，デンプン質を多く含む食料素材の炭化物グループ。②低C/N比，やや高い炭素同位体比，高い窒素同位体比を指標とする，サケ・マスなどを含む食料素材による炭化物グループ。佐渡島の長者ヶ平遺跡資料が顕著であるが，清水上遺跡資料などにも見られるグループである。③さらに，おそらく大部分を占めると推定される中間グループの集団が考えられる。また，遺跡ごとに特徴をもっているようにも見える。上流域の遺跡より，海に近い遺跡，島嶼遺跡のほうが，海産物を含む，よりバラエティに富んだ食材を煮炊きしている実態が見えてきた。

火炎土器は祭祀に用いられたとされるが，集落ごとに異なった内容の料理が供されたようであ

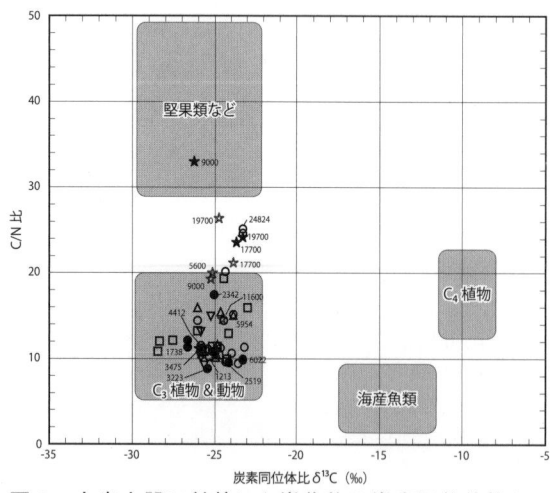

図2 火炎土器に付着した炭化物の炭素同位体比と炭素／窒素原子数比，容量（註8を改変）

る。現代では，仏式，神式を問わず，葬儀やお盆の時，供物についての共通の作法があるように思うが，越後の縄文人は，土地土地の食材を使って祭礼を営んでいたのであろう。さらに，火炎土器で煮炊きされるものは，いわばハレの食材とも考えられるので，日常的に使用されている食材との比較を行なうために，同じ遺跡から出土している装飾性の少ない土器についても，分析する必要がある。現在のところ，分析数が少ないが，後述する脂肪酸分析を用いて検討したところ，その違いが少し見えてきた[9]。

(5) 外面付着物の特徴

岩野原遺跡の5資料について，同一個体の内外面付着物を比較した。外面のほうが，$\delta^{15}N$の1例を除いて$\delta^{13}C$と$\delta^{15}N$の値が大きく，3資料でC/N比が大きい。年代値も3資料で外面が古いが，C/N比が大きい資料とは完全に一致しない。外面付着物は燃料材の影響かあるとされるが，もう少し細かい検討が必要である。

6 初めて土器で調理したもの

時代を，火炎土器から1万年ほどさかのぼってみよう。火炎土器の分布範囲に重なる，新潟県津南町周辺をはじめとした新潟県の草創期遺跡から出土した土器片に付着した炭化物の年代測定，同位体分析を行なった[10]。草創期の土器群は，3期に分類される。1期；隆起線文系以前の土器群，2期；隆起線文系土器群，3期；3a；円孔文系，爪形文系，押圧縄文系土器，3b；多縄文系土器で，分析した土器は，2期および3a期のものである。約15,000年前の久保寺南遺跡の隆起線文土器，それに続く14,000〜13,000年前の壬遺跡（円孔文土器），西倉・中田D遺跡（爪形文土器）など，そして13,000〜12,500年前の卯ノ木南遺跡（押圧縄文土器など）の資料である。火炎土器から採取した炭化物は対照資料を除き，すべて内面に付着したものであったが，ここで扱う8遺跡43資料のうち，内面炭化物は11資料にすぎない。また，一部は少量のため窒素同位体比を測定することが出来なかった。一方，C/N比が30を超える資料が4点あり，これらも窒素同位体比を測定することが出来なかった。

(1) 草創期に調理した食材

窒素同位体比を測定することが出来た炭化物の大半が9‰を超える値を示す（図3）。陸上の動植物の領域に属するものは2点しかない。この2資料と，もう2点ほどを除くと，火炎土器に見られた窒素同位体比が大きい4資料に近いところに分布している。火炎土器で多く見られた窒素同位体比が7〜11‰の炭化物は少ない。同位体比からは，海産物を含む食材を煮炊きした可能性を示しているが，年代値そのものが古い（数値が大きい）ので，海洋リザーバー効果によって年代値が古くなることを確認することは難しい。

内面炭化物の情報が7資料について得られている。壬遺跡，西倉遺跡の2資料，卯ノ木南遺跡の2資料は前に述べた火炎土器の4資料の場所に，ほぼ重なる。草創期の縄文人も，火炎土器の時代と同じように，遡上したサケ・マスなどの魚介類を含む食材を調理した可能性を示している。卯ノ木南遺跡の2資料は，陸上動植物に近いところに

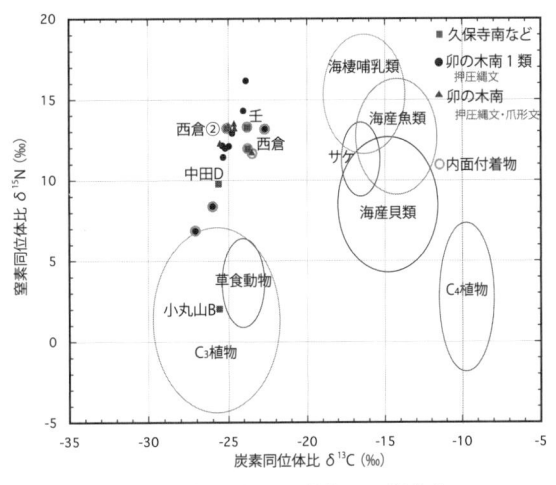

図3 草創期土器に付着した炭化物の
炭素・窒素同位体比 （註10を改変）

あるが，全体としてC_3植物および陸上動物の寄与が少ないように見える。草創期には，堅果類などのC_3植物の利用や，複数の食材を混合した調理が少なかったのであろうか。更なる分析を進めている。

特筆すべきことは，火炎土器では見られなかった堅果類を単独で煮炊きした領域に完全に入る炭化物があることである。前述したように図4でC/N比が30を超える炭化物が4点ある。3資料は外面であるが，少なくとも小瀬ヶ沢遺跡の爪形文土器（約12,500年前）は，堅果類を単独で煮炊きしたものと考えてよいだろう。

(2) 草創期の日本海

さて問題は，1万年をさかのぼる時代に，火炎土器の時代と同じように，サケ・マスなどの遡上魚を調理していたのだろうか。

この時代，15,000年前頃は，最終氷期最寒冷期（LGM：Last Glacial Maximum）が終わり，水月湖のデータによると，列島ではベーリング／アレレード温暖期が始まる時代に相当する。しかし，後述するように，日本海はまだ閉じていたと考えられている。これまで，津南町周辺で海産資源の寄与を示す土器付着炭化物の食材は，時代を問わず，信濃川を遡上してくるサケ・マス類を想定していた。しかし，現代の海に下ったサケは，アリューシャン列島からベーリング海，アラスカ湾まで回遊するとされており，閉じた日本海で生活出来るのかどうか，きわめて疑問である。孤立した日本海において，回遊魚，遡上魚が生存していたかどうか，またどのような生活形態を取っていたのか，検討する必要がある。

最終氷期最寒冷期から縄文海進にかけての日本海の状況は，近年，かなりはっきりしてきた。最大水深3,700mの日本海は，4つの浅い海峡，対馬海峡（最大水深130m），津軽海峡（130m），宗谷海峡（55m），間宮海峡（12m）によって外海とつながっている。現在は，黒潮を源流とする対馬海流が流入して，大部分は津軽海峡から津軽暖流として太平洋に流出し，一部は宗谷海峡から宗谷暖流としてオホーツク海へ抜けている。最終氷期最寒冷期には，海水面が約120m低下したと考えられており，この時期に日本海は孤立して，河川水の流入が卓越していた。これまで，10,500 BP（12,500年前）に対馬海峡から暖流の流入が始まり，7700〜7500 BP（8500年前）に本格的な流入が始まったとされてきた。しかし，福井県沖の隠岐トラフで掘削した2本のボーリングコアについて分析した結果が報告され，9300 cal BPに対馬海流の流入が始まり，7300 cal BP頃に，日本海は現在と同じような海洋環境になったとしている[11]。また，壱岐トラフの別のボーリングコアを分析した報告では，今の日本海と同じ環境になったのは，同じように7000 cal BPとしている[12]。この結果，およそ7000年前頃から，日本海沿岸に冬の多雪が出現し，北海道南部，東北北部の太平洋岸まで，暖流沿岸流の恩恵がもたらされることになる。日本海地域は，同緯度の太平洋地域と比べると，気温が高いところが多いのは，このためである。

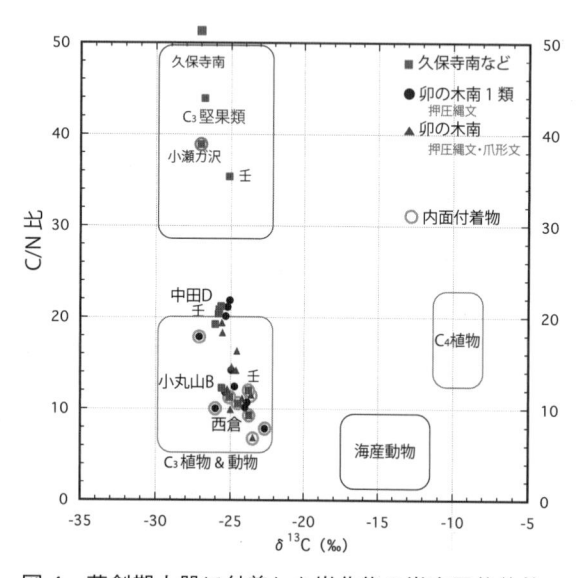

図4 草創期土器に付着した炭化物の炭素同位体比と炭素／窒素原子数比（註10を改変）

結論として，縄文時代草創期，隆起線文土器の時代には，日本海は開いていなかったことになる。津軽海峡が完全に陸化していたかどうかは，議論が分かれるところであるが，前述したように，信濃川流域の遺跡において，海産魚類の利用を考える時に，その種類について検討することは避けて通れない。今後，詳細に検討したい。

7 おこげの正体を暴く

炭化物や土器に残された脂質の分析は，1980年前後から試みられてきた。

最近，縄文時代草創期の土器付着炭化物について脂肪酸分析を行なった結果が報告された[13]。7遺跡57資料のうち，脂質を抽出することが出来た3遺跡34資料について分析している。炭化物から抽出した脂質をガスクロマトグラフィー／質量分析計で分析し，脂肪酸の炭素数の構成から，鳥浜貝塚では32資料中17資料が，大正3遺跡では2資料中1資料が，海棲動物・淡水魚起源であることを示した。星光山荘B遺跡の1資料は海洋起源ではなかった。また，複数の脂肪酸の炭素同位体比の関係をもとに，その点を確認するとともに，反芻動物（シカなど）の領域に近い資料が1点あったと主張している。

筆者らも，前述したように，おこげに含まれる化学物質の分析を試行的に進めており，煮炊き実験，考古資料の両面から，おこげの正体に迫りたい。

註

1) 吉田邦夫「放射性炭素年代測定法」吉田邦夫編『アルケオメトリア—考古遺物と美術工芸品を科学の眼で透かし見る—』東京大学総合研究博物館，2012，pp.13-27

2) 吉田邦夫「古食性分析＜縄文人の食卓＞」同註1書，2012，pp.43-56

3) 西田泰民「炭化物の生成実験」『新潟県立歴史博物館研究紀要』7，2006，pp.25-50
吉田邦夫「煮炊きして出来た炭化物の安定同位体分析」同上，2006，pp.51-58
西田泰民「炭化物の生成実験2」『新潟県立歴史博物館研究紀要』13，2012，pp.111-127

4) 西田泰民・吉田邦夫・原 辰彰「土器煮沸内容物の推定」日本文化財科学会第25回大会講演予稿集，2008，pp.24-25

5) 前掲註2に同じ

6) DeNiro, M. J.Hastorf, C. A. Alteration of N-15/N-14 and C-13/C-12 ratios of plant matter during the initial-stage of diagenesis : Studies utilizing archaelogical specimens from Peru. *Geochim. Cosmochim. Acta* 49, 1985, pp.97-115

7) 堆積物が物理的・化学的・生物学的諸作用を受けて変化する過程。おこげの場合は，完全に炭化していない部分が化学反応をおこしたり，微生物の影響を受けるなどの可能性がある。

8) 宮内信雄「縄文土器・土製品を科学の眼で見る」同註1書，pp.177-194

9) 西田泰民・吉田邦夫・宮尾 亨・宮内信雄・Oriver Craig・Carl Heron「火炎土器の用途分布」『日本文化財科学会第31回大会講演予稿集』2014，pp.424-425

10) Yoshida, K, Kunikita, D, Miyazaki, Y. Matsuzaki, H. Dating and stable isotope analysis of charred residues on the Incipient Jomon pottery（Japan）. , *Radiocarbon*, 55, 2013, pp.1322-1333

11) Domitsu, H., Oda, M. Linkage between surface and deep circulations in the southern Japan Sea during the last 27,000 years: Evidence from planktic foraminaferal assemblages and stable isotopic record. *Marine Micropaleontrogy* 61, 2006, pp.155-170

12) Yokoyama, Y, Kido, Y, Tada, R, Minami, I, Finkel, RC, Matuszaki, H. *Palaeogeography, Palaeoclimatology, Palaeoecology* 247, 2007, pp.5-17

13) Craig, O. E, Saul, H.Lucquin, A, Nishida, Y,Taché, K, Clarke, L, Thompson, A, Altoft, D. T, Uchiyama, J, Ajimoto, M, Gibbs, K, Isaksson, S, Heron, C. P, Jordan, P. Earliest evidence for the use of pottery. *Nature* 496, 2013, pp.351-354

炭素・窒素同位体でみた縄文時代の食資源利用
―― 京葉地区における中期から後期への変遷 ――

米田　穰

1　縄文時代人の同位体生態学

　ヒトという生物種は，文化によって多様な適応戦略を発展させ，さまざまな環境に適応した点で，生態学的にみても極めてユニークな生物である。このヒトの生態学的特徴がどのように獲得され，展開したのかを調べることは，ヒトの進化と歴史を理解する上で極めて重要である。縄文時代という比較的長期間にわたって，亜寒帯，温帯ならびに亜熱帯に適応した狩猟採集民という点で，また資料の時間的・空間的密度という点で，縄文時代の古人骨は世界でも類を見ない研究資料であるといえる。狩猟，採集と漁撈を主な生業としていた縄文時代人は，日本列島の多様な環境に対してどのように食資源獲得戦略を展開したのだろうか。本研究では，東京湾東岸京葉地区（千葉県船橋市，市川市，鎌ヶ谷市，千葉市，市原市）の貝塚遺跡から出土した古人骨について，コラーゲンの炭素・窒素同位体比を比較検討して，縄文時代人の食生態の時代変化と遺跡間の違いについて検討する。

　炭素と窒素の同位体比は，複雑にからみあった食物連鎖（食物網）のなかで，生物が占める位置（生態学的ニッチ）を示す目印として，生態学の研究で広く用いられる。炭素同位体比は，光合成回路が異なるC_3植物とC_4植物の間で大きく異なるため，例えばC_3植物が優占する森林と，C_4植物が優占するサバンナを区別する指標となる。また，C_4植物はトウモロコシやアワ，ヒエ，キビなどの雑穀として栽培されるので，それらの作物がヒトの食事で占める割合の指標としても有用だ。一方，重い窒素同位体は生体中に濃縮する傾向があるので，食物連鎖の上位者で窒素同位体比が上昇することが知られている。複雑で長い食物連鎖をもつ海洋や湖沼の生物では窒素同位体比が高くなる。また，海産物では海水中の無機炭素の値を反映して，炭素同位体比も高くなる。これらの動植物の同位体比の特徴は，食物として利用したヒトの組織にも反映されるので，古人骨からタンパク質のコラーゲンを抽出して，その同位体比を測定することで，生前に摂取したタンパク質の同位体比を推定可能であり，その値から利用された食料資源の種類と相対的な量を評価できる。

　これまでに縄文時代人についても，骨コラーゲンの炭素・窒素同位体比を用いた研究が報告され，地域間での食生態の違いが指摘されてきた。例えば，北海道の集団では本州と比較すると多くの海産物を摂取していたことが示されている[1]。さらに，沖縄までふくめて日本列島全体で比較すると，亜寒帯の北海道と温帯の東北・関東，亜熱帯の沖縄で植物利用の多寡があったことなど，列島内での適応戦略の多様性を読み取ることができる[2,3]。また，西日本でも山陽地方と東海地方の貝塚遺跡出土人骨で比較が試みられ，利用された水産物の内容が異なる可能性が示唆されている[4]。

　さらに，いずれの研究でも地域内での集団の違いがあることが示されており，さらに，集団内でも個人差があることが示される。例えば，広島県の太田貝塚（縄文時代中期）では男女差が示され[4]，愛知県稲荷山貝塚（縄文時代後晩期）では

風習的抜歯の形式によって異なる食性が示された[5]。関東の貝塚でも，千葉県下太田貝塚（縄文中後期）では，多数合葬と単独葬の間で食生活が異なっていた可能性が示唆された[6]。

地域間や遺跡内の比較研究に対して，縄文時代の食生態の時代変化に関する研究は少ない。その理由のひとつは，上述したように同地域の遺跡でも同位体比が大きく異なり，時代変化なのか，遺跡間の差異なのかを区別し難いためである。例えば，長野県における縄文時代早期から後期の変化が指摘されたが，縄文時代早期，中後期，後期の各時代区分をそれぞれ1遺跡で代表させている[7]。しかし，長期間にわたって使用されたひとつの遺跡から，時代の異なる人骨が得られる事例は多くはない。千葉県の姥山貝塚から出土した人骨で縄文時代中期から後期の時代比較が試みられたが，個体数が少なく統計的な議論は行なえない[8]。

2 京葉地区の貝塚遺跡

本研究では，貝塚から人骨が多数出土している東京湾東岸の京葉地区に着目し，これまでに報告されている炭素・窒素同位体比を集成して，縄文時代中期から後期の時代変化について検討する。東京湾沿岸は縄文時代の貝塚集中地として古くから知られており，いわゆる「石器時代」人骨を求めて，明治時代から古人骨が積極的に収集されてきた。また，土器編年が確立しているので，考古学から求められる，同位体データと考古編年との細やかな対比を実施することが可能である。

とくに，縄文時代中期後葉から後期初頭（加曽利EIII，加曽利EIV，称名寺式期）に広場集落が消滅した，劇的な「人口減少」とも見える大きな時代変化は，縄文時代の適応戦略の視点からも興味深い。縄文時代の人口変遷については，全国規模で遺跡数の変遷を集成した先駆的な研究で，時代ごとのダイナミックな時代変化が指摘された[9]。比較的遺跡が密集する中部高地や関東西南部において，住居址数を土器型式の継続期間から時間単位に補正した緻密な研究が行なわれ，中期中葉（関東では加曽利EII式期）に鋭い「人口増加」のピークがみられ，中期後葉から後期初頭に「人口急減」が見いだされた[10]。興味深いことに，京葉地区でもまったく同様の変動が認められる[11]。この「人口急減」は一般に寒冷化イベントに伴うものと解釈されており，寒冷化が「人口急減」をもたらしたのであれば，そのプロセスが食生態の変化で読み取れることが期待される。

3 分析資料

比較的データがまとまって得られる東京湾東岸京葉地区（千葉県船橋市，市川市，鎌ヶ谷市，千葉市，市原市）に着目して，11遺跡151個体の炭素・窒素同位体比の時代差，遺跡差について検討する（表1・図1）。古人骨の帰属時期は，各引用文献のほかに各遺跡に関する報文を参照した[12,13]。また先行研究から船橋市古作貝塚のデータを引用した[1,14]。千葉県から出土した縄文時代人骨については重要遺跡確認調査に関連して古人骨の同位体比が報告されているが[15]，炭素・窒素比からコラーゲンの精製が不十分な試料が多いと推定されたので，今回の検討には用いていない。本研究で検討した同位体比は，炭素・窒素原子数比によりコラーゲンの保存状態が確認されている。

データは成人に限り，市川市内の遺跡では姥山貝塚23個体，今島田貝塚3個体，堀之内貝塚2個体，曽谷貝塚6個体，向台貝塚15個体で土器編年と年代を対応させた[16]。また鎌ヶ谷市の根郷貝塚7個体と中沢貝塚4個体[17]，千葉市の有吉南貝塚10個体[18]，市原市の草刈貝塚8個体[19]と祇園原貝塚15個体[20]についても対応する土器型式が報告されているので，土器型式と対応させることができる個体数は合計89個体である（表1）。各土器型式について見ると，阿玉台式期5個

表1 本研究で用いた人骨資料

遺跡	所在地	時期	土器編年	個体数	文献
根郷	鎌ヶ谷市	中期中葉	阿玉台式末期	5	註17
			中峠式	1	
			加曽利EI式	1	
中沢	鎌ヶ谷市	後期前葉	堀之内式	3	註16
		後期中葉	加曽利B式	1	
姥山	市川市	中期中葉	勝坂式	5	註16
		中期後葉	加曽利E式	6	
		後期前葉	堀之内式	5	
		後期中葉	加曽利B式	7	
今島田	市川市	中期中後葉	加曽利E式	3	註16
堀之内	市川市	後期前葉	堀之内式	2	註16
曽谷	市川市	後期前葉	堀之内	1	註16
		後期前葉	堀之内～加曽利B式	4	
		後期前半	加曽利B式	1	
向台	市川市	中期中後葉	加曽利EI～EII式	15	註16
古作	船橋市	後期前半	(土器型式不明)	20	註14
有吉南	千葉市	中期中葉	加曽利EI～II式	6	註18
		中期中葉	(土器型式不明)	4	
草刈	市原市	中期中葉	中峠～加曽利EI式	6	註19
		中期中葉	加曽利EI～EII式	2	
		中期	(土器型式不明)	2	
祇園原	市原市	後期前葉	堀之内式	11	註20
		後期中葉	加曽利B式	4	
		後期前半	(土器型式不明)	36	

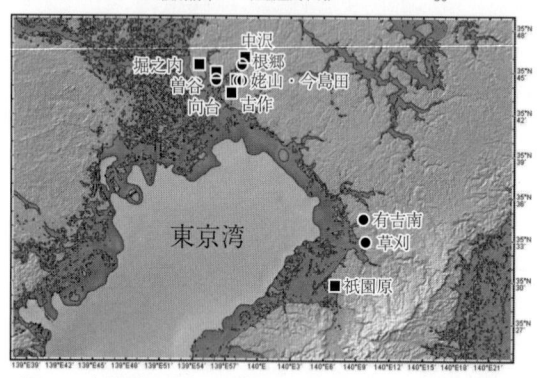

図1 本研究で用いた古人骨が出土した遺跡の位置
(地図は海抜0mと7mの等高線を示す。)

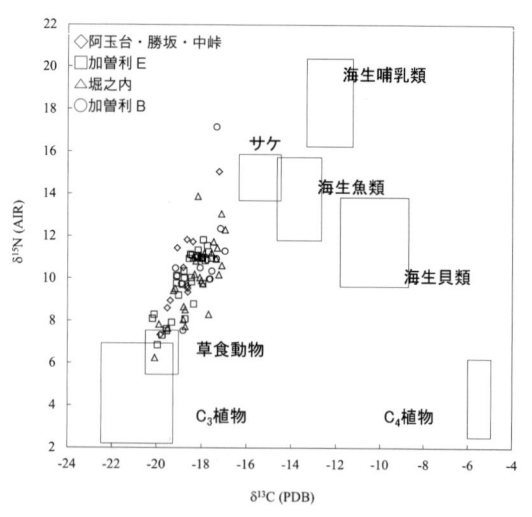

図2 縄文時代中期中葉から後期中葉の
各時代区分における古人骨の炭素・窒素同位体比

体，勝坂式期5個体，中峠式期7個体，加曽利E式期33個体，堀之内式期26個体，加曽利B式期13個体であり，統計学的検討には必ずしも十分とはいえない。そこで，土器型式は明らかではないが，考古学的コンテキストから時代区分が報告されている個体が，古作貝塚20個体（後期後半），有吉南貝塚4個体（中期中葉），草刈貝塚2個体（中期），祇園原貝塚36個体（後期前半）含まれる。

4 京葉地区における時代比較

最初に，京葉地区全体の時代変化について，土器編年を次の1～4群に区分して比較した：(1群) 阿玉台・勝坂・中峠式期（中期中葉），(2群) 加曽利E式期（中期中～後葉），(3群) 堀之内式期（後期前葉），(4群) 加曽利B式期（後期中葉）。ただし，加曽利E式期については，細分されているものはすべて加曽利EIあるいは加曽利EII式期の個体であり，多くが中期中葉に属すると考えられる。

今回比較を行なう4つの群の炭素同位体比と窒素同位体比について，それぞれShapiro-Wilk法を用いて正規性の検定を行なったが，正規性が否定されたデータセットが8つのうち4つあった。もしも，全員が均質な食生活を有していたか，あるいは環境から無作為に食料を選べれば，体組織の炭素・窒素同位体比も正規分布に従うと期待される。しかし，ヒトの食生活は集団や個体によって，なんらかの作為がはたらくと想定されるので，本研究では正規性を仮定しないノンパラメトリックな統計手法を用いる。3つ以上の群間で比較を行なう場合はKruskal-Wallis検定を行ない，対比較はSteel-Dwass法で多重比較を補正する。また，2つの群間比較にはMann-WhitneyのU

検定を用いる。いずれも有意水準は5%とした。

図2に土器型式に対応する89個体について炭素・窒素同位体比を示し、食料資源と比較した。京葉地区の貝塚に居住した縄文時代人の同位体比はC_3植物と海産魚類の間に分布していること、食生態の個人差が非常に大きいことがわかる。一方、土器型式で示した時代差はこの散布図ではよく読み取れない。そこで、データを同位体比の順番にならべて、横軸に炭素あるいは窒素の同位体比、縦軸に個体順位を累積百分率で表示した（図3～5）。これによって、各群における炭素・窒素同位体比の分布を容易に比較できる。

土器型式に基づく4つの時期区分を比較したところ、時代とともに炭素同位体比が上昇する傾向がみられる（図3-a）。4つの時期区分の炭素同位体比は均一ではなく（p=0.002）、1群と3群（p=0.036）、1群と4群（p=0.029）、2群と4群（p=0.046）の間に有意差が見られた。一方、窒素同位体比では有意差が検出されなかった（p=0.20、図3-b）。炭素同位体比は海洋生態系での変動が少ないが、窒素同位体比は変動が大きいため、中期から後期にかけて海産物の利用が増加したがその内容は多様であり、栄養段階に関連する窒素同位体比には有意差が見られなかったと解釈できる。

5　京葉地区の東部と西部における時代差

はたして、この結果は意味のある時代差を示しているのだろうか。京葉地区の西部（中沢貝塚、根郷貝塚、堀之内貝塚、姥山貝塚、今島田貝塚、曽谷貝塚）と東部（有吉南貝塚、草刈貝塚、祇園原貝塚）の2つ地域群に分けて、4つの時代区分で比較することで時代差を確認してみよう（図4）。西部6遺跡では阿玉台・勝坂・中峠式期11個体（根郷6、姥山5）、加曽利E式期25個体（根郷1、姥山6、今島田3、向台15）、堀之内式期15個体（中沢3、姥山5、堀之内2、曽谷5）、加曽利B式期9個体（中沢1、姥山7、曽谷1）と比較的個体数が多かったが、炭素同位体比でも窒素同位体比でも時代区分による有意差は認められなかった（それぞれ、p=0.079とp=0.951）。しかし、有意差はないものの、全体で認められたのと同様に炭素同位体比が時代ともに上昇し（図4-a）、窒素同位体比には明確な傾向がないことが読み取れた（図4-c）。

一方、京葉東部では、個体数が少ないにもかかわらず炭素同位体比と窒素同位体比のそれぞれで有意な時代差が認められた（それぞれ、p=0.018、0.004）。変化傾向としては炭素同位体比も窒素同位体比もともに時代とともに上昇している（図4-b・d）。ただし、この有意差は時代変化によるものだけではなく、遺跡間の差の影響をうけて

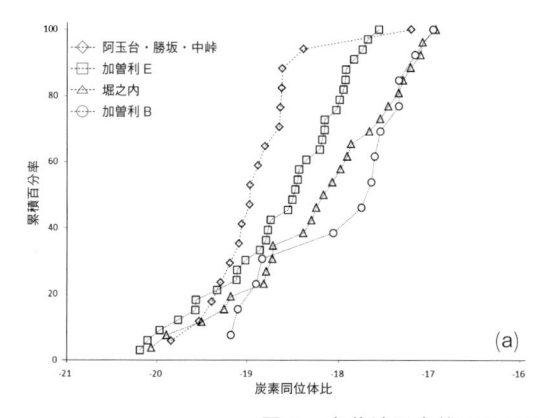

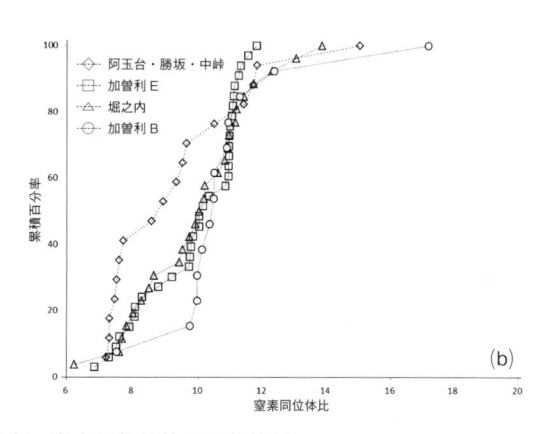

図3　京葉地区全体における炭素・窒素同位体比の時代比較

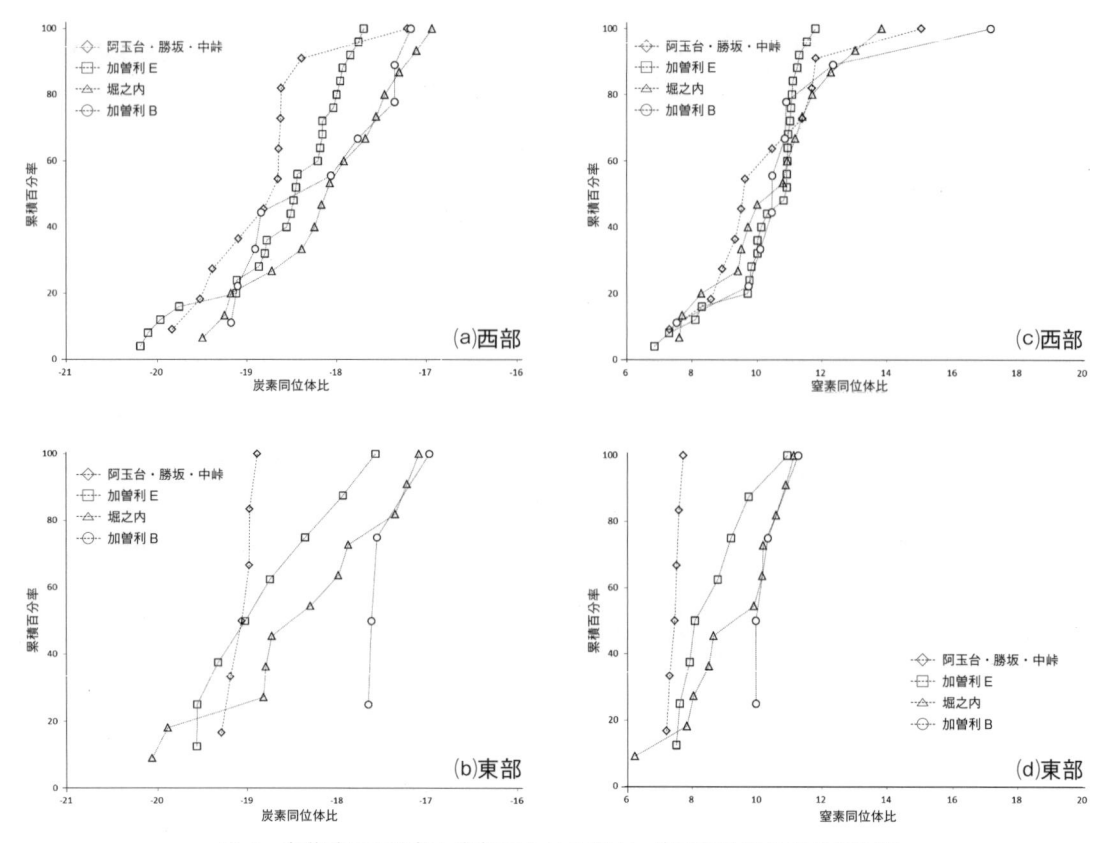

図4 京葉地区の西部と東部における炭素・窒素同位体比の時代比較

いる可能性もある。なぜなら，東部では中期中葉（中峠式期）6個体のすべてが草刈貝塚から，加曽利E式期の8個体は有吉南貝塚6個体と草刈貝塚2個体，堀之内式期の11個体と加曽利B式期4個体はそれぞれすべて祇園原貝塚から出土した資料であり，それぞれの時期区分に含まれる遺跡が偏っている問題がある。とくに対比較の結果をみると，炭素同位体比では1群と4群の間に，窒素同位体比では1群と2群，1群と3群，1群と4群の間で有意差が認められる（それぞれ，p=0.049, 0.040, 0.033, 0.049）。1群すなわち草刈貝塚の中期群で海産物摂取が顕著に少ないという特徴の影響を考慮せねばならない（同時代の遺跡差については後述）。

そこで，土器型式は比定されていないが，出土コンテキストから時代区分が可能な個体も加えて，縄文時代中期後半と後期前半の比較を試みた。西部に古作貝塚（後期前半20個体）に，東部に草刈貝塚（中期2個体）と有吉南貝塚（中期中葉4個体）と祇園原貝塚（後期前半36個体）を加えて，京葉東部（中期36個体，後期44個体）と西部（中期20個体，後期前半51個体）の2地区それぞれで，中期後半と後期前半の2時代区分で比較したところ，どちらの地域でも炭素同位体比で有意な時代差が認められた（西部 p=0.00005，東部 p=0.025）。一方，窒素同位体比では有意な時代差は認められなかった（西部 p=0.663，東部 p=0.058）。この傾向は，京葉地区全体の個体において土器型式の間で認められた傾向と一致している。以上から，小地区単位ではデータが十分ではないが，京葉地区では縄文時代中期から後期にかけて海産物の利用が増加した可能性を指摘できる。

6 同時代遺跡の比較

京葉東部では時代区分ごとの遺跡数が限られるため，時代差なのか，遺跡による違いなのかを区別して議論できなかった。そこで，それぞれの時期区分における遺跡間の違いを見てみよう。土器型式ごとに京葉地区全体の遺跡間を比較すると，中期中葉の阿玉台・勝坂・中峠式期には3集団の遺跡間の相違が顕著であり，Kruskal-Wallis検定でも窒素同位体比で有意な遺跡差が認められる（炭素 p=0.095，窒素 p=0.002）。対比較でもそれぞれの遺跡間で有意な違いが認められ，3遺跡ごとに土器型式も異なっていることからも，これらの遺跡は異なる集団によって居住されていたと考えられる。また加曽利E式期でも窒素同位体比では有意な遺跡差が認められたが（炭素 p=0.096，窒素 p=0.034），対比較では有意な差は検出されなかった。

ここで，加曽利E式期に属する今島田貝塚の3個体と姥山貝塚6個体に着目してみよう。両遺跡は小さな谷をはさんで，わずか500mほど離れておらず，同じ集団が往来しつつ居住したと推定されている[13]。そこでこの2群を取り出してMann-WhitneyのU検定で比較したところ，炭素同位体比，窒素同位体比ともに有意差が示された（それぞれ p=0.028, 0.024）。この結果は，近接した遺跡間でも食生態の相違がありうること，縄文時代には遺跡間のヒトの移動が限定的であることを示唆する。

そこで，年代区分を中期後半と後期前半の大枠で，より多くのデータを用いて遺跡間を比較した（中期後半56個体，後期前半95個体）。中期前

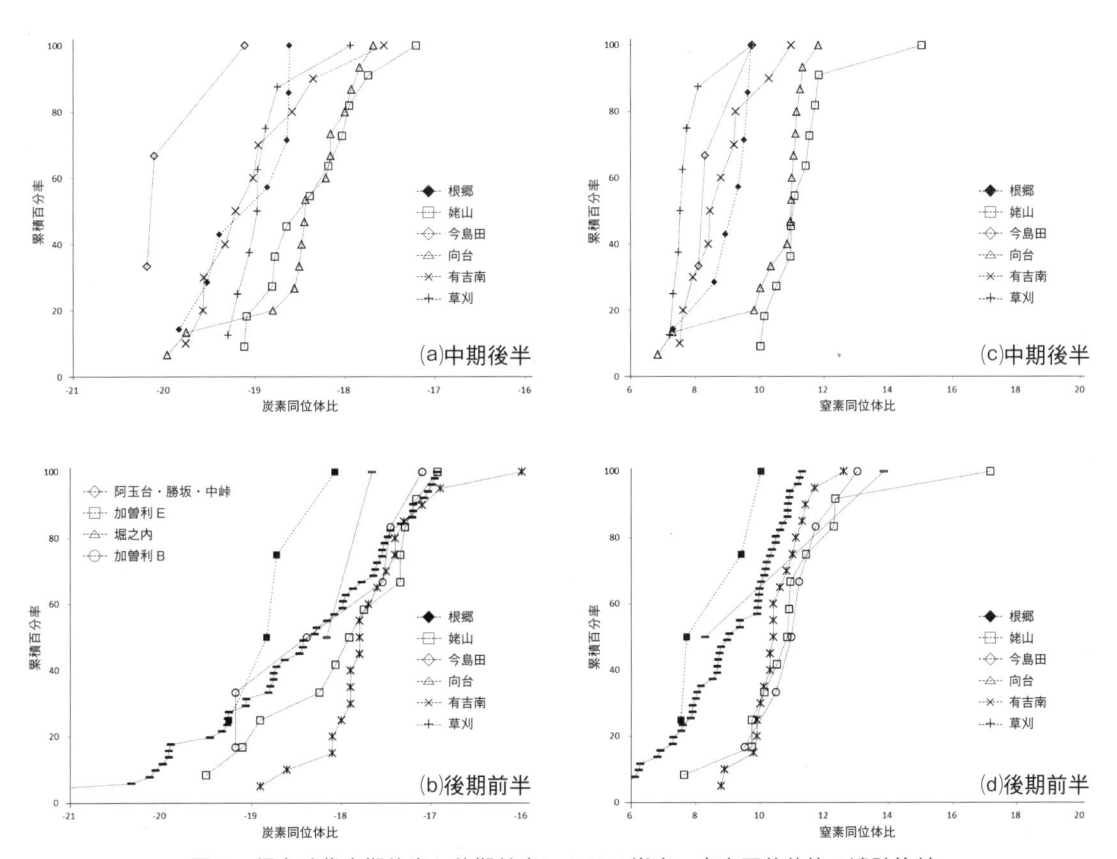

図5 縄文時代中期後半と後期前半における炭素・窒素同位体比の遺跡比較

半の6遺跡の間では炭素同位体比と窒素同位体比でともに有意差が認められた（それぞれ p=0.002, 0.00001）。対比較では，窒素同位体比において姥山貝塚と根郷貝塚（p=0.006），姥山貝塚と草刈貝塚（p=0.004），姥山貝塚と有吉南貝塚（p=0.008），向台貝塚と根郷貝塚（p=0.044），向台貝塚と草刈貝塚（p=0.024）の間で有意差が認められた。図5-c に示した窒素同位体比の比較から，比較的窒素同位体比が低い集団（根郷，今島田，草刈）と比較的窒素同位体比が高い集団（姥山，向台）に区分されることがわかる。炭素同位体比でも姥山貝塚と向台貝塚は高い傾向を示している（図5-a）。

後期前半6遺跡での比較では，炭素同位体比は有意な相違を示さなかったが（p=0.089），窒素同位体比では有意差が示された（p=0.0001）。対比較では，姥山貝塚と祇園原貝塚（p=0.022），曽谷貝塚と祇園原貝塚（p=0.042），古作貝塚と祇園原貝塚（p=0.007）の間で窒素同位体比に有意差が示された。図5-d に示した窒素同位体比の比較から，中沢貝塚は窒素同位体比が低い傾向を示しており，姥山貝塚，堀之内貝塚，曽谷貝塚ならびに古作貝塚は窒素同位体比が高い傾向を示す。祇園原貝塚と堀之内貝塚は両方の傾向をもつ個体が同じ程度含まれる傾向が示された。

以上の比較から，中期後半と後期前半の2つの時代区分でともに遺跡間に同位体比に違いがあるといえる。2つの時代区分では後期前半が中期後半よりも海産物摂取が多い傾向があると指摘したが，それぞれの時代区分のなかにも遺跡間の違いが内包されていることに注意が必要である。窒素同位体比が低い傾向を示す集団と高い傾向を示す集団を比較すると，中期後半では4遺跡（根郷貝塚，今島田貝塚，有吉南貝塚，草刈貝塚）が低い窒素同位体比を，2遺跡（姥山貝塚，向台貝塚）が高い窒素同位体比を示す。それに対し，後期前半では窒素同位体比が低い集団は1遺跡（中沢貝塚）のみで，高い窒素同位体比を示す集団が3遺跡（姥山貝塚，曽谷貝塚，古作貝塚），両方を含む遺跡が2つ（堀之内貝塚，祇園原貝塚）と，構成が変化している。この相違が時代変化を表わしているのか，あるいはサンプリングエラーなのか，さらに議論が必要だ。

7　縄文時代の社会ネットワーク

土器型式に対応した4つの時代区分で89個体，中期後半と後期前半の大枠では151個体のデータを比較したところ，海産物利用が中期から後期に上昇した可能性が指摘できた。しかし，各時代における遺跡差も認められたことから，明確な時代差を議論するにはまだデータが十分とはいえない。放射性炭素年代測定を直接行なうことで，時代情報の確かな古人骨を増やす必要がある。そのなかで，現在はデータが欠落している中期後半から後期初頭（加曽利EIII，加曽利EIV，称名寺式期）の個体を検出することができるかもしれない。大型の広場集落が解体された背景を理解するには，この時期のデータが不可欠である。

中期後半と後期前半それぞれの時代に，遺跡間の違いがあることも示された。中期後半には窒素同位体比が低い集団が京葉地区の東西に存在したが，東部の姥山貝塚と向台貝塚は窒素同位体比が高い特異な集団だった。後期前半では窒素同位体比が高い個体が増加しており，東部の姥山貝塚，曽谷貝塚ならびに古作貝塚は高い窒素同位体比を示す集団をなす。一方，東部の祇園原貝塚では窒素同位体比が高い個体と低い個体が半数ずつほど混在し，構成員の多くが低い窒素同位体比もつ遺跡は中沢貝塚のみになってしまう。この変動は全体としては，炭素同位体比で示された海産物の利用が強化されていく時代変遷と整合的と言えるが，食生態の変化が京葉地区全体で一斉にすすむのではなく，遺跡ごと，集団ごとに個別に展開していることを示している。

隣接する遺跡間での同位体比の相違は，極めて限定された範囲で異なる食文化を有しており，構成員の移動も限定的だった可能性を示している。少しずつ異なる生業をもった集団が遺跡間ネットワークを形成することで，多様な資源を利用できる戦略を構築していたのかもしれない。考古学的な研究で追跡できる文化遺物や動物遺存体の情報に加えて，古人骨の歯エナメル質の分析による出自の推定を組み合わせることで，遺跡間・集団間の物と人の移動を復元することが重要だ。また，集団のなかで特異な同位体比を示す個体に注目することでも，遺跡間の構成員の移動を読み解くことが可能かもしれない。いずれにせよ，遺跡間の関係を理解するためには，高精度な年代測定で同時代性が保証された考古学・人類学の情報を総合することが重要である。

　謝辞　本研究で用いた資料を提供して下さった多くの共同研究者に感謝する。また阿部芳郎・西野雅人・領塚正浩の諸先生方からは多くの示唆と情報を頂いた。記して謝意を表する。

註

1) 南川雅男「炭素・地租同位体分析による復元した先史日本人の食生態」『国立歴民俗博物館研究報告』86, 2001, pp.333-357
2) 米田　穣・陀安一郎・石丸恵利子・兵藤不二夫・日下宗一郎・覚張隆史・湯本貴和「同位体からみた日本列島の食生態の変遷」湯本和貴編『環境史をとらえる技法』文一総合出版, 2011, pp.85-103
3) 米田　穣「縄文時代における環境と食生態の関係」『季刊考古学』118, 2012, pp.91-95
4) Kusaka S., F. Hyodo, T. Yumoto, and M. Nakatsukasa「Carbon and nitrogen stable isotope analysis on the diet of Jomon populations from tow coastal regions of Japan」『Journal of Archaeological Science』37, 2010, pp.1968-1977
5) Kusaka S., T. Ikarashi, F. Hyodo, T. Yumoto, and K. Katayama「Variability in stable isotope ratios in two Late-Final Jomon communities in the Tokai coastal region and its relationship with sex and ritual tooth ablation」『Anthropological Science』116, 2008, pp.171-181
6) 米田　穣・小山荘太郎「骨の化学分析からみた縄文時代の生業と社会」『考古学ジャーナル』630, 2012, pp.12-16
7) Yoneda, M., Y. Shibata, M. Morita, R. Suzuki, T. Sukegawa, N. Shigehara, and T. Akazawa「Isotopic evidence of inland-water fishing by a Jomon population excavated from the Boji site, Nagano, Japan」『Journal of Archaeological Science』31, 2004, pp.97-107
8) 米田　穣「縄文時代の環境変遷と食生活」三宅和朗編『環境の日本史2』吉川弘文館, 2013
9) Koyama S.「Jomon subsistence and population」『Senri Ethnological Studies』2, 1978, pp.1-65
10) 今村啓爾「縄文時代の住居址数と人口の変動」藤本強編『住の考古学』同成社, 1997
11) 設楽博巳「再葬の背景」『国立歴史民俗博物館研究報告』112, 2004, pp.357-379
12) 千葉県文化財センター「千葉県内出土縄文人骨リスト・データ集成」『千葉県文化財センター研究紀要』19, 1999, pp.279-307
13) 堀越正行『縄文の社会構造をのぞく　姥山貝塚』新泉社, 2005
14) 南川雅男「アイソトープ食性解析からみる先史モンゴロイドの食生態」中井信之編『先史モンゴロイド集団の拡散と適応戦略　A03班研究成果報告書』1990, pp.1-15
15) 小池裕子「千葉県下出土人骨の炭素・窒素安定同位体測定」『千葉県文化財センター研究紀要』19, 1999, pp.54-58
16) 米田　穣「同位体分析からみた市川の縄文人の食生活」堀越正行・領塚正浩編『市川市縄文貝塚データブック』市立市川考古博物館, 2008
17) 米田　穣「鎌ヶ谷市根郷貝塚・中沢貝塚出土人骨の同位体分析」『鎌ヶ谷市史研究』24, 2011, pp.47-56
18) 米田　穣「縄文人骨及び動物骨の同位体分析」『千葉市有吉南貝塚』千葉県教育振興財団, 2008
19) 米田　穣「草刈遺跡から出土した縄文時代・古墳時代人骨の同位体分析」『市原市草刈遺跡（I区）』千葉県教育振興財団, 2011
20) 小山荘太郎『同位体分析による縄文時代の墓制及び社会構造の検討』東京大学新領域創成科学研究科修士論文, 2011

骨病変から見る縄文社会の多様性

谷畑美帆

1 はじめに

生きている間に、私たちは骨折したり、風邪をひいたりと実に様々な病気に罹る。こうした病気は、個人的なものであるが、そこにはそれぞれの人間が生きている社会が反映されている[1]。すなわち個々人の病気の様相は、社会の変化に伴ったものであり、病気を見ることによって当時の社会を垣間見ることが可能となる。

出土人骨の場合は、骨に残された病気の痕跡のみとなるため、彼らの病歴をすべて知ることはできない。しかし、こうした限られた情報であっても、縄文人の様相を考察することは可能である。ここでは、骨に残された病気の所見、すなわち骨病変（＝古病理学的所見）から狩猟採集を生業とする縄文社会の様相を見ていくこととする。

2 縄文人骨に見られる骨病変

縄文人骨の場合、大腿骨の真ん中が折れ変形した変形治癒骨折の所見を持つ成人など、現代社会に生きる私たちとは骨病変として提示される所見が異なっている。現代社会を生きる私たちも日常生活を営んでいると骨端（骨の端）が折れることはあるが、骨幹（骨の真ん中）が折れることは少ない。そのため、こうした部位を骨折した人物は、想像を絶するような状況下におかれ、骨折に至ったと考えられる。

早期に相当する縄文人は、総じて華奢であり、骨折後の治癒がほとんど見られない状況で死に至っている個体が目立つ。しかし、前期以降、骨折後変形してはいるものの治癒の痕跡を持つ個体が確認されるようになる[2]。

人間の筋肉は使えば使うほど太く強くなるが、関節は使えば使うほど疲労していく。スポーツ医学などの研究分野においても、強靭な身体を作り上げるために関節を傷めずに筋肉を鍛えることが課題の一つにもなっている。

すなわち、こうした関節の疲労は関節を使うことによって必然的に生じるものであり、多孔質化や骨棘形成から象牙質化へと骨関節症の症状の程度は、著しくなる[3]。

骨関節症の最も著しい所見である象牙質化（エバネーション）は、中期以降の資料を中心に確認されており（図1）、前期に相当する資料ではほとんど見られない。加齢性変化とも捉えられること

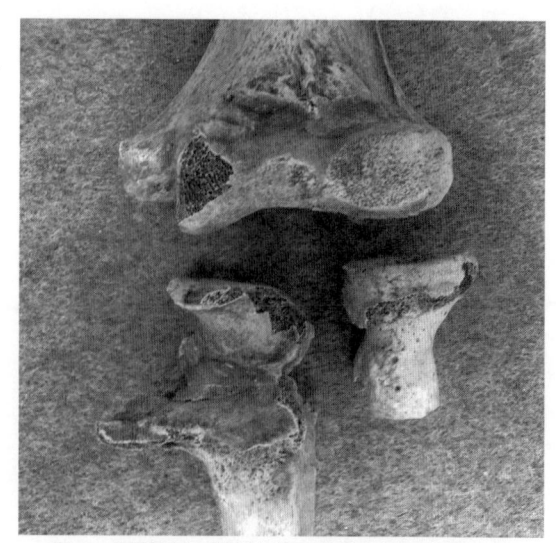

図1 肘関節に骨関節症の所見を持つ壮年男性
（千葉県姥山貝塚出土例）

がある骨関節症の所見は、縄文時代人では著しく、彼らは生活することによって肉体を鍛えていたということになるだろう。

歯科疾患の一つである虫歯にも時期差があり、虫歯が多くなるのは、前期以降の資料においてである。また、虫歯の出現頻度は、沿岸部に位置する遺跡から出土する集団と内陸に位置する遺跡から出土する集団とは異なり、遺跡の立地などが疾患の出現頻度に影響を与えていると考えられている[4]。

前述したように、骨幹が骨折するなど、当時の厳しい生活環境を推測される個体が、縄文人骨には散見される。これらはまた、縄文人が、骨折後も治療を十分に実施できない状態で動かざるを得ない厳しい生活環境にあったことを推測させる。

しかしその一方で、縄文人骨の中には、自立した日常生活が困難だったと思われる個体も確認されている。成人に達している個体であっても四肢骨の太さは子供のような太さであり、体をほとんど動かすことができなかった小児麻痺と推される例などがこれにあたる。現段階では、縄文時代後期に相当する栃木県以北を中心に確認されている所見であるが[5]、このように、介護が必要な個体であっても成人年齢に達するまで生存した例が確認されており、そこにはコミュニティ内における助け合いの様相が見て取れる。このように縄文人骨からは、厳しい生活環境とやさしいケアという両面を見て取れることができる。

3 骨病変の多様性について

縄文時代の遺跡は、日本列島全域に広がっている。そのため、そこから出土している人骨資料から地域的な様相を見ることは、ある程度可能である。

虫歯に関していうと、これまでは生業が狩猟採集から農耕へとシフトする際に虫歯の出現頻度が高くなるというのが一般的な考え方だった。すなわち、虫歯の出現頻度の変化は食性に依存すると

されてきたのである[6]。しかし、縄文人は世界的にみても、狩猟採集を生業としていた集団としては虫歯の出現頻度が極めて高く[7]、その頻度には地域差もある。

例えば、北海道各地の遺跡から出土した縄文人骨の場合、虫歯は約2％前後しかないが[8]、千葉県姥山貝塚の後期に相当する個体では、その出現頻度は、倍の約4％となっている[9]。

こうした数値の相違はしばしば、それぞれの人骨の食性の分析結果と一致することがある。例えば、海獣哺乳類の摂取が多いと考えられた遺跡では虫歯の出現頻度は低く、そうでない地域では虫歯の出現頻度は高くなっている。

歯科疾患は食性の相違に依存すると同時に、食物の硬さとも関係があって、咀嚼回数が少ない集団では唾液の分泌が少なく、こうした場合には、虫歯になりやすいという指摘もある[10]。このようなことを踏まえるなら、今後は何を食べていたのかだけでなく、食料としていたものをどのような状態で、すなわちどの程度の固さで食べていたのか、加えて咀嚼に関わる側頭筋の発達の程度なども考慮していく必要があるだろう。

最後に、食性の変化に伴い出現頻度が異なるとされる骨病変として、クリブラ・オルビタリア（眼窩上板に観察される骨多孔性変化）についても述

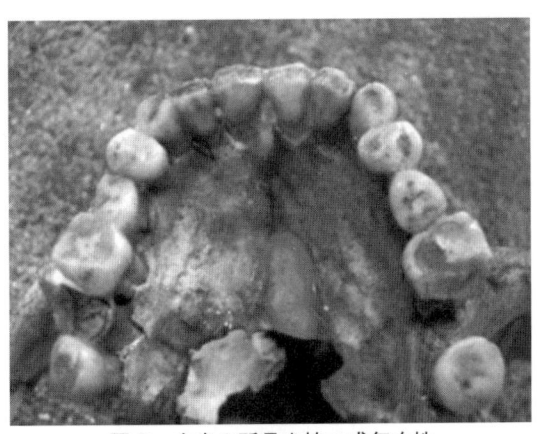

図2 虫歯の所見を持つ成年女性
（福岡県山鹿貝塚出土例）

べておきたい。本所見の出現頻度は，虫歯と同様，食性が，タンパク質から澱粉質へとシフトすることによって高くなると長い間考えられてきた[11]。

縄文人骨におけるクリブラ・オルビタリアの出現頻度は約6〜9％であるが[12]，この数値も虫歯同様，地域や時期によって異なってくる。

例えば，千葉県姥山貝塚（中期〜後期）では本所見の全体としての出現頻度は11％であり，一方，茨城県中妻貝塚（後期）では12％である[13]。

愛知県保美貝塚（晩期）出土例では，全体としてのクリブラ・オルビタリアの出現頻度が総じて高くなっており，成人個体の中に，やや重度のもの（所見あり＋＋またはグレード2）が観察されている[14]。また，埋葬形態によって本所見の出現頻度に相違があることも明らかとなっており，埋葬と相関関係にある形態的特徴と本所見の出現頻度の偏りについても，今後考察を深めていく必要がある[15]。さらに，クリブラ・オルビタリアの所見は，中顔・高顔の形質の個体に多く出現する傾向にあることなどから，顔面形態と遺伝的な要因との関係を考察していくことも重要である。

骨にみられるこのような様々な病変は，言い換えれば，縄文社会の多様性を示唆するものと考えることができる。ただし，その要因となっているものは一様ではないので，今後は東日本と西日本の様相を比較するだけにとどまらず，個々の資料が保持している情報と併せ，遺跡の立地やそこに暮らす人々の食料資源の調達・利用状況を併せて見ていく必要があると考えられる。

4 骨病変から何がわかるか？
　　—骨病変からわかること—

これまで，縄文人には現代人には見られない部位に骨折の所見があることや狩猟採集民であるにもかかわらず，虫歯の罹患率が高いことなどを述べてきた。最後に，こうした骨病変が何を提示しているのか少しまとめておきたい。

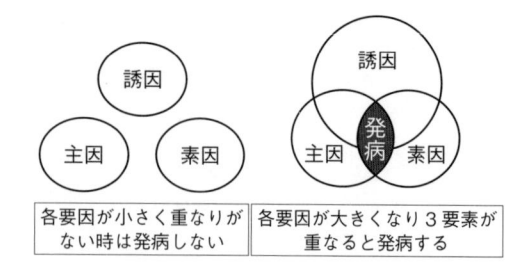

図3　病気の成立（発生）と3要因の関係
（日本植物防疫協会『農薬概説』2007より）

繰り返しになるが，これまで，私たちは，食性が澱粉質のものに偏ると虫歯の出現頻度が高くなることから，虫歯の出現頻度が，狩猟採集から農耕への生業形態のシフトを推測する手がかりになると考えてきた。

しかし，縄文人の場合，中期〜後期にかけて，その出現頻度は変化するものの，前期の段階からすでに虫歯の罹患率は高く，縄文時代全般を通じて，虫歯の出現頻度も高い。このことは，縄文人が，いわゆる狩猟採集民とはやや様相を異にする集団であることを意味している[16]。またその中でも，時期や地域によって，虫歯の出現率が異なることから，縄文人をめぐる環境や社会的な複雑さを見て取ることができる。

宿主である個体が病気になるためには，主因である病原，素因である宿主としての個体の特性，および誘因である環境の3つの要素が必要である（図3）。この3要素は，植物においても動物においても病気の成立には不可欠なものである。すなわち，3つのうちのいずれがかけていても病気は発症しないし，それぞれの要因は時期や地域によって変化している。

そのため，骨病変として提示されている所見を時期ごとに調査していくことによって，当時の社会や環境の変化をも見て取れるのである。

縄文時代では結核のように病名を特定できる感染症は確認されていないが，骨膜炎などの所見は散見されており，このような非特定の感染症によ

って病で命を落とす個体も少なくなかったと考えられる。

骨膜炎は，縄文時代では中期よりも後期の個体に多い[17]。この骨病変は感染症と密接な関係があり，その背景には，寒冷化などの気候変動寒冷化や，人の移動に伴うウイルスの移動が関与しているとも推測できる[18]。

5 考古学者が科学データを解釈するには

同じ環境下におかれていても，病気にかかる者がいる一方で，ならない者もいる。すなわち，病気になるかどうかは，どのような環境下におかれているかということだけでなく，その人物，すなわち個体ごとの特性（遺伝的情報など）に大きく左右される面がある。

近年の医療技術はこうした様相を踏まえながら進展している。一方で，縄文人の遺伝情報に関する研究も進展しており，地域ごとの縄文人の様相を見ることが可能となりつつある。

例えば，関東地方と北海道の縄文人では，遺伝情報として提示される所見が異なっていることがすでに明らかになっている。すなわち，関東地方の縄文人では，様々なハプロタイプ（ミトコンドリアDNAの塩基配列）を持つグループが存在しているのに対し[19]，北海道における縄文人は，保持しているハプロタイプのバリエーションが少ない[20]。

このようにハプロタイプのバリエーションが少ない状況は，外部からの人の移動が少ないことによって生じたと考えられる。このように，人の移動が少ない地域と多い地域では，感染症に罹患しやすい確率は変わるし，結果として感染症の発生率も異なってくる。

一般に，低顔や高顔といった顔面形態の特徴と遺伝との関係はリンクすると考えられている。すなわち顔面頭蓋の形態が遺伝的様相を示唆すると仮定した場合，各地域における様相には地域差が顕著となっており（図2）[21]，興味深い結果を呈している。

しかし，実際には，人骨の形態的特徴については，遺伝によるものか，環境によるものなのかが，いまだによくわかっていない。これは，遺伝による特性が集団によって異なることや，環境の変化によって，遺伝による特性があいまいになっていくことなどが指摘されているからである。すなわち，似た顔立ちだからといって遺伝子が同じということにはならない[22]。これらを乗り越えるためにも，個々人の形態と遺伝との相関を把握するためには多角的な検討・考察が不可欠となる。

縄文時代を生きた人々そのものである古人骨に対しては，肉眼観察によるマクロなアプローチと，DNA解析などのミクロなアプローチの双方を併用していく必要があるだろう。そのうえで，それらの研究成果を踏まえ，科学データの可能性と限界について，考古学者と人類学者が十分なディスカッションを行なったうえで，検証を行なっていくことが必要となってくる。

註

1) 本書に記されているように歴史的に重要な出来事の裏側には感染症など種々の疾患が関係しており（リチャード・ゴードン『歴史は病気でつくられる』（倉俣トーマス・小林武夫訳）時空出版, 1994）．日本列島に大陸から結核がもたらされたように，人の移動には病がつきものであり，文化形成の裏にある病の存在を忘れてはならない（立川昭二『病と人間の文化史』新潮選書, 1984）

2) 谷畑美帆「縄文時代人の疾病」『縄文時代の考古学10 人と社会 人骨情報と社会組織』同成社, 2008

3) 変形性関節症（骨関節症）は，関節の磨耗（エバネーションなどを含む）・変性や増殖が混在する非炎症性の進行性疾患であり，年をとって膝が痛い場合にはほとんどが本所見である（鳥巣岳彦「変形性関節症」『関節疾患』中山書店, 1995）

4) 藤田 尚「歯の人類学—縄文時代人の齲蝕—」『老年歯科医学』20—3, 2005

5) 麻痺性疾患については，本文中で指摘したように現段階では栃木県以北を中心に出土しているが，

それ以外の地域（沖縄県宜野湾市真志喜安座間原遺跡など）においても症例を持つ個体が出土している（弦本敏行「麻痺性疾患」『古病理学事典』同成社，2012）

6) Armelagos G, Goodman A and Jacobs K. The Origins of Agriculture: Population Growth During a Period of Declining Health. Cultural Change and Population Growth: An Evolutionary Perspective. *Population and Environment* 13 (1), 1991

7) 前掲註4に同じ

8) 大島直行「日本人の古人骨に見られる歯科疾患」『う蝕と歯周病―研究の進歩―』第3巻，日本歯科評論社，1985

9) 谷畑美帆「骨病変から見た市川市出土の縄文時代人骨」『市川市縄文貝塚データブック』市川市立考古博物館編，2007

10) 公益財団法人8020推進財団編「だ液のチカラ」『だ液の神秘とそのパワー―ホントはすごい！だ液の力！―』法研制作，2011

11) Cohen M..and , Armelagos G. *Paleopathology at the Origins of Agriculture*. Academic Press, 1984

12) 縄文人ではグレード1のもの（症状の程度が著しくないもの）が中心であり，全体としての出編頻度もそれほど高くない（鈴木隆雄「骨から見た日本人―古病理が語る歴史―」講談社メチエ，1984）

13) 茨城県中妻貝塚出土例では，未成人骨を除いた出現頻度を提示している。

14) 眼窩の遺存状態に左右されるため，本所見の出現頻度は，観察対象となる集団によっては解釈が難しい場合がある。また，保美貝塚出土例では観察対象とした人骨資料が男性人骨に偏っているため性差については言及できないが，男性の中では壮年個体に本所見が多く観察されている。

15) 本集団内では，特定の埋葬すなわち盤状集積葬をとるものでは本所見の出現頻度はほとんど確認されない。また，男性の場合，盤状集積葬では，柱状性の発達した筋付着面を呈しており，そこからある血縁集団に対して盤状集積葬が適用された可能性も指摘されている（水嶋宗一郎「保美貝塚（縄文時代晩期）の盤状集積人骨―骨構成と形態特徴の視点から―」『人類学雑誌』112―2, 2004）

16) 縄文人は，狩猟採集民であっても栽培の痕跡（中沢道彦・佐々木由香「縄文時代晩期後葉浮線文および弥生時代中期初頭土器のキビ圧痕―長野県御社宮司遺跡，東京都新島田原遺跡―」『自然環境と人類』1, 2011）や製塩が確認（阿部芳郎・河西　学・黒住耐二・吉田邦夫「縄文時代における製塩行為の復元」『駿台史学』149, 2013）されており，いわゆる一般的な狩猟採集民とは様相が異なるとみなされる。

17) Temple D. Dietary Variartion and Stress among Prehistoric Jomon foragers from Japan.American *Journal of Physical Anthropology* 133, 2007

18) 寒冷化に伴う疾患の変化については不明な点が多く，今後観察資料数を増やしつつ，考察を進めていかなければならない。また富山県小竹貝塚は，前期に相当する資料であるが，DNA鑑定の結果，北方系（ロシアのバイカル湖周辺や北海道）と，南方系（東南アジアから中国南部）の人が混在していたという。本遺跡から出土している人骨資料にどのような骨病変がどの程度の割合で見られるかについては現在国立科学博物館において調査が進められているところである。

19) 篠田謙一「千葉県茂原市下太田貝塚出土縄文人骨のDNA分析」『総南文化財センター調査報告』50, 2003

20) 安達　登・百々幸雄・篠田謙一・梅津和夫・松村博文・大島直行・西本豊弘「北海道先史時代人のミトコンドリアDNA多型解析」『DNA多型』12, 東洋書店, 2004

21) 近藤　修「人骨形質から見た集団差」『縄文時代の考古学10　人と社会　人骨情報と社会組織』同成社, 2008

22) 顔が似ているからといって遺伝子が似ているということにならない。顔面形態と遺伝子の相関についてはこれまで指摘されてきたが，遺伝子と顔面形態を関連付けた解析方法は現在，立命館大学など複数の研究機関において進行中である。こうした中で，顔の形質に影響を与える5種類の遺伝子が見つかり，これらを使って似顔絵が作成する可能性もでてきた（Liu F. *et al.* A Genome Wide Association study iIdentifies Five-Local-Influencing Facial Morphology in European *Journal of Plogenetics* Vol. 8, 2012）が，顔面形態を決定する遺伝子については，現段階ではよくわかっていない。

編著者略歴

阿部　芳郎（あべ　よしろう）
明治大学教授・明治大学日本先史文化研究所所長
1959年生まれ。明治大学後期博士課程修了。史学博士。
主な著作論文に，「関東地方における製塩土器の出現過程」（『駿台史学』第150号，2014），「顔面付土版と土偶」（『考古学集刊』第7号，2011），『土偶と縄文社会』（共編著，2012），『人類史と時間情報』（共編著，2012），『ハマ貝塚と縄文社会―国史跡中里貝塚の実像を探る』（共編著，2014）などがある。

執筆者紹介　（執筆順）

吉川　耕太郎（よしかわ　こうたろう）
秋田県立博物館

宮内　慶介（みやうち　けいすけ）
飯能市教育委員会

樋泉　岳二（といずみ　たけじ）
早稲田大学非常勤講師

渡邊　裕之（わたなべ　ひろゆき）
新潟県教育庁文化行政課
世界遺産登録推進室

栗島　義明（くりしま　よしあき）
埼玉県立歴史と民俗の博物館

植月　学（うえつき　まなぶ）
山梨県立博物館

河西　学（かさい　まなぶ）
帝京大学文化財研究所

吉岡　卓真（よしおか　たくま）
さいたま市立上落合小学校

黒住　耐二（くろずみ　たいじ）
千葉県立中央博物館

宮腰　哲雄（みやこし　てつお）
明治大学教授

佐々木　由香（ささき　ゆか）
株式会社パレオ・ラボ

吉田　邦夫（よしだ　くにお）
東京大学総合研究博物館

高橋　満（たかはし　みつる）
福島県立博物館

中沢　道彦（なかざわ　みちひこ）
長野県考古学会員

米田　穰（よねだ　みのる）
東京大学総合研究博物館

須賀　博子（すが　ひろこ）
松戸市教育委員会
非常勤職員

大野　淳也（おおの　じゅんや）
小矢部市教育委員会

谷畑　美帆（たにはた　みほ）
明治大学兼任講師

季刊考古学・別冊21

縄文の資源利用と社会

定　価	2,600円+税
発　行	2014年11月25日
編　者	阿部芳郎
発行者	宮田哲男
発行所	株式会社　雄山閣
	〒102-0071　東京都千代田区富士見2-6-9
	TEL 03-3262-3231　FAX 03-3262-6938
	振替 00130-5-1685
	URL　http://www.yuzankaku.co.jp
	e-mail　info@yuzankaku.co.jp
印刷所	ティーケー出版印刷
製本所	協栄製本株式会社

Printed in Japan　ⓒ YOSHIRO ABE 2014　　　　N.D.C. 205　174P　26cm
ISBN978-4-639-02329-6　C0321

先史文化研究の新視点 I
東京湾巨大貝塚の時代と社会

A5判　266頁
本体3,000円

阿部芳郎 編

過去を考える視点の多様性と現代における貝塚の意義を考える。
○膨大な資料をもとに考察する最先端の貝塚研究
○姥山貝塚・古作貝塚・園生貝塚・加曽利貝塚・千葉貝塚（群）
　など代表的な巨大貝塚の学史の再検討
○貝塚遺跡の保存と整備・活用の第一人者と考える座談会

■ 主 な 内 容 ■

第Ⅰ章　貝塚研究の歩み
　1　貝塚を発掘した人々とその研究（堀越正行）
　2　大規模開発と貝塚研究　　　　（堀越正行）
第Ⅱ章　東京湾貝塚の学史と新展開
　1　姥山貝塚「接続溝第1号竪穴（住居址）遺骸」の死体検案（渡辺　新）
　2　加曽利貝塚の形成過程と集落構造―調査記録の再検討と縄文集落研究の課題―（阿部芳郎）
　3　貝塚解題―船橋市古作貝塚を例として―（堀越正行）
　4　園生貝塚の研究史と後晩期の大型貝塚（須賀博子）
　5　千葉貝塚（貝塚町貝塚群）と縄紋式社会研究（鈴木正博）

第Ⅲ章　最先端の貝塚研究と縄文社会論
　1　大型貝塚形成の背景をさぐる（西野雅人）
　2　東京湾沿岸における縄文時代人骨に見られる古病理学的研究について―千葉県市川市姥山貝塚出土例を中心にして―（谷畑美帆）
　3　大型貝塚調査から見えてきた縄文時代の装身具の実態と具材利用（忍澤成視）
　4　微小貝類からみた東京湾沿岸の巨大貝塚の時代（黒住耐二）
第Ⅳ章　座談会　巨大貝塚はどう守られたのか
　　後藤和民・熊野正也・堀越正行・秋山邦雄・鈴木正博
　　司会　阿部芳郎

先史文化研究の新視点 Ⅱ
移動と流通の縄文社会史

A5判　264頁
本体2,800円

阿部芳郎 編

ヒトやモノの移動と流通から，縄文社会の実像にせまる。
黒曜石，ヒスイ・コハク，土器などさまざまな資料を多視点的に検討。
型式学的分析，胎土分析など考古学，関連理化学の協業による成果をまとめる。

■ 主 な 内 容 ■

序　章　移動と流通の縄文社会史　　（阿部芳郎）
第Ⅰ章　石器石材の流通と社会
　1　霧ヶ峰黒曜石原産地における黒曜石採掘と流通（山科　哲）
　2　東京湾東岸地域の縄文社会と黒曜石利用（堀越正行）
　3　縄文集落における石器集中部の形成過程と産地（須賀博子・奈良忠寿）
　コラム　黒曜石の一括埋納例と流通（山科　哲）
第Ⅱ章　モノの流通経路と分布圏の形成
　1　ヒスイとコハク（栗島義明）
　2　製塩土器の生産と資源流通（阿部芳郎）
　コラム　内陸における製塩土器の出土事例（宮内慶介）

第Ⅲ章　土器の移動と社会
　1　胎土分析からみた土器の産地と移動（河西　学）
　2　浮線文土器の型式変化と地域間関係（中沢道彦）
　コラム　磨製石斧の埋納と儀礼・消費（篠原　武）
第Ⅳ章　集団の移動と軌跡
　1　縄文草創期の石材利用と石器組成（栗島義明）
　2　先史人類の移動形態と洞穴居住（藤山龍造）
　3　縄文早期における遊動的狩猟集団の拡散と回帰（阿部芳郎）
　コラム　内陸地域における貝製品の流通（藤森英二）

雄山閣出版案内

先史文化研究の新視点Ⅲ
土偶と縄文社会

A5判　279頁
本体3,000円

阿部芳郎 編

多様な形態をもち、点滅的に存在する土偶の在り様を明らかにし、縄文時代の地域社会に位置付ける。型式学的に分析することにより土偶の多様な性格が浮きあがる。

■　主　な　内　容　■

総論　土偶と縄文社会　（阿部芳郎）
第Ⅰ章　土偶型式の成り立ちとその背景
　1　関東地方における山形土偶の出現　（上野修一）
　2　関東地方における縄紋式晩期土偶の成立と終焉への偏在―拠点集落に観る文化複合から飛び火的な文化変容へ―　（鈴木正博）
　コラム　栃木県後藤遺跡―山形土偶・後藤系列の標準遺跡―　（上野修一）
　　埼玉県後谷遺跡―第4次調査出土のミミズク土偶について―　（藤沼昌泰）
第Ⅱ章　土偶祭祀と地域社会
　1　多摩丘陵の中期集落群と土偶　（安孫子昭二）
　2　山形土偶の出現と地域社会―印旛沼南岸遺跡群における土偶群の系統と構成―　（阿部芳郎）
　3　土偶多出遺跡の様相―椎塚貝塚・福田貝塚―　（瓦吹　堅）
　4　北上川上・中流域における後期初頭土偶の型式　（八木勝枝）

コラム　東京都忠生遺跡の土偶と集落―中期後葉の様相―　（川口正幸）
第Ⅲ章　人体の表現系と器物
　1　土版の出現と関東東部の晩期社会―矢畑土版から福田土版への変遷過程にみえる祭祀構造―　（阿部芳郎）
　2　大宮台地を中心とした「人面文土器」―馬場小室山遺蹟の「人面文土器」から洞察する地域社会の波動―　（鈴木正博）
　コラム　土偶の装飾表現と装身具―ミミズク土偶と耳飾り―　（吉岡卓真）
第Ⅳ章　土偶コレクションの形成と背景
　1　近代における縄文時代コレクションの形成とその活用―高島多米治採集資料を題材として―　（加藤俊吾）
　コラム　江見水蔭旧蔵千葉県江原台遺跡の土偶の行方　（阿部芳郎）
第Ⅴ章　座談会　土偶研究と縄文社会
　安孫子昭二・鈴木正博・上野修一・八木勝枝
　司会　阿部芳郎

人類史と時間情報
―「過去」の形成過程と先史考古学―

B5判　213頁
本体10,000円

阿部芳郎 編

時間という概念を、季節性や人間行動の規則性、人体の発育過程と病理、行為や文化現象の時間的単位性など、複数のキーワードに変換し、考古資料から取り出すことの出来る「過去」の時間情報の性質を考察する。

■　主　な　内　容　■

序章　人類史の復元と時間情報（阿部芳郎）
第Ⅰ章　理化学的な時間情報と年代測定
　　―炭素年代と考古学―
　1　AMS年代測定の方法（吉田邦夫）／2　AMS年代測定の諸問題（吉田邦夫）
第Ⅱ章　考古学と古病理学―人体形成の時間性と古病理―
　1　古病理学的に見た縄文人（谷畑美帆）／2　古病理学的所見から見た縄文後期における埋葬の一様相―福岡県山鹿貝塚出土人骨を中心として―（谷畑美帆）
第Ⅲ章　動物遺存体と時間情報
　　―資源利用の季節性と物質変容―
　1　持ち運ばれた海の資源―印旛沼南岸地域における鹹水産貝塚の出現背景（阿部芳郎）／2　貝類の流通からみた縄文時代の社会関係―オキアサリの成長線分析の試み―（樋泉岳二）／3　縄文時代遺跡における焼骨生成の実験考古学的研究（阿部芳郎）
第Ⅳ章　行為の時間情報
　　―遺跡形成における時間性と単位性―
　1　移動生活に組み込まれた石材交換―「砂川類型」に見る旧石器時代の移動システム―（栗島義明）／2　縄文後期の集落と土器塚―「遠部台型土器塚」の形成と加曽利B式期の地域社会―（阿部芳郎）／3　縄文時代遺跡における活動痕跡の復元と時間情報―土器型式の制定にみる層位認識と遺跡形成に関わる問題―（阿部芳郎）

雄山閣出版案内

九州縄文文化の研究
―九州からみた縄文文化の枠組み―

B5判　287頁
本体12,000円

水ノ江和同 著

九州縄文文化を俯瞰し、その地域的特性を多角的に追究。
九州から縄文文化全体の枠組みを考える。

■　主　な　内　容　■

序　章
第Ⅰ章　九州の縄文土器研究史
第Ⅱ章　九州縄文土器研究
第Ⅲ章　九州の縄文集落
第Ⅳ章　九州の縄文集落を構成するさまざまな遺構
　　第1節　墓／第2節　低湿地型貯蔵穴／第3節　落とし穴／第4節　集石と炉穴
第Ⅴ章　九州の縄文時代を特徴づける遺物
　　第1節　利器／第2節　呪術具／第3節　装身具
第Ⅵ章　九州縄文文化の諸問題
　　第1節　九州の押型文土器―九州における押型文土器の地域性―／第2節　九州における縄文時代早期末葉の評価―アカホヤ火山灰の考古学的意義―／第3節　九州における縄文時代中期と後期の境界問題―はたして阿高式は中期土器か、後期土器か？―／第4節　西平式の実態―西平式の型式設定は可能か？―／第5節　黒川式の再検討―土器型式と放射性炭素年代―／第6節　南島と縄文文化―南島は縄文文化の枠組みに入るのか？―／第7節　縄文文化の枠組み―縄文文化の境界と本質―
第Ⅶ章　九州の縄文文化
研究の軌跡―あとがきにかえて―

縄文の布
―日本列島布文化の起源と特質―

B5判　360頁
本体12,000円

尾関清子 著

列島各地から出土した縄文時代以降の編布（編物）・織物の実物・圧痕資料を集成し、その製作技法・用具、利用法、地域性の分析と近隣地域出土の資料、伝存資料などとの比較検討から、列島布文化の起源と特質を究明する。

■　主　な　内　容　■

序章　縄文の布の研究にあたって
　　第1節　縄文の布の研究をたどる　第2節　糸の撚り方向
第Ⅰ章　縄文時代の編布
　　第1節　編布資料の概要
　　第2節　編布圧痕と土器の成形法
　　第3節　道具と製作技法
　　第4節　出土編布の製作法
　　第5節　編布の地域別特質と利用法
　　第6節　編布の撚りと絡みの方向
　　第7節　ユニークな編布
第Ⅱ章　編布と紛らわしい編物
　　第1節　絡み巻き　第2節　巻き編み
第Ⅲ章　弥生時代以降の編布
第Ⅳ章　縄文時代の織物
　　第1節　織物資料の概要
　　第2節　織物・織物圧痕についての若干の考察
　　第3節　織物密度の分類と現代の織物との比較
　　第4節　製作技法
第Ⅴ章　植物性繊維の採集と精製法
第Ⅵ章　近隣地域の編布
第Ⅶ章　越後アンギンと時宗の阿弥衣
　　第1節　越後アンギン　第2節　時宗の阿弥衣
第Ⅷ章　研究の途上で
付表1　縄文時代の出土編布及び圧痕編布の構成等一覧
　　2～5　密度の分類　1群～4群
付図　縄文時代の編布資料出土遺跡分布図